幻象帝國

CHINE

L'EMPIRE DES ILLUSIONS

天朝中國的自我神話與天下敘事

董尼德——著　謝珮琪——譯
PIERRE-ANTOINE DONNET

致我的母親希夢－瑪格莉特，她太早啟程前往璀燦星海

致我永遠的摯愛，莫妮卡、尚－朱利安、琵葉－亞諾與安－蘇菲

目次

編輯說明：本書部分章節引述專家受訪內容，形式近似問答。為了方便閱讀，我們增設了問答標題，該段落會以「•」符號起首，與作者自行撰寫的內容加以區分。

法文版推薦序：揭開中國的幻象
Préface de l'édition française

保羅・夏宏

「幻象帝國」，很少有一本關於當代中國的書名如此貼切傳神。首先，中國是一個帝國，但這並不是說我們現在看到的中國，從西元前二二一年建立帝國以來一直是不變的實體，雖然董尼德也指出不能忽視這個國家漫長的歷史過程，否則無法理解這個國家的演變，但在許多方面，北京採取的對內或對外政策確實具有強烈的帝國主義特徵。其次，中國是欺世盜名之徒，它玩弄我們的感官、欺騙我們的邏輯、利用我們的弱點，所使用的手段不斷推陳出新，也愈來愈複雜。這本書一一清點中國罄竹難書的惡行，或者更確切地說，是中國共產黨的罪行；這個區分十分重要，也前所未有地必要，因為中國共產黨經常將其批評者貼上「反華」或「反中國人」的標籤，以此來貶低其批判的公信力。董尼德恰到好處地提醒我們，他並不是敵視中國和中國人，相反地，他熱愛中國，所以對中國經久不敗的專制體制和與日俱增的侵略性深感遺憾。在本書接下來的篇幅中，他全力揭穿中國共產黨強制灌輸給全世界的觀念，也就是中國已成為超越美國的超級強權這個想法。在他看來，今天的中國只是一隻「紙老虎」，其脆弱、挫折和機能失調是有目共睹的。中國故弄玄虛的時代結束了。中國即使沒有瀕臨崩潰，也絕非它自己所聲稱的那麼強大，而且它所面臨的困難似乎也不可避免地愈積愈多，這才是我們認同的觀點。但弔詭的是，中國在世界上的影響力、它的「論述力量」（puissance discursive，被共產黨占用的傳柯觀點）以及它顛覆既有秩序並破壞我們的社會、價值觀和制度的能力，使它理所當然地成為西方世界面臨的主要挑戰。這個挑戰是多方面的，但我們特別想強調的是認知這一塊領域，在我們看來，這或許才是最關鍵的。

我們與中國的關係，在知己知彼這一點上完全不對等。中國的官僚、研究人員、外交官和軍人對我們幾乎瞭如指掌，因為他們通常有許多人會在我們的大學深造，同時也因為中國有一項積極翻譯西方學術著作的政策。中國對西方的思想知之甚深，甚至經常借用我們的概念，例如先前提到的傅柯。相形之下，我們對中國的認識卻非常有限。誠然，中國的政治體制本身並不透明，但這並不足以完全解釋我們的無知。我們不得不承認，西方翻譯的中國論文或學術著作少之又少。如果單從戰略思想領域來看，這對於理解中共如何思考戰爭是非常根本的關鍵。但是絕大多數法國、歐洲或北美的領導人和軍方人員都舉不出一本中文著作，也許《孫子兵法》和《超限戰》是例外，但這兩部作品在人民解放軍內部的影響其實非常有限。因此，若要全盤瞭解中國並識破其騙局或操控的手段，首先就必須好好瞭解中國思想的大千世界。

西方國家對中國的認識同樣受制於實地調查的困難。就像在俄羅斯和伊朗一樣，在中國從事敏感或具有戰略意涵的研究已經變得極其困難，甚至相當危險。我在二〇〇〇年的時候曾以地方選舉為題撰寫博士論文，期間從未受到干擾，但我不確定如今是否仍然可行。不過，研究人員和記者並非毫無資源；愈來愈多的團隊充分利用數位調查技術，這些新方法為克服諸多困難提供了新的視角。我們對新疆維吾爾人遭拘禁的情況，大部分就是透過這些替代性研究調查技術得知的。中國數位資料的普及實際上構成了一座知識寶庫，值得研究人員和記者更加積極地開發利用。

我們對中國的認識之所以停滯不前，也是因為中國對那些敢於批評或揭露其內幕的人採取報復措施：拒發簽證以阻止實地調查、直接或間接的威脅、人身恐嚇、騷擾、社群媒體上的網軍攻擊、抹黑、網路肉搜等等。中國借鑒俄羅斯，採取箝制言論的手段，對批評中國的人提起誹謗訴訟。這些訴訟通常由中間人或隸屬於中共的機構發起。雖然這些訴訟在法律層面上成功的機率不高，但被針對的人會有沉重的經濟代價與心理壓力，因此仍能達到威懾效果，從而也都能夠達到目的。美國最重要的中國新聞平台之一「中國專案」，便因訴訟頻繁所帶來的沉重財務壓力，近日不得不宣布停業。因此，若我們希望能更深入、客觀地理解中國，就必須同步建立起對研究者與媒體工作者的有效保護機制。

我們對中國議題的理解程度嚴重滯後。中國政治體系、軍隊或社會的諸多方面，對我們來說仍然是霧裡看花。當前的情勢迫切需要來一場震撼教育，彌補我們對中國所知之有限，才能有效因應中國共產黨對自由體制的衝擊與挑戰。董尼德的這部著作，無疑將成為構築整體知識殿堂的一塊重要基石。

作者為法國軍事學校戰略研究所（IRSEM）影響與情報部主任

台灣版推薦序：一部總結「習近平上半場」的作品

Préface de l'édition taïwanaise

李志德

在中國共產黨忽左忽右、反覆折騰下，一九四九年之後中國的發展途徑曲曲折折：五〇年代的反右、大饑荒；六〇到七〇年代的十年文革；八〇年代改革開放；八九民運後政左經右；兩千年開啟WTO時代，初生的網際網路觸發公民運動的一個世代；最後是習近平掌權，政治改革的期待直接歸零。

這樣的發展歷程，讓「階段性總結」的這類非虛構書寫得以成立：馮客的「中國三部曲」是跨學院和大眾閱讀的作品[1]。包德甫的《苦海餘生》為西方讀者總結了文革時代[2]；查建英的《中國波普》、《弄潮兒》分別記錄了八〇和九〇年代中國的思想解放和經濟發展[3]。歐逸文的《野心時代》刻畫了兩千年前後，共產中國的第二個思想解放時期[4]。

法國新聞工作者董尼德的《幻象帝國》，則是一部總結了「習近平上半場」的作品。「上半場」指的是習近平自接任總書記到二〇二五年中為止。在十二年前，因著胡錦濤

「一次全退」的決定，習近平得以在二〇一三年初名正言順將黨、政、軍三大權力一次收攏到自己身上。今時今日回顧這個關鍵時刻，確實可以發現從胡錦濤到習近平，是日後中國政治、社會文明發展的分水嶺。胡錦濤、溫家寶執政時代，中國在商業經濟上致力從世界貿易組織（WTO）之門融入世界市場；對內治理上，網際網路和媒體還有監督、議論的空間。無論公共知識分子推動的「新公民運動」，或者民間律師倡議「依法維權」，都為中國的體制改革留下了進步的可能。

但從胡、溫到習，不只是人事的更替，更是執政路線的大轉變。文革結束後，一般論者同意中國經歷了兩段較為開放的時期，第一段是一九八〇年代，第二段是兩千年前後。但習近平一掌權，中國的第二段開放時期迅速收縮終結。

胡、溫執政時期，中國國力快速增長，但尚且以「和平崛起」來敘事。到了習近平掌權，依靠經濟收買和武力脅迫的對外擴張成了中國對外關係的主旋律。這是《幻象帝國》整部作品的基調。

不過，雖說《幻象帝國》緊扣時代，但並不意味著董尼德欠缺了歷史的高度。事實上，本書開篇的〈歷史上的漢族〉和〈漢人對抗帝國邊境的蠻夷及其「教化」的使命〉這兩章，筆者認為是一段直指核心的思辨。他從「漢」、「漢族」這個概念出發，解釋、論述了在中國的政治哲學裡，民族、血緣、文化和國家組成總是混為一談的。最具代表性的就是董尼德引述梁啟超的這段話：「中國是個大一統的國家！人民統一，語文統一，文化統一，宗教統一，傳統統一。」

長久以來，北京政府與其周邊的國家、政權或地區——例如台灣、香港、新疆、西藏的政治紛爭，北京持論的核心概念都是這所謂的「大一統」，其他例如血緣的考察、文化源流的辨析，乃至於國際法和歷史事實，全部都被這一套政治論述強行覆蓋。

中國的政治精英並不完全跟隨「西發里亞體系」，更多地有一套自己的政治哲學。筆者相信這樣的思辨對西方觀察者格外重要，但對中文讀者卻有另外一層深刻意義，以台灣為例，乍看前兩章，會直覺這都是「我已經知道的事情」，但如果能忍住不快轉，會察覺作者一步一步思考、破除、重組這些歷史知識。例如台灣多少政客、評論人把台灣（大部分）人的祖先來自中國大陸、中華文化，做為應該統一的理由。這種血緣、文化和和現實政治選擇混在一起的錯誤，同樣可以從董尼德的論述中被點醒。有時提醒中文母語的讀者更為困難，因為他們長久浸淫在這一套知識裡，思考慣性更加頑固。

除開歷史回到現實，如果細續董尼德所列舉中國擴張的事例，會讓台灣和其他地區的中文讀者油然而生一種「熟悉感」：北京政權在不同國家、地區的擴張手法，其實很相似。例如法國政府將最高技術等級的P4實驗室移轉到中國的決策，就是基於錯誤的判斷和本國的親中政客強力遊說運作的結果。類似的例子在美國、台灣、日本乃至西歐其他國家都能發現，對於不同事例的揭發和探索愈多，我們就愈能夠對極權操作的「中國模式」有更多的瞭解。

更有既視感的是董尼德的這一句：「共產中國的宣傳端賴其雇用的境外代理人和俗稱『有用的白癡』推波助瀾，無論是被收買或是無償合作。」應該很少有中文讀者讀到這一句，不會會心一笑。但這也提醒了，中共的宣傳是全球攻勢，「五毛黨」不是只講中文，英文語境裡，同樣有為北京宣傳的「洋五毛」。

經濟由盛轉衰，是習近平治下的另一個趨勢，對於這個趨勢的理解和證明，台灣的讀者經常看到的是日韓、美國、香港以及台灣廠商的事例。董尼德則在書中援引了台灣媒體不太常引用的歐洲經驗，這些事例給我們更多啟發，例如「降低（對中國依賴的）風險」，並不是只在一般製造業的生產線，或者稀土等原料，也可能是例如阿斯匹靈這類基本藥品的供應。

總觀《幻象帝國》這本著作，它從政治、經濟、地緣政治到歷史文化敘事，系統性地整理、論述了習近平就任迄今中國的轉變，特別是西方社會看待中國，從原本商業、經濟上的高度接納轉為政治、安全的全面警戒。但在閱讀、領會本作的同時，筆者希望提出兩點個人的心得做為補充。

第一，習近平主政時期，全球政治的另一場風暴是川普在二〇一七和二〇二五年兩度就任美國總統，事實上本書出版時，川普的第二個任期還沒過半。川普的言行和他的政治風格詭譎、多變、難以預測。但偏偏在「西方抗中」這個大轉變裡，揭開序幕的就是川普第一任期的官員。再怎麼不喜歡川普其人，恐怕都要認可他的副手彭斯二〇一八年十月在哈德遜研究所的演講，這是西方重建反共戰線的里程碑。

再者，川普對極權統治者例如習近平、普丁的評價，儘管令人難以認同，但對中加徵關稅、管制技術輸出等強硬措施，同樣始於川普政府，而這些措施，絕大多數都被繼任的拜登政府維持下來。因此，儘管對「川普個人」的確難以評價，但「第一任川普政府」在抗中上的施政作為，筆者認為仍然是總結「習近平上半場」時，不可缺少的環節。

第二，中國國內事務的新聞報導和資訊傳播，絕對是習近平執政下的第一級重災區。以往尚稱活躍，仍有空間的自由派媒體，在習近平政府「收編加鎮壓」的雙重打擊下孱弱不堪，特別面對例如群體性抗議等高度敏感的政治事件時幾乎無法做報導。另一方面，以往香港的媒體和出版的書籍——儘管品質良莠不齊，但至少也可以是窺探中國高層政治的參考。但在「銅鑼灣書店」事件後，這扇窗戶也等於永久關閉。在這樣的情況下，如今稱中國國內資訊取得日趨「北韓化」恐怕都不為過。

封閉的資訊環境加上動盪的環境，恰恰是陰謀論的溫床。習近平主政以來，中共政治的確出現了太多的「異常狀態」，上至中共二十屆常委的組成、卸任總理李克強之死；再到例如前外長秦剛、多位高階軍事首長去職或遭到整肅的傳聞；又或者習近平的健康、黨內元老的「反撲」等等……各自都有不同的說法流傳著。許多這樣的傳言，明顯來自於對習近平極權的厭惡，以及對希望中國政治走上體制改革的期待。

但筆者希望提醒，對照中國現今資訊的封閉程度，很多公案可能要幾年、十幾年之後才有機會水落石出，甚或永遠不會有答案。而要較周全地總結一個時代，有時恰恰要對抗「快速得到我想要的答案」的渴望。我們完全可以理解這些傳聞背後的善良期待，但不要讓這些過度樂觀的預測麻痺了自己，以至做出錯誤的判斷，從而降低了因應中共極權持續擴張的準備。

作者為資深新聞工作者，曾任《端傳媒》總編輯、亞洲事實查核實驗室主任、台灣公共電視新聞部經理等

台灣版自序：唐納・川普回歸，亞洲心驚膽跳
Avant-propos de l'édition taïwanaise

美國第四十七任總統唐納・川普自二〇〇五年一月二十日重返白宮以來，頻頻發表許多荒誕不經的高論，其中有些對於以法律與正義為本的國際秩序構成威脅。再者，他的親信暨全球首富伊隆・馬斯克也屢次發表過激言論，讓美國的形象日益蒙塵。長期以來巴不得美國這位競爭對手走下坡的中國，始終在旁伺機而動，必定會利用美國目前每況愈下的衰微局勢，從中坐收漁利。

當川普表示他將於烏克蘭總統弗拉迪米爾・澤倫斯基不在場的情況下，與俄羅斯總統弗拉迪米爾・普丁達成「協商」和平，並公開稱澤倫斯基為「獨裁者」，甚至指控他才是這場衝突的始作俑者時，眾人一陣錯愕，繼之憤怒，並覺得背後被捅了一刀。

川普的可恥行為除了在展開「談判」前就任由侵略者予取予求之外，其心腹副總統范斯和伊隆・馬斯克更公然干涉德國國會選舉，呼籲選民支持極右翼的「德國另類選擇黨」。范

斯甚至暗示北大西洋公約組織只是在苟延殘喘，歐洲今後必須自求多福。

短短數週內，全球主要的戰略平衡瀕臨威脅。曾經自詡為民主燈塔的美國政府，如今在全世界眼中，正傾向帝國主義復甦、國際秩序動盪，甚至可能走向全球性的混亂前景。

誰會為此幸災樂禍？各形各色的獨裁者，而一馬當先的便是中國國家主席習近平。肯定連他自己都沒有料到美國會發生這樣的災難，簡直是天賜良機，助他實現其司馬昭之心：將美國勢力逐出亞洲，接著推翻一九四五年二戰結束後由同盟國建立的全球秩序，並以他自己的規則取而代之，也就是大家心照不宣的中國新帝國主義。

誰會為此憂心如焚？在亞洲，首先是美國的盟友，如日本、韓國、澳洲、菲律賓，當然還有台灣。其次是該地區其他雖然未公開表態，卻一直默默依賴美國以制衡中國勢力的國家，其中包括印度、越南、印尼、新加坡等國。

我們隨處都能聽到這樣的陳腔濫調：川普之所以投普丁所好，其實是為了挑撥俄羅斯與中國的關係，接著再利用烏克蘭戰爭的「虛幻和平」，重新將美國的軍事力量集中於亞洲戰場。按照這種邏輯，中美之間的衝突將會穩穩再起，但這次美國將占有明顯優勢，因為它對抗的是一個孤立無援的中國。

這種想法真的很異想天開！俄羅斯與中國因仇視西方國家而結好，即使只有一瞬間認為俄羅斯與中國會結束它們的「權宜之盟」，也未免天真過頭了。兩國的領導人都是老謀深算的謀略家，左右局勢的能力也登峰造極。加上美國走下坡之後在西方國家造成的混沌局勢，說不定中俄還真的時來運轉了！

法國智庫「亞洲中心」的東亞問題專家阿諾・李沃指出：「美國的亞洲盟友日益憂慮地關注美國從歐洲撤離的情勢，日本、韓國、台灣、澳洲、紐西蘭、菲律賓——大家都在質疑美國是否為可靠的戰略夥伴。」

他進一步補充說：「如果美國今天可以拋棄歐洲盟友，那麼日後為什麼不會對亞洲夥伴採取同樣的做法呢？鑒於美國外交政策反覆不定，這個問題更令人憂心忡忡。『川普2.0』政府可能會尋求與習近平治下的中國直接談判，一如他曾經試圖與俄羅斯的普丁，甚至北韓的金正恩談判一樣。」

美國的撤離有目共睹，這是幾乎可以完全篤定的事，同時也形成了一個中國急於填補的權力真空。對於該地區的許多國家來說，一個以中國為中心的地區強權正醞釀崛起。

《華盛頓郵報》在二月二十四日的社論中寫道：「在重新定義美國戰略立場這一方面，川普已經比他第一任期時更有所作為，……讓那些自以為瞭解川普作風並努力取悅他的其他國家領導人措手不及。」這家美國政治精英階層的報紙進一步分析：「這位總統摒棄了二戰後為了對抗全球侵略者而建立的國際體系，卻轉而採納更古老的觀念，任憑軍事強國建立地區勢力範圍，並強行對鄰國實施霸權統治。他帶我們倒退回到那段由最強的軍事國家建立帝國、強迫弱小國家納貢，並透過脅迫手段擴張領土的歷史時代。」

但川普的離譜行徑遠不止於此。他的一些決策無異讓美國搬石頭砸自己的腳，不但會長期損害美國的國際形象，還因此讓北京共產政權獲得夢寐以求的機會，將美國描繪成一個自私自利又掠奪成性的帝國。

其中最能代表這些災難性決策的，無疑是關閉美國國際開發署這件事。光是這項決策就象徵川普政府徹底放棄了以援助全球最弱勢族群為基礎的外交政策理念，而這卻是美國形象的基石。美國國際開發署成立於一九六一年，在二〇二四年便提供了四百三十億美元的美國公共發展援助，占全球該領域公共資金的百分之四十二，其中三分之二用於人道援助以及支援全球一百二十個國家和地區的民眾，例如烏克蘭、加薩、蘇丹、阿富汗、孟加拉和巴基斯坦。

美國國際開發署遭到強制解散後，前署長薩曼莎．鮑爾幾乎當下就回應，聲稱這是「美國史上最嚴重且代價最高昂的外交失誤之一」。更糟糕的是，這將「危及數百萬人的生命，並影響美國國內數千個工作機會，……也嚴重損害我們的國家安全及我們在全球的影響力——與此同時，極端主義和威權主義領導人卻在為此歡欣鼓舞。」她補充道。川普顯然為馬斯克量身打造了政府效率部，而馬斯克一走馬上任就指控美國國際開發署是一個「犯罪組織」和「仇恨美國的激進左翼馬克思主義者的毒蛇窩，……他們必須消失」。這一切在二月七日成為定局。

美國國際開發署迄今為止一直是美國非常寶貴的外交工具，既能鞏固現有聯盟，又能牽制中國。因為中國對第三國的「援助」主要限於貸款，當貧困的受援國發現自己無力償還借款時，往往會陷入「債務陷阱」。在發展援助的這塊領域裡，美國一直遙遙領先中國。北京為了縮小雙方差距，於二〇一八年成立了中國國家國際發展合作署，專責協調中國的發展援助計畫，主要透過碩大無朋的「新絲路」計畫（即「一帶一路」倡議），進行投資和貸款。

中國對外發展援助的總額仍屬機密，但主要形式為提供貸款。根據美國威廉瑪麗全球研究所的一項研究，二〇〇〇年至二〇二一年間，中國向新興和發展中國家提供的貸款總額約為一兆三千億美元，其中大部分發放給「一帶一路」倡議的簽約國。解散國際開發署的決策引發了強烈批評，尤其麻省理工學院史隆管理學院的知名華裔教授黃亞生更是疾言厲色。他在X（前身是推特）上表示：「美國目前正陷入前所未有的危險境地。別再談經濟成長或通貨膨脹了，這些已經只是次要問題。我們眼睜睜看著美國的安全正被自作自受的狂妄摧毀。」他認為：「這些技術官僚『紅衛兵』正在閹割聯邦政府的功能。這些我們過去視為理所當然的功能一旦消失，將會帶來可怕的後果。」黃亞生重拾毛澤東在「文化大革命」（一九六六－一九七六）期間給予狂熱年輕支持者的稱號，雖然他從未直接點名川普或馬斯克。

美國經濟學家保羅．克魯曼最近寫道：「美國在二戰後窮心盡力，試圖成為一個與眾不同的新強權：他們尋求建立聯盟，而非附庸；推動經濟發展，而非掠奪；創建全球體制，而非帝國統治；遵循國際法，而非奉行『強權即公理』的陳舊觀念。[1]」只是這番心力如今正瀕臨灰飛煙滅。

《金融時報》專欄作家吉迪恩．拉赫曼在二月十一日一篇題為〈川普、普丁與習近平：帝國新時代〉的文章中提到：「當美國、俄羅斯與中國均由懷抱擴張野心的人統治，當前的國際體系前景堪憂。世界可能正從一個『小國能夠尋求國際法保護的時代』，走向一個如修昔底德[2]所言，『強者可以為所欲為，而弱者只能逆來順受的時代』。」

總部位於華盛頓的《國會山報》是一家專門研究國際關係與美國政治的線上媒體，他們認為美國國際開發署一直是美國在全球擴展影響力的最有力工具之一，也是對抗中國野心的可貴手段，尤其能與中國的「新絲路計畫」相抗衡。這家在美國精英階層中極具影響力的媒體指出，「關閉美國國際開發署，等於讓北京獲得大好良機，可以肆無忌憚地擴張其經濟與政治主導地位。」該媒體補充：「美國國際開發署解散之後，中國推動經濟影響力的能力將突飛猛進。那些原本可以在美援發展模式或是中國貸款兩者之間擇一的國家，將只剩下中國這一個選項。」該線上媒體繼續說明：「此問題不僅是外交政策方面的隱憂，也將對美國的國家安全產生直接影響。隨著中國逐步掌控全球貿易路線，在未來的衝突中，中國將能夠進一步鞏固在基礎設施領域的優勢地位。」

《國會山報》進一步解釋道：「一個更有恃無恐的中國，憑藉著對數十個國家的經濟和軍事影響力，將使美國更難以對抗北京在南海、台灣及其他地區的強勢作為。」該媒體強調：「關閉美國國際開發署不僅僅涉及預算考量，而是象徵美國退出全球領導地位。」因為，「長期以來，對外援助一直是美國從事外交活動的重要工具，使美國得以建立聯盟、展現善意，並在易受威權勢力影響的地區維持穩定局勢。」《國會山報》最後總結說：「現在，傳遞給世界的訊息十分明確：美國正在置身事外，而中國則準備趁虛而入。川普決定關閉美國國際開發署，不只是為了削減成本，而是美國戰略立場的根本性轉變。由於美國主導的替代方案付之闕如，北京將為所欲為地擴張其脅迫性外交，使各國墮入債務陷阱、軍事占領與威權干預的風險之中。」

更糟糕的是，今天川普為俄羅斯入侵烏克蘭辯護，等於在為中國未來入侵台灣開脫。歷史的教訓歷歷在目，向獨裁者讓步永遠無法換來勝利。而川普順應普丁，要求烏克蘭投降的重大後果之一，就是為中國可能入侵台灣提供了意想不到的論述依據，事實上也已經引發中國極具攻擊性的言論。中國共產黨政權顯然對白宮新主人的言論感到措手不及並驚愕不已，靜觀其變一段時期之後，三月九日星期日轉守為攻，警告說：「如果台灣分裂主義加強，中國將收緊台灣脖子上的『絞索』。」

解放軍發言人吳謙在北京舉行的全國人大年度會議上表示：「解放軍一向是打獨促統的行動派。」他警告支持台灣獨立的人：「懸崖勒馬回頭是岸，執迷不悟死路一條。」在中共政權掌控的全國人大會議上，這番言論照例在廣闊的會場內引起如雷掌聲。據中國官媒《新華社》轉述，吳謙還進一步補充道：「台獨分子鬧得越歡，脖子上的繩索就會勒得越緊，頭頂上的利劍就會愈加鋒利。」

在這種日益黷武的氛圍下，中國於三月五日星期三宣布二〇二五年的國防預算將增加百分之七點二，與去年增幅持平，達到人民幣一兆七千八百四十七億（約二千四百五十七億美元）。多年來，中國的軍事預算穩居全球第二，但與美國相比仍然望塵莫及。不過，西方專家普遍認為中國的官方數據被遠遠低估了，實際上掩飾了大規模軍備擴張，其既定目標之一就是在未來幾年提升對台灣發動軍事攻擊的能力。北京事實上從未排除這種可能性。解放軍發言人吳謙再次強調軍費增加的必要性，聲稱中國「尚未實現完全統一」，幾乎毫不掩飾其威脅意味。他進一步指出，現役及退役軍人如今都必須響應全面動員。此外，中國去年還修改法律，將任何支持台灣獨立的行為列為刑事犯罪，並將「依法嚴懲、絕不姑息」任何台獨企圖。

在此之前，台灣社運人士楊智淵於二〇二二年八月三日在中國東部的溫州被捕，並於二〇二四年九月六日以「謀求台灣獨立」罪被判處九年有期徒刑。而這項史無前例的判決發生當下，北京當局幾乎同時宣布「摧毀」了「龐大間諜情報網絡」。根據北京的說法，中國國家安全部連續破獲千餘起由台灣策畫的間諜案件與竊取「國家機密」事件。當時，負責反間諜工作的國家安全部強調，「凡是以身試法的台獨頑固分子，必將被採取刑事懲處措施，依法嚴懲不貸，依法終身追責。」在三月十日舉行的全國人大會議閉幕式上，習近平的首席智囊暨中央政治局常委王滬寧向人大代表發表講話，闡述建立「最廣泛愛國統一戰線組織」的職責使命，以及「加強海內外中華兒女大團結」的必要性。他強調：「我們要毫不動搖地堅持中國共產黨的全面領導。」

在台灣，即使主流階層與政府當局擺明了對新任美國政府未來的對台政策感到憂心忡忡，卻又不敢挑明了說，以免觸怒美國總統。加上美國代表團在聯合國的投票立場丕變，於二月二十四日與俄羅斯、北韓及白俄羅斯站在同一陣線，對一項譴責俄羅斯侵略烏克蘭的決議投下反對票，這一舉動也令台北惴惴不安。台灣擔心即使美國對中國施加關稅壓力，川普政府也可能不動聲色地將美國的全球戰略導向與俄羅斯和中國三分天下並各自為王的局面，而台灣將成為權力劃分之下的犧牲品。漢學家尚－保羅．亞辛三月五日在專業線上雜誌《問中國》上指出：「客觀來說，在互惠互利的基礎上建立『有來有往』的交易式外交，其實與北京所倡導的『雙贏』模式相當接近。」他解釋道：「在台灣，人人都相當明白，在中共軍事威脅下，美國的支持對於台灣民主模式的存續至關重要，尤其自從台灣政權與『九二共識』決裂之後，北京的軍事演習與恫嚇不斷升級。川普卻在此時重申其競選政見，只是雪上加霜。」亞辛還補充說：「就像川普先前以幾近電視真人秀的方式當眾對澤倫斯基總統施壓，並要求烏克蘭接受莫斯科的條件乖乖投降一樣。自一九四九年以來，美國始終在軍事上保障台灣免受中國侵略，但現在這座靠山卻將台灣海峽的緊張局勢轉變為一場錙銖必較的金錢債務，好像只剩下台灣欠美國多少錢這回事。」

川普上台是否會改變局勢？川普在競選期間曾被問及台灣問題。一名記者這麼問他：「您會不會為了保護台灣而對抗中國？」這位未來的美國總統只是輕描淡寫地回答：「我認為，台灣應該向我們支付『防務費用』。我不認為我們跟保單有什麼兩樣。」川普於一月底正式入主白宮，身邊簇擁全新執政團隊之後，開始迴避媒體關於美國在台海衝突中將採取何種立場的提問。「我從來不對這種事發表評論，我不想讓自己陷入那樣的處境，」但幾分鐘後，他又話鋒一轉，針對中國主席留下了幾句耐人尋味的話：「我和習主席的關係很好。我們希望他們來投資，我看到很多說什麼我們這個國家不想要中國。這種說法不正確。我們希望他們來美國投資。這是好事。會有很多錢進來，我們也會在中國投資。我們會和中國進行各種合作。我們和中國之間的關係將會非常好。」

《印太地區：川普、中國與全球霸權新爭奪》一書的作者理查・海達利安，同時也是菲律賓大學亞洲中心的高級講師，他三月四日在《日經亞洲》日報發表的專欄指出：「川普難以捉摸且易受奉承的個性，以及透過談判手腕達成協議的明顯偏好，使美國在亞洲的盟友們開始思考一個潛在的『大交易』，不僅涉及俄羅斯和伊朗，還可能包括中國。」

雖然日本政府避免發表任何官方評論，但一些前官員則較為直言不諱。「日本從烏克蘭衝突中引以為戒的教訓，就是『能完全依賴美國的時代已經結束了』。」前日本國安顧問兼原信克於三月十三日接受《日經亞洲》採訪時如此表示。

理查・海達利安進一步指出：「美國長久以來所謂『不可或缺的強權』地位逐漸江河日下，川普先生有可能讓『美國孤立』的口號流芳萬世，而非『讓美國再次偉大』。」然而，儘管台灣未來的不確定性正急劇上升，許多專家仍然認為近期之內在台灣不太可能爆發軍事衝突，因為中國軍隊尚未準備好發動一場「熱戰」。萬一中國戰敗，對其本身政權的影響將極具毀滅性。

不過，即使川普風雨不改其色，北京戰略家們仍然會高度關注其立場，以最高規格嚴密檢視所有可能出現的漏洞，在軍事或是意識形態方面把握一切可乘之機。中國的大外宣已卯足全力，將中國描繪成一個深思熟慮也有擔當的強權，美國在其對比之下則是魯莽又冒進。現已完全聽命於北京的香港英語報紙《南華早報》，其高級評論員盧綱三月七日的最新文章便以「現實派習近平與說謊者川普，猜猜看最後誰會勝出？」為標題。

美國與俄羅斯沆瀣一氣以達成和平協議，引起諸多不安及疑慮，無論烏克蘭局勢日後如何發展，中國已經成為最大贏家。這種充滿不確定性的疑美論，本身就是一種強大的政治操弄手段，也是中國政權數十年來為了離間亞洲盟國與美國而求之不得的工具。二〇二〇年二月二十九日美國猝不及防地宣布撤出阿富汗之後，中國曾在與日本的外交往來中利用這種疑美論，但成效不彰。

《日經亞洲》在二〇二五年三月二日的大篇幅反映了相關憂慮。位於澳洲雪梨的洛伊國際政策研究所是國際政治、戰略及經濟問題的獨立智庫，其研究員拉赫曼．雅各在該報導中寫道：「如果華盛頓能夠與莫斯科達成『大交易』，並無視烏克蘭及歐洲的利益，那麼它也可能與北京達成共識，將美國利益放在首位，進而影響台灣的領土完整。」這位研究員補充說：

「如果中國威脅或占領中國大陸附近由台灣統治的島嶼，那麼川普很可能會選擇『以領土換取和平』的交易，而不會出兵防衛該島。」

《日經亞洲》以「歷史告訴我們，『以領土換取和平』的協議從來沒有好下場」為題撰文。拉赫曼・雅各在文中寫道：「美國總統川普為了結束烏克蘭戰爭，與俄羅斯總統普丁討價還價，逼迫烏克蘭放棄被占領的領土，並拒絕其加入北約的願望，這看起來是綏靖，而不是尋求一個明智的協議。川普處理這場衝突的方式，也可能長期破壞台灣的穩定局勢。」

北京從美國總統川普及其副總統范斯的言論中所推導出的思維邏輯，在全世界眼中愈來愈清楚：既然美國隻字不提俄羅斯攻擊烏克蘭的事實，甚至反過來指責烏克蘭挑起戰爭，實際上就是在默許中國進攻台灣。

《日經亞洲》和幾家美國媒體還提醒人們注意歷史上類似的綏靖先例：一九三八年九月，德國、英國、法國和義大利的領導人為了維護歐洲的和平，簽署了《慕尼黑協議》，將捷克斯洛伐克的蘇台德地區割讓給納粹德國。

希特勒則承諾放棄任何領土擴張作為交換條件。當時英國首相張伯倫興高彩烈地返回倫敦，並說了一句令人痛心疾首的名言：「我從德國帶回了我們時代的和平。」不久之後，他與邱吉爾會面，後者對他說：「在戰爭與屈辱面前，你選擇了屈辱！可是，屈辱過後，你仍得面對戰爭！」接下來發生的事情不須贅述：不消一年，納粹德國入侵波蘭，隨即引發了第二次世界大戰。這一串連鎖反應是否對今天的世界也是一記警鐘？

《日經亞洲》進一步指出：「任何犒賞軍事侵略的政策，例如川普以『領土換取和平』的部署，都是在破壞國際秩序，尤其是在印太地區。」而美國彭博社亞太區主編丹尼爾・滕・凱特在三月二日發表的一篇分析中表示：「川普的聲明顯示，他會避免對俄羅斯和中國等戰略對手採取行動，除非美國的核心利益直接受到威脅，這對歐洲和遠東的傳統盟友以及台灣而言，前景堪憂。」凱特強調，川普所表現出的冒險主義「基本上有利於習近平的戰略利益，包括反對正式軍事聯盟、以國家安全為名限制中國的個人自由，還有在南海、台灣和其他地區的領土主張」。他還認為川普這樣的做法將使中國國家主席習近平在全球層面上獨占鰲頭，因為「這意味著習近平可以好整以暇地等待形勢逆轉，直至對美國不利」。他總結道：「屆時無論是華盛頓還是北京的執政者，都會發現『具有中國特色的民主』將成為新的常態，而『植基於法規的國際秩序』將會被乾坤倒轉，而且可能是永久性的。」

被川普任命為國防部次長的戰略家柯伯吉，自四年前出版備受關注的《拒止戰略》一書之後，便以關注印太地區與中國為職志。然而，他在三月五日星期三出席參議院就其提名的聽證會時，表示台灣應將國防預算提高三倍，直至國內生產總值（GDP）的百分之十，讓人對於美國目前的台灣模糊性戰略更是霧裡看花。他表示：「我一直都認為台灣對美國非常重要，但……台灣並非生死攸關的利益所在。」他進一步闡述道：「美國的根本利益是阻止中國在該區域取得霸權地位。」與他過去的聲明相比，這番言論明顯立場不變。柯伯吉將這樣的轉變歸因於「與中國之間的軍事平衡急劇惡化」。他解釋：「失去台灣，對美國利益來說將是一場災難。」但由於美中之間的軍事平衡已嚴重惡化，若爆發衝突，美軍恐將遭受重創。他也擔憂美國尚未準備好與中國發生衝突，並補充道：「我們必須集中力量，確保美軍能夠有效而適當地保衛台灣，也讓台灣有能力自我防衛，台灣應該與日本一樣，需要承擔更多責任。」

自二〇二五年一月二十日以來，我們正親眼見證世界的重大轉變，其後果如何，仍然未卜。但是犧牲台灣並讓中國坐收漁利的機會更甚以往，這或許是自一九四九年以來台灣最嚴峻的危機。

二〇二五年六月二十一日書於法國默東

引言
Introduction

中國萬里長城猶如一條石頭打造的龐然巨蛇，令人嘆為觀止，始建於西元前三世紀，直至西元十七世紀方告完工，綿延長達六千七百公里。它是人類史上最宏偉的建築物，而且根據流傳甚廣的錯誤說法，它也被視為唯一能從月球上看到的人類建築。中國人俗稱這項軍事防禦工事為「萬里長城」[1]，其主要功能是劃分國界並護衛中國的北方邊疆。雖然這道長城讓中國人引以為傲，因為在眾人的想像中，長城是千千萬萬囚犯、士兵、工人與農民在嚴酷勞役下的偉大結晶。但事實擺在眼前，歷史證明它百無一用。實際在軍事上更是一敗塗地！長城從未成功攔截蒙古人入侵，其把守不嚴的邊界防禦也從未有效疏遠蠻夷，與這些遊牧外族之間的通商貿易反而繁榮昌盛。以至於長城現今雖然仍是民族自尊心的象徵，卻也代表中國想抵禦外侮卻力不從心的寫照。在我看來，長城是當今中國的縮影，中共為了確保政權的存續，築起了「中國防火長城」，也就是人們常說的「網路審查長城」，它的正式名稱是「金盾工程」，是一套由公安部管理的全方位網路監控和審查體系。只是「網路審查長城」也免不了開始出現裂縫了。一九四九年毛澤東創建共產主義中國時，中國還是一個貧窮困苦的國家，如今已站在贏家位置並發展成為世界強權。中國人因而理直氣壯地感到志得意滿。許多人視此為一雪前恥，成功洗刷鴉片戰爭期間所受的屈辱。只是當前的中國政權被猛然崛起的經濟沖昏了頭，誤以為自己已經所向無敵，甚至註定要成為世界超級強國。但現實是殘酷的！過去三年的事實反覆印證，這些雄心壯志多半成了泡影，恐怕還將久無著落。事實上，中國可能永遠不會成為全球最大的經濟體，更遑論成為現任領導人習近平夢寐以求的全球地緣戰略超級大國了。

本書原本想以「中國，謊言之國」為題。這個標題其實與現居美國的中國著名導演趙婷（Chloé Zhao）所說過的話不謀而合。二〇二一年五月二十五日，她以電影《游牧人生》[2]榮獲奧斯卡金像獎，中國網民卻挖出她在二〇一三年的一篇訪談，當時年輕的她提到自己青少年時期生活在一個「遍地謊言」的國家。光憑這一點就足以立刻讓她在中國被視為「叛徒」，而所有的電影也在中國遭到全面封殺。事實上，中國官方所呈現的一切幾乎都是假的。先從中國的國家歷史來說吧，為了配合官方的意識形態，歷史被改寫與重述。不僅政權與中國共產黨的黑暗篇章被全面隱去，就連一九四九年以前那些可能激發人民反思與質疑的歷史事件，也統統被刻意迴避。於是，我們所看到的是一段被篩選、被審查、甚至徹底虛構的歷史敘事，從教科書到媒體無一倖免。媒體的內容往往也不實，因為都受到黨的鐵拳控制，只能為黨喉舌，成為忠實宣傳工具。共產黨處心積慮地在全國傳播的意識形態言論也捏造不實，旨在洗腦人民，確保人民唯命是從。官方統計資料往往也不盡不實，只反映局部真相，其餘都在粉飾太平。絕大多數中國人對毛澤東於一九五八年至一九六二年間發動的大躍進災難幾乎一無所知，在這場政治運動中，數千萬同胞因饑荒而喪命，甚至還發生人吃人的慘劇。至於一九六六年至一九七六年爆發的文化大革命，在國內引發的巨大動盪，同樣鮮有人知。這場悲劇同樣由這位嗜血的獨裁者一手造成，他不惜操弄盲從的青年紅衛兵，肆意在全國散播恐懼，只為清除黨內異己[3]。中國人對天安門廣場的大屠殺亦所知無幾，更不曾聽聞中共的「紅色皇帝」鄧小平如何在一九八九年六月四日下令人民解放軍血腥鎮壓，約兩千名手無寸鐵的年輕抗議者，就此倒在槍口之下。那些曾親身經歷或從父母口中聽聞這些事件的人，大多選擇沉默，不願回憶，更不敢言說，因為他們知道，一旦被發現知情，將面臨嚴厲的懲罰。由於這種全面的煙幕作戰和鋪天蓋地的欺瞞，今天的中國在某種程度上，宛如成了「波坦金村」的現代翻版。表面上歲月靜好、繁榮昌盛，未來似乎光明燦爛。

同樣地，數十年來，世界各國始終被中國大外宣所愚弄、誤導和欺騙，這種為黨服務的中國外交本身建立在精心虛構的假訊息之上，透過所有黨的宣傳機構日復一日大量散播。其主要目的是讓人們相信，中國這個顧名思義是世界中心的國家，是一個只為世界和平而努力的和平國家，同時也是商賈趨之若鶩的黃金國度。另一個目的則是說服全球輿論相信中國終將成為全球第一大經濟強國。生於西元前五四四年的中國思想家孫子不就說過兵法是「不戰而屈人之兵」嗎？在一群天真順從、甘為馬前卒的外國「有用的傻瓜」吹捧之下，加上成千上萬拿著豐厚報酬的外國代理人為中國大外宣充當傳聲筒，北京政權始終如同一位經驗老道、技藝純熟的江湖術士般運作至今。唯一的真正障礙是美國，共產中國的領導人習近平直到最近都還以為他能征服這個對手。但這一夢想現在幾乎已成鏡花水月。

本書原本亦可命名為：「中國，歐威爾筆下的天堂」。的確，在這個動盪難測的世界當中，存有眾多專制與極權政體，中國無疑是最貼近喬治·歐威爾在其預言性小說《一九八四》中所描繪的集中式極權社會的國家，這部小說問世七十四年後，其情境已在中國成為現實。數以億計的高解析度監控攝影設備，結合人臉識別軟體和日益先進的演算法，安裝在中國每個城市的公共場所，即時監視人民的一舉一動。這種監控系統正逐漸向農村滲透，形成城鄉一體的數位監視體系。攝影機一旦拍下面孔，即可於數分鐘內辨識其個人身分，並迅速調取包括居住地址、職業資訊、家庭結構、人際關係、健康紀錄、財務狀況、旅行軌跡，乃至私人生活細節等鉅細靡遺的個資。幾乎一切行為與資訊皆無所遁形於此極權體制之下，唯有居所內部那層日益脆弱的私密空間，也許仍殘留一絲尚未被完全滲透的餘地。然而，隨著監控網路的日益緊密與全面部署，未來幾乎將無人能夠擺脫這張無所不在的高科技天羅地網。喬治．歐威爾筆下的老大哥，也就是中國共產黨，正是在這樣的技術治理架構下，得以晝夜不息地監視全民，以保障滴水不漏的「絕對安全」並維護政治和社會的「穩定」，這已成為中共中央最高領導人習近平的首要執念。二〇一九年深秋，武漢市爆發病毒後，中國政權強制實施了長達三年的「清零政策」，藉疫情防控之名，進一步強化了監控系統。智慧型手機中的健康碼應用與通行碼制度成為政府進一步擴展社會監控的數位工具，讓政府當局的監控網路更無懈可擊。另外，中共政權亦鼓勵制度化的「舉報」與「告密」文化，不僅旨在識別異議者，更意圖透過群體壓力與預防性懲戒，消除對中共這個完美政權可能產生的質疑與反抗意識。

那麼，為何本書以「幻象帝國」為題呢？中國獨裁者毛澤東慣於以「紙老虎」蔑稱美國，藉此傳達其對美國權勢毫不畏懼的心態。永不停歇的歷史鐘擺，似乎出現奇異的反盪：「紙老虎」這個詞語反而恰如其分地適用於今日習近平治下的中國。與中國政府的官方說法恰恰相反，中國並非一個無所不能的強權。西方世界近年來普遍流行一種論調，認為中國的崛起勢不可擋，無人能阻；然而，本書接下來的篇章會證明相反的事實。

歷經四十年的高速經濟成長，中國以驚人的速度一躍成為世界第二大經濟體，但這段黃金時期似已達頂峰。幾乎所有的警訊都已亮起紅燈，無不預示著中國已經進入衰退的軌道。恐怕只剩下一些冥頑不靈的「中國迷」仍未看清現狀，這些人往往是甘於屈從或選擇妥協之輩，習於在西方政壇中扮演投機角色。他們對真相視而不見，其實並非無知，而是不願面對，因為承認中國的困境將危及他們在決策圈中賴以維生的話語權與影響力。

然而，事實勝於雄辯：半個世紀以來，中國的大多數鄰國首次在經濟上的表現超越中國。中國不再是地區經濟發展的典範，也不再是促進全球經濟增長的唯一引擎[4]，這一象徵意義極為重大。中國的國內生產總值增長率已降至一九七六年以來的最低點。此外，由習近平主導的中國政權在政治與地緣戰略上的咄咄逼人，非但沒有讓中國逐步成為國際舞台的頭號要角，反而事與願違，造成亞洲大多數國家與中國對立，美國更是如此，而且美國的大多數盟友現在也多多少少以美國馬首是瞻，即使積極程度不一。雖然中國尚未耗盡全部資源，亦仍具備相當程度的威懾與干擾能力，並且中共政權在可見的未來不會交出權力，但對於任何一個敏銳的觀察者來說，當前不容忽視的客觀現實是中國正面臨多重嚴峻挑戰，這將不可避免地削弱其雄心壯志。本書一以貫之的中心信念，正是基於有據可查、有源可循、經過驗證且無可辯駁的事實，對上述局勢進行系統性剖析。不盲從被視為唯一真理的主流觀點。中國在地緣政治和經濟上所描繪的大好未來並非如表面所見。中國政權輕而易舉地在西方推銷「中國和平而強大」的神話時代，可能已經一去不復返。大外宣機制已經失靈。

不，我不是反華分子，中國共產黨政府經常用這個標籤來抹黑像我一樣敢於批評中國的外國人，意在削弱我們的正當性。事實上，我愛中國。而且深切地熱愛著它。當我還是慘綠少年時，我就被這個幅員廣袤的國家深深吸引，其書寫系統、文學和文化都讓我為之著迷。我後來也不間斷地努力學習主要的漢語，也就是北京官話，因為我單純認為只要精通語言就能更接近中國，甚至癡心妄想能真正瞭解中國。從那時起，我總共在華語世界生活了八年，如果算上在台灣和香港居留的時間以及無數次的訪問旅行的話。即使多年來，記者這個職業帶我走遍了世界許多地方，但我始終未曾將目光從中國移開，因為我深知中國的命運與全人類的命運息息相關。我從未對中國人懷有絲毫敵意。我也絕不會把中國人民與當前的共產黨政權混為一談。只是前者往往淪為後者的勒索對象。

1

歷史上的漢族：處於世界中心的中國
La nation Han dans l'histoire : la Chine au centre du monde

「一般而言，好於蠶食鯨吞的帝國會死於消化不良。」

——維克多・雨果

數千年的歷史長河中，中國一直自稱為「中央之國」(le pays du Milieu)。這是其漢字名稱「中國」的直譯，後來在西方被稱為「中央帝國」(l'empire du Milieu)，這樣的轉譯略失嚴謹。歷經改朝換代，即使飽受接連的險峻危機和外來勢力的衝擊，中國仍然逐步建立起統一的國家，成為其力量之所繫。而周邊的「蠻夷」也紛紛俯首稱臣。

中國這個詞是西方國家發明的嗎？

部分歷史學家認為，漢族是中國歷史上的主體民族，其祖源可追溯至古代華夏部族，亦即居住在中國文明的搖籃、也就是黃河流域的部落聯盟。如今，漢族是中華人民共和國的主要民族，約占總人口的百分之九十二。「漢人」之稱始見於西漢時期，並逐漸為這一族群所認同與採用。早在戰國時代（西元前四七五年至前二二一年），一種基於生活方式、語言與文化而形成的「華夏」身分認同便已浮現。並在秦代逐漸凝聚為相對穩定的族群結構，奠定了以華夏為核心、相容多民族的統一國家之雛形。到了漢朝，「漢」一詞成為「華夏」的別稱。而「華夏」也日益成為中國與漢民族的象徵性稱謂。「華夏」原本用以指稱一個與四周所謂蠻夷之邦分庭抗禮的文明社會，據說以秦始皇為尊。

「漢」這一族名正式確立於漢代（西元前二〇六年至西元二二〇年），並沿用至今。在十九世紀時，為了區分統治中國的滿族少數統治者與占人口多數的本地居民，漢族一詞才又重新被強調與使用。早在十三世紀，元朝的蒙古皇帝便以「漢」一詞泛稱中國北方諸族，包含漢族、女真族（滿族為其後裔，曾在蒙古入侵前統治華北）和契丹族（源自阿爾泰語系，約在西元九世紀時入侵中國，並建都北京）。時至今日，漢族已是全球人口最多的單一族群，總數逾十三億人。漢族內部包含眾多文化與語言上各具特色的次族群，彼此差異明顯。直至近代，仍有數十種漢語方言在中國流通，包括普通話、客家話、粵語、以及主要流通於福建與台灣地區的閩語。自一九四九年中華人民共和國成立以來，出於促進民族同化與鞏固領土統一的政策考量，中共政權大力推動普通話[1]的普及，使之逐漸成為全國的主流語言。這種語言政策導致「中文」一詞與「漢語」混為一談，而忽略了「中文」原本涵蓋多元語言與書寫系統的事實。

一些漢學家更進一步主張中國（Chine）一詞是西方的發明。這種離經叛道的論點乍聽之下似乎近乎荒謬。然而，這正是英國廣播公司（BBC）國際新聞部記者比爾・海頓[2]在其研究著作中，憑藉豐富史料所提出的重要見解。他認為中國這一概念本身，是西方人建構出來的。而這個概念如今已被中國國家主席習近平廣泛運用，用以宣示中國作為東亞領導國的地位。海頓認為：「數世紀以來，歐洲人根據探險家和傳教士帶回的零散資訊，逐步拼湊出一個被稱作『中國』的想像共同體。這些資訊後來又經由東方主義敘述者不斷渲染與誇飾，最終形塑西方社會對這一地區的集體印象。事實上，在那段歷史時期內，並不存在一個名為『中國』的國家。從一六四四年到一九一二年，所謂的『中國』，實質上（de facto）是來自亞洲內陸的大清帝國所統治的殖民地。這個多民族的帝國政體中，所謂的『中國本土』，即明朝滅亡後遺留下來的十五個省分，只是整個帝國版圖中的一部分而已。」

比爾．海頓認為中國當局進行明目張膽的欺瞞行為，因為這個定義明確而且統一的中國，「只存在於外國人的想像之中。（……）十九世紀末期之前的北京領導政權甚至都不認識『中國』這個詞。更妙的是，他們也不理解外國人賦予這個詞的涵義。」海頓同時也是皇家國際事務研究所，亦稱查塔姆研究所的亞太項目倫敦聯席研究員。他進一步說明：「今天，習近平和其他中國領導人使用兩個詞來指稱他們的國家：『中國』和『中華』。從語源學角度看，這兩個詞都蘊含地區致霸的意義，因為『中國』的字面意義是『中央之國』，暗示一個理想化的政治秩序中心地位；而『中華』則直譯為『中間之華彩』，寓意為『文明的中心』。」在一九四九年中國共產黨建政之前，「『中國』和『中華』這兩個詞是在十九世紀末才由現代民族主義者重新啟用，並賦予新的含義。這些思想家憑空建構出一種全新的歷史敘事，將本屬片段而彼此無涉的歷史事件加以整合，捏造『中國』自古以來即一貫存在的歷史假象。」

比爾．海頓後來開始質疑「漢」一詞的本質。十九世紀時，一些旅居海外的中國人開始以「華人」或「華民」自稱，用以區別所謂的「蠻夷外族」。這些稱呼表明他們是世界「華」族群體的一部分。但「華人」是基於血緣法（jus sanguinis）的概念，即國籍是建立於血統繼承關係之上，而非透過屬地主義（jus soli）取得。這種以種族為基礎的中國人身分概念延續至今，並隨著習近平勢力的崛起和統戰部門的政治活動再度活躍而重新成為主流。中國政府如今頻繁提及約六千萬人的海外華人，似乎傾向將這些人全數納入其國族範疇之內。早在一八七七年，時任駐日清國使團三等祕書的年輕外交官黃遵憲，便嘗試以「種」這個漢字對應西方語境中的「種族」（race）一詞。這可謂一項創舉，因為「種」原本的涵義為「種子」、「種籽」、「胚芽」或「物種」。黃遵憲也由此提出了「黃種人」的說法，並在其中一篇具有奠基意義的文本[i]中提到：「歐西諸大日逞強，漸剪黑奴及黃種。」

一八九二年，英國傳教士傅蘭雅（John Fryer）發表了一篇文章，據信這是第一篇提到以膚色劃分人種的中國文獻。他曾創辦科學雜誌《格致彙編》（*Chinese Scientific Magazine*），旨在向中國公眾傳遞西方科學思想。在一八八二年的一篇文章中，他闡述了當時歐洲種族思想的最新發展，認為人類可分為五個主要人種：蒙古人、高加索人、非洲人、馬來人和美洲原住民，各自對應的膚色分別為赭色、白色、黑色、棕色與青銅色。傅蘭雅的分類中，「蒙古人」並非「黃種人」，但在當時的背景下，這類以膚色為基礎的種族理論迅速傳入中國。黃色在中國歷來是中央的顏色，而「四夷」則是青、白、赤、黑四色。傅蘭雅指出「這些觀念略作變

i 譯註：〈櫻花歌〉。

通，就能契合時局」。以至於十九世紀末中國最具影響力的思想家之一嚴復開始強調國家民族生存競爭的意義。他積極將社會達爾文主義的術語翻譯為漢語，並為「natural selection」創造了「物競天擇」這個對應詞，字面意思是「萬物競爭，天擇其優」。這雖然曲解了達爾文的原意，亦即適應性較高的生物基因得以代代延續，卻呼應嚴復對於社會變革的觀點：歷史的主體是群體，而非個人。嚴復此一見解，既根植於他對英國社會現實的深刻觀察，也反映出他對晚清政局日益衰頹的憂慮。在他眼中，唯有喚起民族的集體意識與鬥志方能抵禦日本的侵略，扭轉清軍潰不成軍的頹勢。此時就出現了大哉問：誰才是「民族」的主體？為回答此問，嚴復借用黃遵憲所提出的「黃種人」概念：「蓋天下之大種四：黃、白、赭、黑是也。〔……〕今之滿、蒙、漢人，皆黃種也。〔……〕則中國者，邃古以還，固一種之所君，而未嘗或淪於非類。」

大局已定！嚴復為「race」選擇的中文譯詞也是「種」。此後，「黃種人」一詞便持續成為中國改革者的推動力，而嚴復對達爾文思想的詮釋，也確立了整場論辯的語言框架，連孫中山等革命者也未能免於其影響。正如浦嘉珉（James Pusey）在其名作《中國與達爾文》一書中所言，嚴復對於種族的論述「為一整代令人作嘔的種族思想打開了大門」。這些革命家們，尤其是流亡日本的青年學生，將古老的「族」觀念與源自西方的生物種族概念「種」混為一談。這兩者的融合，藉由一位虛構人物黃帝而得以成立，黃帝因而被塑造成「種族」之父。然而，誰能被納入「種族」，這一問題並非那麼簡單明瞭。到一九〇五年的時候，即便是大清皇帝也開始以改革派鍾愛的「種」概念來取代「族」，後者已經主導了近三百年的清朝軍政體制。漢族這個概念已成為革命者手中最強有力的武器，使他們能將士大夫與文盲農民團結於同一陣線之下。但是，回到比爾．海頓的論述，他更進一步提出挑戰，質疑「中國歷史」本身是否亦為虛構。難道中國歷史也是編造出來的嗎？他指出，在毛澤東統治時期，中國共產黨對歷史的「正確意識形態」展現出前所未有的僵化態度。「國家敘事的創造和美化誠然早於毛澤東時期，不過也遠遠談不上有五千年之久。認為自古以來就有『中國』和『中國人』的觀念，是在二十世紀之交才逐漸成形。」一九〇一年時，被視為中國新聞之父的維新派激進革命家梁啟超，在他的文章中並未描繪業已存在的中國民族，而是透過書寫歷史的過程，從無到有地創造了全新的民族形象。藉由決定哪些群體可以納入「中華民族」，哪些則被排除在外，他劃定了邊界，而這條邊界，至今仍深植於中國的官方歷史敘述之中。

接下來的發展就只是無法逆轉的必然結果，這個概念成為一九二一年中國共產黨建黨後，黨內思想家們論證的基石。梁啟超將「近代」定義為中國與外部世界接觸，並被迫與白種人國家進行「弱肉強食」的競爭時期。他主張種族融合才是生存的關鍵，而不是種族分離，並毫不掩飾他的目標是創造一個全新的民族。然而，梁啟超的思想也與時俱進。在他所列舉的「中華民族」不可或缺的六個種族中，很快只剩下三個。雖然漢族、蒙古族和回族（或突厥人）仍被明確提及，但其他民族如藏族、滿族和苗族則被忽略。對他來說，這些群體之間的差異不值一提。他強調：「中國是個大一統的國家！人民統一，語文統一，文化統一，宗教統一，傳統統一。」

這種簡化的論述過於武斷，尤其我們明知藏語與漢語完全是兩碼事，兩者在生活方式與宗教實踐上亦迥然不同。但梁啟超對此毫不在意，因為他所關注的，是在「白種人」面前主張「黃種人」團結一體的訴求。實際上，他是在創造一種新的方式來審視中國的過去，這段歷史並非靜態不變，而是在不斷地被建構與重塑。梁啟超對「中國」的界定逐步與一種尚在萌芽中的種族化國族觀融合起來，這種構想後來也成為中國政權官方話語體系中的核心要素。梁啟超在一九〇三年的一篇論文中寫道：「果有此事，則此大民族必以漢族為中心點，且其組織之者，必成於漢人之手，又事勢之不可爭者也。」換言之，大清帝國治下所有其他民族的未來都只有被同化一途。因此，中華民族的本質的確存在，而且幾千年來未曾改變。漢人遂被定位為中國這個國族的核心，而其他一切族群都應融入其中。

被譽為中國社會學奠基始祖的知名民族學家費孝通（一九一〇—二〇〇五）認為，「中華民族」的概念其實僅始於清代。因此，中國領導人有必要書寫一部既能鼓舞人心、又足以讓中國完全融入世界歷史敘事的「民族小說」。他曾在一九九〇年代末寫道：「中華民族作為一個自覺的民族實體，是近百年來中國和西方列強對抗中出現的，但作為一個自在的民族實體則是幾千年的歷史過程所形成的。」他進一步指出：「它的主流是由許許多多分散孤立存在的民族單位，經過接觸、混雜、聯結和融合，同時也有分裂和消亡，形成一個你來我去、我來你去，我中有你、你中有我，而又各具個性的多元統一體。這也許是世界各地民族形成的共同過程。中華民族這個多元一體格局的形成還有它的特色：在相當早的時期，距今三千年前，在黃河中游出現了一個由若干民族集團彙集和逐步融合的核心，被稱為華夏，像滾雪球一般地越滾越大，把周圍的異族吸收進入了這個核心。它在擁有黃河和長江中下游的東亞平原之後，被其他民族稱為漢族。漢族繼續不斷吸收其他民族的成分而日益壯大，而且滲入其他民族的聚居區，構成起著凝聚和聯繫作用的網路，奠定了以這個疆域內許多民族聯合成的不可分割的統一體的基礎，成為一個自在的民族實體，經過民族自覺而稱為中華民族。[3]」

當中國自行建構「中心」概念之際

官方敘事不過是進一步強化了此論點，宣稱鞏固政權的關鍵在於其他民族學習漢族人民的文明。在全球百餘國設立的數百所孔子學院，學生皆使用同一本由中國官方編選的教材，旨在向海外宣揚中國語言和文化。比爾．海頓指出：「這本教材甚至告訴我們，以帳篷為家的藏族人是何等仰慕唐朝的文明。而這樣的教材，竟被中國政府用作對外宣傳其國家歷史的代表性文本。教材中的敘事與中國國內教科書的內容如出一轍，構成領導人引經據典時所依循的歷史根據。」他進一步指出：「容納不同歷史觀點的政治空間，本就十分有限，自習近平上台以來，這一空間更日益收縮。國家歷史被簡化為一種高等文化對低等文化持續擴張與征服的單一路徑。」比爾．海頓並寫道，習近平從不錯過任何機會重申「梁啟超所構想的『中華民族』從古至今一直存在，未來亦將永垂不朽」。「這種解讀歷史的方式已成為中國國家自我認同的根基，更重要的是，它也形塑了國際社會理解中國的視角。但這只是一種片面的歷史觀，是為了服務特定政治目標而編造出來的，其本質上仍將『民族國家』的意識形態置於其他所有價值之上。」比爾．海頓最後警示道：「在西方極端民族主義逐漸式微的今天，全世界所面對的課題，是中國領導人是否正走在背道而馳的方向，踏上熟悉而幽暗的道路，一步步滑向法西斯主義的深淵。」

我們有必要對「中央帝國」（Empire du Milieu）這一詞彙進行澄清與批判，因為此一說法不僅措詞不當而且有欺世盜名之嫌，長期以來在西方話語體系中被反覆引用、放大，甚至形成了一種文化偽裝的迷思。那麼，這個說法究竟源自何處?「中國」一詞最早可追溯至西元前一〇四六年至前二五六年的周朝，當時便已有「中國」作為中心之國的概念。周天子自認奉天命而治天下，其領土被視為文明的中心。這種被稱為「天命」的神聖使命不僅賦予君主統治的正當性，也設定了其執政的前提為保護社稷國泰民安。隨著朝代更迭，「中國」作為文明中心的觀念得以延續與發展。例如漢朝（西元前二〇二年至西元二二〇年）時採用了「天下」觀，強調中國是萬邦歸附的中心，君王也以「天子」自居。在唐朝（西元六一八－九〇七年）時，中國迎來了文化和商業的黃金時代，「中國」作為中心文明的地位進一步被鞏固。著名的絲綢之路是橫跨亞洲、連通歐洲、中東與非洲的龐大商業網絡，更使中國被視為世界貿易與文明交流的樞紐。

法語以「Empire du Milieu」稱呼中國，源自中文，意為「中央之國」，因為「中」這個字表示中心、軸心、中間、居中，其字形為一條垂直線貫穿方形結構，象徵空間的核心；而繁體中文的「國」一字中的「口」代表領土，受到「一」這道牆和「戈」為武器的保護，象徵由軍事防禦所保護的疆土。這個詞最初的語義較為狹隘，後來才延伸泛指整個中國領土。至於簡體中文的「国」一字代表國家、民族，它的字形象徵著一塊斷裂的璧玉（這在古代是權力授予與主權的象徵，也就是諸侯與宗主之間共用的玉璽），玉的外圍被疆界包圍，因而引申為國土的意思。「中國」一詞首次以現代國名的中文形式出現，可追溯至兩次鴉片戰爭（一八三九－一八四二，一八五六－一八六〇）後，英國與清朝咸豐皇帝所簽署的條約文本之中。在此之前，中國對自身的稱謂多以當時王朝名號為主，例如「大清」。時至今日，雖然「Empire du Milieu」已成為法語慣用詞（英語則為「The Middle Kingdom」），其使用仍具爭議性。一方面，此譯名未能忠實翻譯「中國」這個創造出來形容此一國族（nation）的名稱。另一方面，它也忽略了自一九一二年辛亥革命推翻帝制以來，中國已不再為帝國政體的歷史事實。

程艾蘭[4]（Anne Cheng）教授是法蘭西學院的著名漢學家，在其課程「普遍性、全球性、世界主義」中，對上述論點表示支持：「我們首先應該注意到，在印度僧侶的記述中，中國從未被稱為『中國』（le pays du milieu），而是被稱為『支那國』，這是梵文『Cīna』的音譯，而Cīna本身則來自『秦』的音譯。」她接著指出：「這種純粹的音譯方式，完全排除了任何關於中國自我中心性的文化意涵，此一用法在更晚的時期，尤其是在十九世紀明治維新期間，被日本人延續採用，尤其是在十九世紀明治維新時期，他們也藉此宣示不承認中國的中心地位，並轉而主張日本才是新的文明中心。更令人玩味的是，這些印度僧侶甚至將中國視為『蔑戾車』(mleccha)之國，這是一個帶有極強負面意味的詞彙，通常被翻譯為『蠻族』，與中文的『胡』一詞相當。更甚者，在婆羅門語境中，『蔑戾車』一詞泛指所有脫離文明世界的人，即那些不屬於正統宗教儀式、社會制度與語言文化共同體的他者。[5]」簡而言之，「中國」(Chine)一詞本質上是外來語。漢字「中國」的「中」字所隱含的「中心」概念，其正當性也值得重新檢視。程艾蘭在一次專訪中進一步闡明其觀點：「中文的『中國』一詞，字面意思是中央之國。但若翻閱中國古代文獻，我們找不到任何音譯或語源學上的證據能證明『Chine』一詞曾被用來統稱整個國家。較為可信的說法是在十六世紀由葡萄牙人傳播普及開來。以這種方式來稱呼中國，實則反映出一種深植於西方語言與文化框架中的理解偏差。這種對中國的認知，是透過西方概念之濾鏡所建構的視角，難言全面，亦非毫無瑕疵。[6]」

2

漢人對抗帝國邊境的蠻夷及其「教化」的使命

Les Hans contre les barbares dans les marches de l'empire et leur mission « civilisatrice »

「殖民化：通往野蠻文明的橋頭堡，隨時可能完全徹底地否定文明。」

——艾梅・塞澤爾

土生土長的中國漢人是如何同化中國邊疆的「少數民族」呢？這一過程往往訴諸武力。這種現象具有典型殖民主義的所有特徵，每次都以「教化蠻夷」的名義，堂而皇之地發動征討。但事實真的如此嗎？

鄭和下西洋之歷險記

一四〇二年，朱棣在南京登上龍椅，建元永樂，並提拔他忠心耿耿的僕人鄭和為內官監太監，這位回回宦官隨後升任艦隊大統帥，展開一段震古鑠今的奧德賽壯遊。新聞工作者呂克．德．巴魯奇[1]寫道：「新天子意欲藉此彰顯皇權，並促使藩屬諸國承認其正統王位。他打算肅清海盜，恢復四方通航，並宣告中國在經過蒙古人統治的短暫插曲之後，再次回到中國人手中。」一四〇五年七月十一日，《明太宗實錄》載曰：「遣中官鄭和等齎敕往諭西洋諸國（印度洋），並賜諸國金織文綺彩絹，各有差。」中國史上首度大規模海上遠征即將展開。這支艦隊規模空前，集結三百一十七艘船艦，為十六世紀末西班牙無敵艦隊的兩倍，其中包括六十二艘寶船，載有二萬七千八百人、朝廷軍馬以及送給各國君主的珍貴禮物。鄭和麾下的水手們使用中國發明的指南針進行導航，分別在一四〇五年、一四〇七年、一四〇九年、一四一三年、一四一七年、一四二一年和一四三〇年進行多次遠征，歷訪數十國並建立藩屬關係，收受朝貢，開闢貿易路線，還曾平定叛亂。其船隊一路遠航至中東和東非，他本人亦因此獲封佛教榮銜「三寶太監」。然而，「鄭和非凡的海上遠征並非為了征服領土或改變人口信仰，完全不同於次一世紀歐洲人的殖民遠征。」而彼時剛從中世紀甦醒過來的歐洲，在鄭和眼中亦無足輕重。「當時中國擁有約二千七百艘戰艦，本可憑藉其強大的海軍力量成為世界首屈一指的殖民強權，讓萬邦俯首稱臣。」永樂皇帝於一四二四年駕崩，也畫下歷史的轉捩點，海上遠征自此戛然而止。「今日，中共大外宣時常援引鄭和之事，以彰顯中國與西方的不同，即使中國完全擁有殖民能力，也從未像歐洲列強那樣殖民非洲或亞洲諸國。這位偉大航海家的故事與『新絲綢之路經濟帶』（簡稱一帶一路）的遠大計畫相互輝映，這是一項以貿易與投資為手段，擴展全球影響力的宏大戰略。[2]」然而，本書後文將會提到，這項龐大計畫被包裝成對開發中國家的「兄弟援助」，實則是北京精心設計的地緣政治工具，不僅用以鞏固中國在廣大地區的戰略地位，更可滲透至歐洲心臟地帶。這項計畫經常讓簽署國與中國之間產生經濟附庸關係，對於其中一些因而深陷「債務陷阱」的國家而言，最終淪為北京的勢力延伸，甚至付出主權流失的代價。

新絲綢之路經濟帶：經濟與政治霸權的工具

中國國家主席習近平在二〇一三年啟動「新絲綢之路經濟帶」，帶領中國邁向一場前所未有的全球戰略冒險。在短短十年間，北京從亞洲到歐洲，再到非洲，在基礎設施建設領域投入了數千億歐元，但不僅於此。現今已有超過一百五十個國家加入這個不僅是標籤，更是一個由陸路與海路構成、錯綜複雜、橫跨全球的貿易網。十年過去了，該如何評價習近平口中的這項「世紀工程」？二〇一三年九月七日，剛上任不久的中國國家主席習近平前往哈薩克首都阿斯塔納進行國事訪問，並在納扎爾巴耶夫大學的演講廳發表演講。這一天也被載入史冊。「讓我們共同建設絲綢之路經濟帶。」習近平在講台上的這句話，為一個宏大的計畫揭開序幕。當時無人能預見這一計畫在短短十年間的影響將遍及全球。一個月後，習近平來到雅加達，在印尼國會上重申：「共同建設二十一世紀海上絲綢之路。」至此，這項大業正式定名為「一帶一路」；英文是「One Belt, One Road」，簡稱為OBOR。「絲綢之路」一詞已無法涵蓋習近平的宏圖壯志。這個詞是德國旅行家費迪南．馮．李希霍芬在一八七六年所獨創，當時舊大陸的列強們正夢想修建一條橫貫歐亞大陸的鐵路。長久以來，這條綿延萬里的貿易路線自中國出發，穿越荒漠，將貨物運往歐洲。地理學家李希霍芬為其正式命名為「絲綢之路」。當時由兩大帝國主導全球貿易體系，並從中攫取利益。該貿易網路約自西元前二世紀開始運作，一直延續至十五世紀，即歐洲進入大規模殖民擴張的時代。

「絲綢之路」這個詞，實乃源自西方的想像，蘊含濃厚的民族中心主義（ethnocentrisme）色彩。它甚至未曾涵蓋那條自古以來便連接中國和印度洋的「海上絲路」。更甚者，歷史上的「絲路」非由歐洲人策畫，亦非中國主導，而是由中亞商人組織駱駝商隊，穿梭於綠洲之間，逐步開闢而成。今日的「新絲綢之路」具有截然不同的鴻鵠之志。這一次，中國意在爭取主導權，不再願意受制於美國影響下的貿易通道，例如全球海運命脈之一的麻六甲海峽。

中國希望建立一個以自身為中心的全球貿易網絡，既是出資者，也是主要受益者。在短短十年間，中國已投入近一兆歐元，用於建設交通、能源和電信基礎設施工程，並成功構建起一套複雜的陸路走廊與海上航道體系，目前已有超過一百五十個國家簽署合作協議，參與這一計畫。今日的「新絲綢之路」，早已超越「一帶一路」的初始構想，成為延伸至南美洲的全球性戰略品牌，彙聚了「全球南方」絕大多數的國家，這些發展中國家對長期以來由西方主導的世界經濟秩序頗有微詞。自馬歇爾計畫之來，世人從未見過如此雄心壯志的構想。這場中國主導的外交與經濟大冒險，無疑讓西方芒刺在背，後者認為中國正在打造能掌控全球經濟和政治力量的工具。

自二〇一六年起，有關「一帶一路」的批評聲浪逐漸浮現。娜黛・羅蘭德[3]指出：「一帶一路面臨嚴重的透明度與國際形象危機。」例如斯里蘭卡的漢班托塔港，其經營權已被轉移給一家中國國有企業，期限長達九十九年。許多國家開始意識到，這些所謂的「投資」實際上並非無償援助，而是附帶高利貸款，隨著利率攀升，債務壓力不斷加劇，最終導致國內財政陷入困境。印度研究員布拉瑪・切拉尼[4]一針見血地道破各界疑慮，將此現象命名為「債務陷阱外交」。北京的真實意圖，似乎在於取得遍及亞洲、非洲、波斯灣乃至美洲等地的戰略設施使用權。地理學家澤維爾・歐賀恭[5]則認為：「在非洲的情況可說是喜憂參半。一方面，中國已成功讓絕大多數非洲國家參與一帶一路，只有模里西斯以及與台灣維持邦交的史瓦帝尼王國尚未加入。中國展現出極強的融資能力，甚至遠超過實際投資規模，還將所有基礎設施建設計畫都列入一帶一路框架之中，即使在二〇一三年之前投入的計畫亦然。從這個角度來看，這個計畫在非洲的推進可謂頗具成效。」

然而，「中國式的套裝方案」也引發不少爭議。「以融資換取中國企業贏得合約的做法招致批評」，因為會損害其他國際或非洲本土企業的利益。中國鼓吹的「互惠雙贏夥伴關係」已經達到極限。「中國這種對非洲發展的融資方式，正產生一些後果：包括債務累積、影響力網絡的建立、各種形式的依賴，以及對當地環境與社會造成的整體衝擊。若西方國家從這樣的合約受益，中國自己也會大加撻伐。」

必須有所行動。二〇一七年，這項計畫被重新命名為「一帶一路倡議」，簡稱BRI。「倡議」一詞較為謙遜，亦帶有包容之意，有助於淡化該計畫予人的「掠奪性」印象。娜黛・羅蘭德指出：「二〇一八年夏天，習近平召開了一次工作會議，邀集支持絲綢之路發展的部門、黨政機構與國有企業。他認為應當推動規模較小的計畫，盡可能符合夥伴國家本地的發展意願。」中國最高領導人還呼籲展開宣傳工作，提升「新絲綢之路經濟帶」在各國的接受度。中國不打算按照國際金融標準來整頓那些受到質疑的大型計畫。「花得更少、看起來更好」

成了新的指導原則。這樣的戰略調整是否成功了呢？不好說。與此同時，許多計畫也因新冠疫情而停滯不前。包括剛果民主共和國在內的一些國家正試圖與中國重新協商部分合約與協議。然而這並不代表著「新絲綢之路經濟帶」在新冠疫情期間完全停擺。娜黛．羅蘭德解釋說：「很難對一帶一路得出一個單一的結論，因為它其實涵蓋多個面向。它們並不局限於基礎設施領域，而且該領域的投資自二〇一六年以來其實已在下降。絲綢之路計畫還涉及公共衛生、教育和國際規範變革等其他合作領域，這同時也是中國目前著力推動的重點。從中國當局的角度來看，這方面的成果更為正面。尤其是在發展中國家，中國已取得顯著進展。」

「一帶一路倡議」的「多維性」（multidimensionnelle）賦予中國一定程度的靈活性。新冠疫情期間，中國政府特別推動「健康絲綢之路」，成為宣揚「疫苗外交」的完美工具。所有媒體都在播放這樣一個畫面：裝滿口罩與防護設備的紙箱上，印有醒目的中國國旗，送往世界各地。但很多人都不知道，世界衛生組織祕書長譚德塞在中國的奧援之下，自二〇一七年開始就在演說中使用「健康絲綢之路」這個說法。中國的終極目標並不是單純利用「新絲綢之路」為發展中國家提供基礎建設資金。按照習近平的說法，是為了打造「命運共同體」。這一模糊口號背後，實則藏有娜黛．羅蘭德所稱的「國際規範變革」。這場變革已在多邊組織中悄然推進多年，也就是說，中國利用川普執政時期美國退場旁觀的空檔，試圖掌握聯合國下屬機構中的關鍵領導職位。這一策略並非總是無往不利，因為北京政府無法改變聯合國及其機構內部的權力平衡。所以中國另闢蹊徑，創建對等的組織機構，以挑戰現有的世界秩序。「健康絲綢之路」便是一個例證。巴黎中央理工學院講師暨漢學家王艾倫[6]指出：「當中國在世衛組織踢到鐵板時，便轉而在衣索比亞籌建疾病預防和控制中心。」這個非洲疾控中心本應由中美共同出資，但川普政府打退堂鼓。北京即乘虛而入。「中國投資將近六千五百萬歐元，在衣索比亞首都阿迪斯阿貝巴建造了一座宏偉建築。該中心目前專注於非洲地區，但已在埃及、加彭、肯亞、尚比亞與奈及利亞設有重要分支機構。未來極可能在非洲進一步擴展，甚至延伸到非洲以外的地方，也許是拉丁美洲和亞洲。」在王艾倫看來，「一帶一路倡議」對北京來說具有正面效應。「中國成功在自己周圍建立起一個由大小國家組成的同溫層，這些國家將在國際舞台上扮演關鍵角色，而中國則以領導者之姿出現，帶領一個與西方民主體制對立的世界，一個由威權國家構成的世界。」

「新絲綢之路經濟帶」前景如何？在地理學家澤維爾．歐賀恭看來，這個計畫已經「擱淺」。中國融資明顯銳減：根據上海復旦大學旗下智庫「綠色金融與發展中心」的數據，中國對外放貸明顯減少：二〇二二年，中國對撒哈拉以南非洲地區的貸款額度，較二〇二一年驟降了百分之六十五。「中國的政治精英觀點分歧：有一派認為『一帶一路』可能已走到盡頭，應該邁入習近平的『新時代』，逐步推動另一套對外政策。但娜黛．羅蘭德不這麼認為，這位研究員認為早在好幾年前就有人宣稱「一帶一路」將日暮途窮，但始終沒有成真，它依然照常運作。她坦言，「或許一帶一路在中國外交的地位不如以往高調」，部分原因是出現了如「全球發展倡議」與「全球安全倡議」等新型外交標籤，彼此競合，但非取代關係，而是互為補充。「中國在新冠疫情後重新對外開放，中國官員陸續出訪多個友邦國家，在二〇二二年與二〇二三年簽署的多項合作協議中，一帶一路依然名列其中。」近期最具代表性的例子是二〇二三年五月十八日和十九日在西安舉行的「中國－中亞峰會」。習近平邀請五位中亞國家元首出席，並為他們獻上一場堪比二〇〇八年北京奧運開幕式規模的華麗盛會。猜猜主題是什麼？就是「一帶一路倡議」。可見一帶一路依然是習近平外交政策的關鍵工具之一。證據就是西安峰會的舉行時間，正好與七大工業國（G7）在日本廣島召開的峰會重疊。西方領袖齊聚一堂，共同對中國日益擴張的全球野心表達憂慮，尤其俄烏戰爭已造成慘烈傷亡，而北京仍然對俄羅斯採取「無上限支持」的立場。雖然俄羅斯的侵略戰爭和西方對俄制裁行動確實中斷了一部分橫跨歐亞大陸的「絲綢鐵路」貨運交通，但中國並未因此卻步，反而調整路線，將貨運列車直接開往莫斯科，並積極開通前往伊斯坦堡的「跨裏海大通道」作為繞行路線。在當前國際局勢下，靈活調整與重新平衡戰略才是王道。「新絲綢之路經濟帶」

並未完全灰飛煙滅。[7]

我們能從中汲取什麼教訓呢？反對者譴責「一帶一路」猶如中國版的特洛伊木馬，旨在擴張政治影響力，並批評它讓貧窮國家負債累累。二〇二三年六月，拜登前總統稱「一帶一路」為「一個製造債務與財產掠奪的計畫」。該倡議正接連遭遇挫折，最新的例子是義大利聲稱該計畫沒有達到預期目標，於是在二〇二三年九月認賠殺出。葡萄牙也暗示考慮追隨義大利的腳步。在大約一百五十個簽署國中，已有許多國家發現自己無力償還積欠中國的債務，成為「債務陷阱」的受害者。這些國家包括孟加拉、斯里蘭卡、阿根廷、衣索比亞、肯亞、馬來西亞、蒙特內哥羅、巴基斯坦、坦尚尼亞和尚比亞。而有些國家，例如斯里蘭卡，甚至被迫將基礎設施轉租給中國，租期長達九十九年，實際上喪失了部分主權。史丹佛大學的美國研究員麥可·本農和經濟學家法蘭西斯·福山在一篇題為〈中國的毀滅之路〉的文章中指出，「一帶一路」已導致某些國家「走向毀滅」，並且「在許多發展中國家，中國已被視為貪婪而頑固的債權國，其行為與過去幾十年西方跨國公司和放貸機構回收壞帳的方式並無太大區別」[8]。

根據漢學家程艾蘭的說法，中華帝國很早就掌握了「中國即世界」（Chine-monde）的概念，「在遠古時代，該詞的字面意思是『天下』，經常出現在帝制以前的文獻中，意指我們今天所說的『世界』。然而，隨著西元前三世紀第一個中央集權帝國的建立，這一詞彙逐漸賦予了更多的政治內涵。直到二十世紀初中華帝國滅亡之前，它一直自稱為『天下』。今天，北京的一些理論家希望復興這種「中國即世界」的概念，並構想出一個以中國思維為主的新世界秩序，藉由當前中國崛起的力量，重新恢復其在十九世紀因鴉片戰爭而喪失的『中央帝國』地位。」自一九四九年中共政權上台以來，始終奉行這一理念。中共政權「自豪地宣稱『解放』了中國，恢復了中國的帝國地位，延續了五千年來的偉大中華文明。這對於一個宣稱以革命破壞為基礎的意識形態來說，矛盾不可謂不大！但宣稱『永恆』的本質和中國的『他異性』，有助於以文化論證來反駁普世人權的優勢」[9]。當代中國重新採納了「文明」這個概念，並試圖藉此在國際舞台上大放異彩。然而，程艾蘭補充道：「以文明自居並非偶然：追根究柢是希望讓自己與眾不同。自一九四九年以來，中國共產黨政權徹底與過去劃清界線，並以代表中國擺脫奴隸制與封建過去的徹底革命和突破為榮。」這種對「文明」的執著相當出人意表，因為文明這個概念並非起源於中國。「Civilisation 這個詞通常譯為『文明』，起源於『特定且完全歐洲化的視角』，並在十九世紀時，隨著西方大國的主導地位而逐漸確立。」程艾蘭指出，文明的概念正是經由日本傳入中國的，「日本早在十七世紀就開始大規模翻譯歐洲主要文本和思想。文明這個概念也不例外。日本借用了中國的文字，將『文』（字面意思是文雅或文字）和『明』（光明）結合起來，以表達歐洲的『文明』概念……而在古漢語中，這兩個字從未以這種涵義組合在一起過。[10]」

眾多文獻記載著外國人晉見天朝皇帝時需遵守的禮儀，這些被定義為『蠻夷』的人絕對不能直視皇帝，以示臣服；而且必須行著名的叩頭禮，以示敬重。這個儀式通常要求他們雙膝下跪，然後俯首以頭觸地。在佛教的禮儀中，只對佛像或墳墓叩頭。磕頭一般被稱為「頂禮」或「五體投地」，要求雙腿、雙臂和額頭都要貼地。佛教徒在漫長的朝聖途中，每走三步就要磕一個頭。數字「三」象徵佛、法、僧，亦即佛教三寶。這一儀式至今仍在西藏等地流傳。根據朝鮮王朝的史籍記載，一五九六年，統一日本的大名豐臣秀吉曾對明朝行叩頭禮，以示對明朝的臣服，但這一記載未有任何日本史料佐證。叩頭也是中國與歐洲外交禮儀的一部分，所有外國人在晉見中國皇帝時，都必須行叩頭禮。對於不代表國家的獨立旅行者來說不成問題，例如「只代表自己」的荷蘭商人。但是在一七九三年和一八一六年的時候，英國外交使節團兩次拒絕向中國皇帝叩頭，因為這對他們而言等同於承認英國是中國皇帝的屬國。

共產黨政權自封為中國古代輝煌文明的合法繼承者，這無可厚非。但若是要以此來「教化」其鄰國，還差一步。一九四九年中國共產黨在北京當政後，其理論家們就不斷宣稱中國對於「教化」其近鄰（西藏、東突厥斯坦和蒙古）方面扮演舉足輕重的角色。西藏和新疆（舊稱東突厥斯坦）曾經是獨立國家，其命運殊途同歸。它們分別在一九五〇年和一九四九年被中國人民解放軍占領。自此之後，中共政權便冷酷地在這些地區推行無情的目標：將這些地區與主流意識形態融合，並以抹去當地文化身分為代價。雖然他們的悲慘命運如出一轍，但他們的歷史截然不同，尤其是在宗教方面，藏族人信奉佛教，而新疆的主要民族維吾爾族則是穆斯林。前者有達賴喇嘛作為精神領袖，而後者則無這種人物。兩地在被中國吞併後，都處於同一套共產主義制度的枷鎖之下，這個制度宣稱要建立一個以漢人（占中國人口的百分之九十二）為實際主宰的同質性中華民族，並有系統地消除民族之間的差異性。

在新疆和西藏，不只個人自由被嚴密箝制，其宗教信仰、風俗、生活方式以及祖傳的文化習俗也都受到打壓。這一切皆以殖民主義耳熟能詳的藉口為包裝：我們帶來文明。在中華人民共和國，官方的主正統思想強調集體和諧，卻以抹煞民族差異為代價。一九二一年七月二十三日，毛澤東成立了中國共產黨。當時中共綱領明文規定西藏與新疆享有自治權。一九三一年，由毛澤東這位中國獨裁者主持的中華蘇維埃第一次全國代表大會上，中共更公開宣示各民族擁有自決的權利。會議文件提到：「中國蘇維埃政權承認中國境內少數民族的民族自決權，一直承認到各弱小民族有同中國脫離，自己成立獨立的國家的權利。蒙古、回、藏、苗、黎、高麗人等，凡是居住在中國地域內，他們有完全自決權：加入或脫離中國蘇維埃聯邦，或建立自己的自治區域。」然而，這樣的承諾從未兌現。

一九四九年共產黨取得政權後，民族自決的承諾便被徹底擱置。在西藏與新疆這兩地，中共都將其併吞行為包裝為「和平解放運動」，並聲稱是應當地人民之請而為。然而，恐怖統治旋即籠罩整個地區。兩地所謂的「自治」僅止於名義，從土地管理到經濟運作，實質主導權始終牢牢掌握在中國共產黨手中。西藏和新疆逐步淪為現代的古拉格群島。一九五〇年十月，中國派遣八萬大軍進犯西藏，攻進喜馬拉雅高原。藏人浴血奮戰，僅抵抗了幾星期，便不敵侵略者的千軍萬馬。

新疆於一九五〇年的前一年遭遇同樣命運。中國軍隊趁著新疆政局動盪之際，迅速出兵得逞。國際社會面對既成事實，抗議聲浪寥寥無幾且流於形式。此後，大批漢族移民如潮水般湧入西藏和新疆。北京政府堅稱這兩個地區都是中國領土「不可分割的一部分」。中國的官方宣傳則聲稱西藏與新疆如今已實現經濟繁榮，當地人民與全國其他地區一樣，共享著「具有中國特色的社會主義」所帶來的幸福生活。

假訊息和審查制度無法阻止民眾揭竿起義。無數鐵證歷歷在目，藏族、維吾爾族和其他少數民族囚犯被嚴刑逼供是家常便飯。其中最駭人聽聞的非人道野蠻手段莫過於「老虎凳」，這是一種金屬製的刑椅，設有束縛囚犯手腳的綁帶，使受害者日以繼夜遭受無休止的折磨，甚至包括電刑等酷刑。不僅肉體備受摧殘，心理上的折磨更為深重。尤其針對女性，更出現如輪姦、墮胎、強制絕育等種種泯滅人性的虐待行徑。受害者的證詞比比皆是，內容高度一致，其真實性不容置疑。這項強制同化的行動具有典型的殖民主義特徵。西方列強曾發動許多腥風血雨的殖民遠征，也總是打著「進步」與「文明」的旗號，掠奪他國資源。然而，對於過去的殖民罪行，西方社會逐步展開了反思與道德自省，至今仍持續進行著深刻的自我批判。這與漢族在西藏和新疆的殖民主義完全不是同一回事。這不是歷史上的遺緒，而是當代進行式，發生在二十一世紀的今天。而且中國國內毫無反省之聲，民眾被鋪天蓋地的宣傳與虛假資訊所矇蔽，對真相一無所知。一九五〇年時，西藏的固有領土約有一百二十萬平方公里，相當於今日中國國土面積的三分之一。這片被譽為「雪域之國」的土地，當時才剛開始向世界打開大門，對外部世界的現實情況幾乎一無所知。其政府更無從預見，一場顛覆其命運的軍事壓制已悄然臨近。

丹增嘉措，第十四世達賴喇嘛，當時是西藏的精神和世俗領袖，年僅十五歲，幽居於俯瞰首都拉薩的布達拉宮厚重宮牆之內。這片被稱為「世界屋脊」的高原，歷經數世紀，孕育出一套璀璨卻脆弱的文明。對共產政權來說，西藏在地緣戰略上具有重要地位，是面對印度與蘇聯的前哨堡壘。北京吞併西藏之後，旋即在當地設置軍事基地和核飛彈發射井，開始掠奪地下資源和廣袤的原始森林，三分之二的森林自此被砍伐殆盡。西藏也被譽為亞洲的水塔，孕育印度河、雅魯藏布江、長江、黃河、湄公河和薩爾溫江等大河，滋養印度北部、尼泊爾、孟加拉、東南亞和中國部分地區。如今，中國正在這裡建造世界上最大的水力發電大壩，就位於藏人視為聖河的雅魯藏布江上。西藏在入侵後被重新劃界，西藏中部在一九六五年被重新命名為「西藏自治區」；而廣闊的康區（位於東部）與安多（位於東北），合計接近西藏傳統領土的一半，則被併入中國的四川省、雲南省、甘肅省和青海省。一九五一年十月二十六日，中國軍隊進入拉薩，並在街頭遊行，寺廟和村莊立即陷入一片恐怖氛圍之中。

一九五九年三月十六日，年輕的達賴喇嘛被傳喚前往拉薩的解放軍司令部，且不得攜帶任何隨從或武器。他敏銳地察覺危機逼近，遂設法擺脫嚴密監控，率領數千名忠誠信徒展開逃亡，前往印度。丹增嘉措在回憶錄《我的土地，我的人民》中，生動記述了那段歷時兩週的驚險旅程，他們僅在夜間行動，騎馬或徒步翻越海拔逾五千公尺的險峻山口，躲避中國軍隊的追捕。這場逃亡，堪稱舉世無雙的壯舉。接下來的幾星期內，又有超過八萬名藏人踏上通往印度的流亡之路。達賴喇嘛逃亡之後，拉薩隨即爆發民變，卻遭血腥鎮壓。據估計，有一萬至兩萬名藏人，無論僧侶還是平民，遭到軍隊殺害。此後，中共強制推行土地集體化，同時對所謂的「人民敵人」，也就是是僧侶和貴族，進行物理上的清除，第一批集中營也隨之設立。一九五〇年時，西藏共有二千七百座寺廟，十五年後僅餘五百五十座仍在運作。僧侶人數也從十一萬四千銳減至僅剩六千九百人。自一九六六年八月開始，那場陰森恐怖的文化大革命席捲全中國，西藏亦未能倖免，暴力與血腥接踵而至。

在紅衛兵的瘋狂肅殺之下，僧侶們被迫在公眾面前進行自我批鬥，不少人選擇自盡以逃避羞辱與迫害。所有宗教活動皆遭取締。寺廟和修道院慘遭洗劫和縱火，許多更是徹底夷為平地。藏人的反抗行動無一不被血腥鎮壓。隨著人民公社的建立，藏族遊牧民延續數世紀的生活自主權遭到徹底剝奪，而數十萬名第一批漢族移民開始定居西藏各大城市。根據西藏流亡政府估計，一九五〇年原有六百萬藏人生活在西藏，在中國統治西藏的最初二十五年間，有超過一百萬人死亡或失蹤。這些數字無從查證。一九八〇年，中共中央總書記胡耀邦決定放寬部分政策：藏人得以恢復有限的自由，寺廟重建逐漸啟動，宗教活動重新現身，一部分被掠奪的藝術品也歸還西藏。胡耀邦在西藏視察期間曾親眼目睹當地的毀滅性破壞，據與毛澤東共事的藏族高級幹部阿沛·阿旺晉美回憶，胡耀邦當場流露出真切的悲痛，甚至在隨行的北京代表團面前落下羞愧之淚。這是中國高層極少數敢於公開表達良知與懊悔的時刻。

其後所發生的一切，只不過是北京鐵腕邏輯順理成章的發展：徹底消滅一種文化，並以共產主義中國的意識形態取而代之。自二〇〇八年拉薩最後一次大規模抗爭以來，西藏的漢化進程不斷加速。當局部署了大規模極為先進的電子監控，可以即時檢測任何人群活動並迅速鎮壓。自二〇二〇年起，官方政策更進一步升級，系統性地將藏族兒童從父母身邊強行帶走，安置於專門的教育機構。數年後，當孩童離開這些機構時，往往已被洗腦並堅信自己是優秀的中國人。根據多方一致的消息來源，已有約一百萬名藏族兒童遭此命運。與此同時，遊牧民族被強迫定居並被編入強制勞動體系，官方宣稱其目的是改革「落後思想」，迄今為止，已有超過一百萬名藏人被迫接受了所謂的「再教育」。根據最新衛星影像的分析顯示，西藏高原上的集中營數量正在穩步增加。在中國入侵西藏近七十五年後，「中國式」城市化的飛速發展，移居者和大批追求廉價異域情調的漢族觀光客蜂擁而至。大部分傳統西藏建築已經消失殆盡，取而代之的是一棟棟毫無美感的中式水泥樓房。而原本神聖莊嚴的寺廟，如今也已重建並粉飾一新，只為迎合觀光需求，卻早已失去了原有的靈魂。

面臨絕望的藏人，往往只能以自焚作為最後的抗議手段。自二〇〇九年以來，已有一百五十九人採取這種悲壯的方式，這個數字令人毛骨悚然。至於那些冒著生命危險，試圖穿越邊境進入鄰國尼泊爾的藏人，則面臨被尼泊爾遣返中國的風險，因為該國服從北京的指令。……現今九十歲的達賴喇嘛坦言：一九五〇年的西藏並非一個佛教的天堂，當時的神權封建體制確實需要改革，土地分配也極度不均。但他的祖國也絕非北京所描繪的地獄。在西方探險家眼中，西藏是一片充滿歡笑和純樸快樂的土地。藏族社會甚至具有一些在他處未見的現代性特徵，如婚前自由的風俗和婦女在社會中扮演核心角色。今天的西藏正逐步被同化。漢族成為城市中多數民族。學校和大學不再教授藏語，而普通話已成為行政和經濟生活中的主要語言。愈來愈多年輕的藏人，已無法說出祖先的語言。

新疆幅員遼闊，面積達一百六十萬平方公里，當地居民被殖民以及兇殘鎮壓的經歷幾乎與西藏如出一轍，甚至可能更加慘烈。因為習近平在二〇一五年的時候，決定採取恐怖手段來根除該地區民族的身分認同基礎，約一千一百萬居民受波及，包含維吾爾族、塔吉克族、吉爾吉斯族、烏茲別克族和回族等。新疆與西藏相似，都蘊藏著對中國經濟發展至關重要的豐富礦藏：不僅有全國三分之一的天然氣產量、全國第二大的石油產地、全國第一的煤炭產地，還擁有全國最大的鈾礦床。一九六四年，中國在羅布泊沙漠進行第一次原子彈試爆，之後所有的核試驗亦皆在此地完成。毛澤東軍隊入侵新疆之際，漢族僅占當地總人口的百分之六，如今在這個被稱作「新疆維吾爾自治區」的地方，漢族人口已增至百分之四十七，相當於二千一百萬人。更重要的是，新疆如今已成為中國「一帶一路」宏大戰略中的前沿基地與關鍵樞紐。自二〇一二年習近平上台以來，新疆的殖民與同化進程急劇加快。習近平以若干起據稱由「維吾爾分離主義者」所策動的致命襲擊事件為藉口，自二〇一五年起對維吾爾族實施嚴酷鎮壓行動，並下令公安部門「毫不留情」，這一指令可在外洩的中國官方檔案中獲得證實。聯合國在中國施壓下一度三緘其口，推諉數月之後，終於在二〇二二年八月三十一日發表了一份措詞明確的報告，指控中國可能犯下「反人類罪」。中國政府則聲稱這份報告是「反華外國勢力」精心炮製的一場「鬧劇」。如今，維吾爾族的文化與身分正瀕臨滅絕。專家根據衛星影像、目擊者證詞和外流的中國機密檔案，估計至少有一百萬維吾爾人被關押於集中營，而北京政權稱之為「職業培訓中心」。中國共產政權如今已將新疆與西藏徹底納入其意識形態的同化機器，而自一九四九年以來同樣深受強勢同化政策衝擊的，還有內蒙古。

清朝（一六四四－一九一一年）是由滿族所建立的中國最後一個王朝，早在十七世紀就征服了蒙古。然時至今日，蒙古語已不再於學校與大學中傳授，正面臨逐步消亡的命運。而滿語的處境更為悲涼，全中國僅存約二萬七千名使用者。由於中國在非漢族人口聚居區推行這種文化滅絕政策，導致中國的國際形象一落千丈，尤其是在西方國家眼裡。這些文化與民族上的暴行，也讓中國共產黨及其領導人的真實面貌暴露於世人眼前。但傷害已經造成，這場文化浩劫也許再也無法彌補。

張可維（音譯）是一位年輕的澳洲人，擁有蒙古血統，出生於遼寧瀋陽，現在是雪梨韋斯麥醫院的病毒學與DNA研究專家。她表示：「我的祖父原本住在當時仍屬於蒙古的地區，但是在一九六〇年時被中國人民解放軍殺害。中國共產黨隨後沒收了他的土地和財產。」她接著說：「滿洲曾經是一個獨立的國家。今日中國東北地區其實曾被匈奴人、突厥人和蒙古人等西伯利亞民族征服。我和我的家人都是這些民族的後裔。DNA檢測也顯示，現今生活在內蒙古和外蒙古的蒙古人，都是西伯利亞古老民族的後代，其族源甚至可追溯至現今的芬蘭。如今，在中國內蒙古地區，仍有部分蒙古人保有母語，有些人仍過著遊牧生活，這與漢族的傳統文化截然不同。我小時候在瀋陽市（滿州話為Moukden／奉天）有一些不是漢族的朋友，有些是朝鮮族、滿族或回族。我們蒙古人普遍認為自己源自西伯利亞，或者是匈奴或突厥人的後裔。中國的種族問題非常錯綜複雜。但是中國共產黨千方百計地說服世人，說我們全都是同一個民族，也就是漢族。我們被迫說普通話。我們被強制取漢族名字，甚至被迫在身分證上修改自己的種族出身。[11]」她語氣堅定地表示：「沒有人能否認，我們的文化與中國主流文化的本質有所不同。」

為何中國對西藏與新疆的占領可視為一種殖民主義行為？

事實不容否認：人民解放軍奉中國共產黨及其領導人的命令入侵西藏和新疆。此後，愈來愈多的中國移居者陸續進駐這兩地。根據知名西藏歷史學者、同時也是新疆問題專家的羅伯特・巴內特所言，中國已經成為一個現代版殖民帝國。他指出：「早在一九四九年之前，中國政府便聲稱有權將所有曾經是大清帝國『藩屬』的地區納入其版圖。西藏便是其中之一。」然而，西藏從未成為大清帝國或任何其他中國王朝不可分割的一部分，也從未被正式劃為中國的一個省分。清朝滅亡後，無論是中華民國還是中華人民共和國，對西藏的主權主張都相對薄弱，雖然不能說完全毫無依據，但其論述根基明顯不足。中國主張對西藏擁有主權的主要論點之一，是藏族與漢族具有相同的種族或文化認同，這暗示藏人其實在血緣或歷史傳承上，早已是「中國人」。這無疑是一種殖民式的論述邏輯，只是形式與歐洲殖民者不同。歐洲殖民列強憑藉軍事實力來主張對某地的擁有權，從不試圖以種族認同或歷史共同體作為合法性依據。再者，他們的殖民行動除了「發現」與武力，並無其他法律或道德正當性可言。

因此，中國在二十世紀初對西藏的主權主張，與傳統的殖民主義略有不同。事實上，中國並沒有成功地取得西藏大部分地區的主權。羅伯特・巴內特補充說：「這就是為什麼在一九四〇年代中期，中國領導人開始向西藏政府承諾，將允許西藏自治。因為當時的國民政府正陷於困境，先是遭受日本侵略，隨後又面臨共產黨的威脅，實在別無選擇。中國對西藏的主張在一定程度上仍具彈性，並非不可動搖，但在那個時期，藏中雙方並未就西藏的主權地位真正展開過認真而正式的談判。」

• **該如何界定這一政策？**

「中國自一九四九年以來對外蒙古、西藏與新疆三地所施行的政策，彼此之間存在顯著差異，這背後牽涉到兩項關鍵歷史因素。首先，外蒙古於一九一二至一九一三年之間便已宣告獨立，且先後獲得沙俄與一九一七年之後蘇俄的支持，使中國難以將其重新納入疆域。其次，西藏也於一九一二年開始實質維持著獨立地位。但英國並沒有履行他們在一九一四年對西藏做出的承諾，無論是支持其獨立，抑或給予最低限度的自治。正因如此，西藏難以鞏固其獨立地位。這對剛掌權的中共政權而言，形成一個可乘之機，而非如同面對外蒙古那般無從下手的局勢。新疆的情況則不盡相同。該地在一八八四年被清朝『重新收復』一部分，並劃為當時中國的一個省分。雖然在一九一二年至一九四九年間，新疆大多由半自治的軍閥統治，但這些軍閥是由北京任命的，至少在名義上是中國的代理人。當地多次爆發的獨立運動，均被這些軍閥鎮壓。隨後在一九四〇年代，史達林背叛了新疆的獨立派，命令他們向中國表忠。由於清朝在一九一二年以前已對新疆建立某種程度的主權（雖然帶有殖民色彩），因此清朝滅亡之後的中國得以名義上延續主權，以至於共產黨能夠在沒有發生大規模衝突的情況下接管新疆。」

「基於上述背景的差異，中國共產黨在其統治初期對各地採取了截然不同的政治方針。他們對西藏做出了相當重大的讓步，在內蒙古也給予了一定程度的妥協，畢竟當地蒙古族有可能倒向早已獨立的外蒙古。但在新疆卻幾乎寸步不讓。」中國當局把這些軍事侵略美化成「解放」，聲稱是為這些地區的人民帶來「進步」。

• 是否可以將其視為一種殖民主義？

羅伯特．巴內特指出：「中國對其在這些地區活動的說法不盡相同。以西藏為例，中國人在占領西藏的最初八、九年裡，並未聲稱是解放西藏人民免於壓迫、封建農奴制或濫權。他們根本隻字未提這個問題，只是宣稱解放藏族人民免受英美『帝國主義者』的壓迫。但當時在西藏的西方人不過六人，而且他們完全無意占領這個國家。因此，這種解釋純屬天方夜譚。」這位西藏專家又說：「直到一九五六年在康區爆發起義，以及一九五九年衛藏大規模反抗中國統治之後，中國人才改變了他們的說法。他們這才對藏人與國際社會宣稱，中國是在『解放』藏人，讓他們免於貴族、喇嘛和封建農奴主的壓迫。他們主張中國的行動是為了消滅精英階層，從而讓藏人獲得階級平等。而這些所謂的精英，要不是被殺、就是被囚禁，或者被送往進行政治再教育。」

中國侵略者沒有在新疆和內蒙古面臨如同在西藏那樣嚴峻的語言障礙。他們在這些地區有代理人居中運作，說服當地居民接受新政權。「他們的主要論據之一，便是他們為當地帶來了『進步與文明』。這也成為他們合理化自己出現在這些地區的主要理由，因為毛澤東時代結束後，共產黨決定不再公開提及階級和階級鬥爭。」

• 這難道不是徹頭徹尾的殖民主義？

這位歷史學家強調，「在我看來，殖民主義可以從兩種角度來理解：一是從法律角度，二是社會學或政治學角度。關於殖民主義的法律問題，問題在於西藏是否具備一個獨立國家的法理地位，以及從國際法的嚴格定義來看，中國對西藏是否構成了一場侵略，這是一項屬於國際法領域的技術性問題。西藏其實可以提出非常有力的法律論據來主張其獨立地位。這一點是毫無疑問的。」他進一步指出：「若從社會學或政治學的角度來看，殖民主義的定義則更加明確。殖民主義是一種支配關係，也就是一個族群被另一個外來族群所統治，這個外來族群既非出身於當地，也不是經由當地人邀請而來，且自認比當地人更優越。這就是發生在西藏和新疆的現實寫照。當一個外來族群對另一個群體施加全面的社會與政治支配，並宣稱自身文化具有優越性，這種體制正是殖民主義的典型形式，不論該地區的法律地位為何。」

• 會有什麼後果？

「這些民族憂心自身豐富的文化和傳統會連同語言一起消失，這是可以理解的。畢竟滿洲曾發生這種情況，那也不過是一百年前的事。」在這一地區，「當時並沒有任何針對滿族文化的壓制政策，更遑論有意圖地消除其文化。當時中國的統治者本身就是滿族人。然而，滿語和滿族文化卻仍舊消逝了。」「如今，藏人、維吾爾人與蒙古人是否也將步上相同命運仍未可知，因為他們的語言、文化與宗教，依舊深植於他們的生活與精神之中。」但情勢正日益惡化。「當前的政治優先事項是讓維吾爾族、蒙古族、藏族和其他中國兒童在成長過程中以中文書寫與交談，認同自己為中國人，慶祝中國節日，學習中國歷史和價值觀……中國共產黨和政府官員堅決否認其政策目的是要同化甚至消滅這些文化……自二〇一四年以來，他們宣稱其目標為『融和』，或『混合』。但這實際上表示中國政府正朝著更加徹底的同化方向邁進……與以前的做法相比，這是一項重大的政策轉變，從前的方針雖設有嚴格的限制，但仍然容許一定程度的多元文化表達和多樣性。而現在的政策則愈來愈明確地走向文化的漢化

（sinisation）。」

- 這是否構成種族滅絕？正如美國、英國、加拿大和法國等多國議會所通過的決議中所聲稱的那樣？

「使用『種族滅絕』這個詞引發了軒然大波。聯合國和某些組織認為用『反人類罪』一詞來描述新疆的情況更為貼切。傳統上，『種族滅絕』一詞指的是有計畫且蓄意地根除一個種族或群體，如盧安達、柬埔寨、納粹大屠殺和亞美尼亞等人倫慘劇。相較之下，新疆當前的狀況雖有所不同，但其所涉及的暴行在中國近代史上卻可謂前所未見。這是一場結合大規模監禁、政治洗腦、強迫勞動、綁架孩童、壓制宗教信仰、強制安置官員進駐當地少數民族家庭等等極端措施的全面運動。」巴內特總結道：「在現代中國居然會有這樣的政策，人們幾乎難以置信。即使許多中國人知道新疆發生了這些事，他們還是不肯相信他們的政府會這麼做。但這就是中共黨國自二〇一七年以來，以『打擊恐怖主義』和『打擊極端主義』為名，對突厥裔穆斯林的所作所為。與後毛澤東時代初期的政策相比，這是一個重大的轉折。在一九八〇年代以及其後的二三十年間，只要不觸及對黨或國家的批評底線，維吾爾族、哈薩克族、藏族和蒙古族的藝術、文學、電影和詩歌都能獲得蓬勃發展。然而在今天的新疆，除了國家認可的極少數文化形式之外，所有其他文化表達幾乎完全遭到扼殺。二〇一三年，就在習近平上台之後，部分中國知識分子曾短暫呼籲對『少數民族』採取更為寬容與包容的政策，這些呼聲也反映出中國長達一個世紀的熟悉辯論，也就是對於國內非漢族群體，到底應該採取同化[12]還是選擇文化包容？這場爭辯至今未有結論，但在當前的政權下，要看到政策方向發生根本性改變，恐怕難上加難。[13]」

中國新版官方地圖：北京擴張主義的再一次表態

如果還有人懷疑習近平領導下的中國是否有意向其周邊國家施加武力與影響力，那麼中國政府在二〇二三年八月二十八日發布的新版官方地圖，應足以讓他們猛然驚醒。深諳中國事務的專家布魯諾．根斯布格爾[14]評論道：「中國固守其霸道姿態，像個驕縱的孩子，向全世界傳遞這樣的資訊：『我很強，我想怎樣就怎樣，不服的話……』後半句就留給你們自己想像吧。北京在單邊主義與霸權主義的驅使下，肆無忌憚地惹惱其傳統對手，還算可以理解。但為什麼要到處樹敵呢？無視國際法與條約，強行宣示領土與海洋主權，只會將更多國家推向美國懷抱，而且還順便招致其強大盟友的警告與反彈。這種操作，簡直就是一記外交上的全倒（strike）。還真夠神！」他繼續指出：「這只是出於狂妄自大的心態嗎？如果答案是肯定的，那麼這對全世界來說可不是好消息，我們的當務之急是立即採取對應的實際行動。如果答案是否定的，那麼對於習近平治下的中國，除了其基於意識形態、堅持以力服人的強權態度之外，還能找到其他合理的視角來解讀嗎？我認為沒有。如果這種心態是中國貫徹始終的對外政策，這只會讓人擔憂最糟的情況將要成真。[15]」「我們究竟可以對此有何期待？又應當對什麼感到警惕？這些問題令人不安、發人深省，卻又不容迴避。」

中國自然資源部發布的新版「中國標準地圖」現今被視為「國家主權」官方依據的文件，自二〇一二年以來，中國共產黨每年都會發布更新版的中國官方地圖，其中不時加入一些「新納入」的區域及鄰國接壤地帶。二〇二三年發布的地圖也不例外，首次將印度喜馬拉雅地區的阿魯納恰爾邦納入中國版圖，此地長期為中印爭議區，同樣被劃入的還有雙方爭奪已久的阿克賽欽高原。此外，該地圖還首次將台灣及其周邊海域，以及南海大片海域明確納入圖中。南海海域遼闊，面積約為三百五十萬平方公里，在二〇二三年，中國在原本常規九段線的基礎上又新增第十段，以納入台灣本島、所屬島嶼及其周邊海域。然而，南海諸多區域也同時被汶萊、馬來西亞、菲律賓、台灣和越南宣稱擁有主權。南海地區具有極高的地緣戰略價值，每年通過此海域的貨物總額高達三兆美元，占全球貿易的百分之四十左右。此外，該區域的海底資源亦極為豐富，蘊藏大量碳氫化合物及可觀漁業資源，早已為各國所覬覦。曾任駐華記者並著有中國相關著作的伊恩・威廉斯[16]認為，「地圖已成為共產黨的一種執念，也是衡量其帝國野心的工具[17]。」

各國迅速對此做出了反應。馬來西亞於八月三十日率先表示「拒絕承認中國的主張」，強調南海議題「複雜且敏感」，必須以「和平且理性的對話方式加以處理」。菲律賓在八月三十一日也發表聲明，援引二〇一六年海牙常設仲裁法院的裁決，駁斥中國對該區域的主張，指出該份地圖「缺乏任何國際法依據」[18]。同日，印尼也呼籲該地圖「應遵守《聯合國海洋法公約》」。越南政府則直接「宣布該地圖無效」。而汶萊則於九月二日宣稱，「將致力於全面、有效地落實二〇〇二年《南海各方行為宣言》（DOC），並強調積極努力早日達成有效的、實質性的《南海行為準則》（COC）的重要性。」印度和台灣等其他國家也發表強烈反對的言論，台灣更藉此重申自己是一個獨立的主權國家，與中華人民共和國互不隸屬。這一連串前所未有的官方聲明，凸顯南海周邊國家對中國過去十年來持續推動海域軍事化的深切不滿與日益升高的警惕。

雖然中國在南海的主權聲索已極為廣泛，但二〇二三年新版地圖卻仍出現令人矚目的創新，其中之一便是中國竟在地圖上將大烏蘇里島納入國土。該島位於中俄邊界的黑龍江（阿穆爾河）沿岸，兩國早在二〇〇八年透過一項條約劃定歸屬。第二次鴉片戰爭之後，莫斯科於一八六〇年吞併了外滿洲，但雙方對位於黑龍江與烏蘇里江交會處的大烏蘇里島仍有爭議。二〇〇八年的條約原已解決這一問題，但北京現在卻在地圖中聲稱對整座島嶼擁有主權。更引發國際關注的是，地圖還將阿魯納恰爾邦標示為中國領土。該地區現由印度實際控制，而中國也在地圖中將已由自己掌控的阿克賽欽劃為領土，儘管該區同樣是印度宣稱擁有的領土。中印爭端可以追溯到一九一四年：當時大英帝國與實質獨立的西藏簽訂《西姆拉公約》，劃定了所謂的「麥克馬洪線」作為印藏邊界，並將阿魯納恰爾邦劃歸印度。但北京從未承認此一由西藏簽署的條約。至於阿克賽欽則自十九世紀以來就一直由英屬印度控制，地處偏遠，邊界不明。中國在一九六二年中印邊界戰爭中奪取該區，並控制至今，但印度始終視其為本國領土。面對中國新版地圖，印度當局向中國表達強烈抗議，外交部長蘇傑生宣稱：「對印度領土提出荒謬的主張，並不會使它自動成為中國的領土。」對印度而言，發布這份地圖只會讓「解決邊界問題變得更加複雜」。印度和中國雙雙擁有核武，兩國之間的外交關係正處於歷史新低點。

中國如何掌握南海主導權？

南海面積約為三百五十萬平方公里，北京依據所謂的「九段線」，主張對其中超過百分之八十的海域擁有「無可爭辯的主權」，涵蓋位於東南亞的南沙群島和西沙群島。該條界線於二〇二三年擴展為「十段線」，範圍自中國南部沿海延伸至馬來西亞南部。儘管海牙常設仲裁法院於二〇一六年裁定中國對南海的主權聲索缺乏國際法依據，北京方面仍拒絕接受該判決，並持續援引虛構的歷史作為其主權主張的依據。中國宣稱南沙和西沙群島自兩千年前即為中國領土，並援引古代手稿對該地區的描述，以及在相關島嶼上出土的陶器與貨幣等文物作為證據。此外，中國方面亦主張，根據某些歷史文獻（其真實性有待商榷），早在西元前一百一十年，漢朝便已在海南島設立行政機構，並將南沙與西沙群島納入治理範圍。然而，多數學界觀點認為，單憑古幣與漢朝遺跡的出土，難以構成對主權的有力支持，這些考古發現與文獻記載更可能的是古代中國與東南亞之間的貿易與文化交流，而非對相關海域的持續行政控制或穩定治理。

近年來，中國持續強化在南海地區的戰略存在，透過興建人工島嶼並在多個礁盤上部署軍事設施，以鞏固對該海域的控制權。這些設施包括可供戰機起降的跑道、飛彈發射系統，以及遠程雷達裝置。自一九八七年實施「漸進式控制戰略」以來，中國目前已完全掌控整個西沙群島，並有效控制南沙群島的大部分區域。二〇一八年，中國進一步在南沙群島的永暑礁和美濟礁這兩處重要軍事前哨部署電子戰設備，具備干擾通訊與雷達系統的能力。同年四月，中方更在東鄰越南、西臨菲律賓、遠離中國本土的永暑礁、渚碧礁與美濟礁上部署地對空與空對空飛彈。越南對中國船隻屢次侵入其專屬經濟區[19]（EEZ）提出嚴正抗議，但均未奏效。菲律賓和印尼亦不斷表達抗議立場，惟面對中國在該區域日益增強的軍事部署，這些國家缺乏足以對抗的軍事能力。美國學者葛拉漢．艾利森指出，中國已在南沙群島的七個島礁上建設大型軍事設施。二〇一五年六月，中國在該地區的填海造陸面積超過一千二百公頃，遠超越越南的三十二公頃、馬來西亞的二十八公頃、菲律賓的五公頃與台灣的三公頃。中國還興建了港口、跑道、雷達站、燈塔和大型倉儲設施。艾利森進一步指出：「中國正逐步將美國勢力排除於這片海域之外，不僅將東南亞諸國納入其經濟軌道，也試圖擴展影響力至日本與澳洲。[20]」根據他的說法，中國一貫主張「海洋興則國家興，海洋強則國家強」。我們可以預見中國將「全力以赴投入南沙群島和西沙群島領海的戰鬥準備並取得勝利」。在戰略層面，「中國部署反介入／區域拒止的軍事能力，威脅美國航母和其他重要艦艇，正逐步將美國艦隊趕出南海。」據稱，中國可能已在該地區部署逾千枚反艦飛彈以及一支龐大的海岸艦隊。同時，數十艘潛艇在這些水域巡弋，配備可擊沉敵艦的魚雷與飛彈。葛拉漢．艾利森最後強調，「中國甚至具備摧毀美國在太平洋地區所倚賴之情報、監視與通訊衛星的能力，而自一九四二年中途島戰役以來，這些能力一直是美國在該地區維持空海優勢的核心。」「美國對這片橫跨中國沿海一千六百公里寬的海空走廊的絕對控制，已宣告結束[21]。」

為維護「航行自由」原則，近年來多個西方國家持續派遣軍艦前往南海執行任務，其中包括美國、澳洲、法國和英國。儘管中國一再提出強烈抗議，實際上卻難以採取具體應對措施，除非甘冒風險引發一場可能升級為軍事衝突的事件，讓這片已經是全世界特別「火爆」的戰略地區局勢更為惡劣，否則也無計可施。二〇二一年二月二十日，美國警告中國不得在南海動用武力，重申中國在該地區的主張為「非法」。中國全國人民代表大會於二〇二一年一月二十二日通過新立法，授權中國海警船對「非法」進入該水域的外國船隻使用武器，美國國務院對此表示「嚴重關切」。自二〇二二年起，南海沿岸各國的態度開始明顯轉變，尤其以菲律賓最為強硬，在美國的支持下，馬尼拉對中國表現出愈發堅定的立場。二〇二三年二月二日，美菲兩國宣布達成協議，允許美國軍隊使用菲律賓境內新增的四座軍事基地。此舉是既有雙邊協議的延伸，將「位於該國戰略地區」的四座新基地納入其中，顯示兩國安全合作進一步深化。該協議與菲律賓前總統羅德里戈．杜特蒂所奉行的親中路線形成鮮明對比。他曾公開表達「欽佩」中國，並宣布與美國「分道揚鑣」，企圖重新「調整」菲律賓的對外關係，向中國靠攏。這些言論當年在菲律賓社會引發廣泛爭議與批評。新任總統小馬可仕自當選以來，採取與其前任背道而馳的外交路線。根據雙邊新協議，美軍將可在菲律賓境內九座軍事基地實施兵力與裝備的輪換部署，這是三十年來美國在菲律賓前所未有的軍事部署。美國目前已在中國周邊多個地區建立軍事據點，涵蓋日本、韓國、澳洲及南海周邊地區。除此之外，美日菲三國也已展開前所未有的聯合軍演，共同加強在該區域的軍事協調與應對能力。

3
從鄧小平的謙遜中國到習近平的傲慢中國
De la Chine modeste de Deng Xiaoping à la Chine conquérante de Xi Jinping

「人肉中的一粒沙，就能讓帝國崩塌。」
——埃米爾．左拉

自中華人民共和國成立以來，北京政權始終拒絕接納民主與人權等所謂「普世價值」，將之視為毒藥與威脅的化身。歷屆中國領導人無一例外，均在此議題上保持一致立場。然而，改革開放總設計師鄧小平，同時也是「具有中國特色的市場經濟」[1]的推動者，則認為中國可以在堅守威權體制的同時，推動經濟現代化。他強調謙遜務實，認為中國若要贏得國際社會的尊重，應當韜光養晦。現任國家主席習近平則選擇了完全相反的強勢進取之路。這是一場失算的賭注。我們接下來將探討，從一九七八年改革開放至二〇二四年，中國如何、又為何從一個謹慎自守的崛起大國，轉變為一個咄咄逼人的強權；並深入剖析這場一百八十度政策逆轉所帶來的深遠與災難性後果。

鄧小平的箴言：想贏得世界的認同，中國必須謙虛謹慎。

鄧小平這位「小舵手」（petit timonier）在一九七八年執政之後，成為中國改革開放的總設計師，他推動一連串經濟改革，迅速獲得甫自文革創傷中走出的中國人民的廣泛支持，帶領中國邁入高速的經濟重建與發展之路。作為一位卓越的戰略家，鄧小平同時在黨內高層強調謙遜與低調。他於一九九七年辭世前，曾將一紙政治遺囑留給中共領導層，強調中國應秉持耐心，奉行「韜光養晦」的戰略，隱藏實力，靜待時機，伺機而動。在黨內，無人不知鄧小平著名的外交與國策箴言「韜光養晦」：也就是隱藏（實力的）光芒，潛心修養，或者更貼切地說，「不露鋒芒」。這個口號讓中國成功博取西方國家的信任，尤其是美國的關鍵支持，讓中國風風光光地進入主要國際機構，其中最具象徵性的成果便是二〇〇一年成功加入世界貿易組織。習近平上台前的胡錦濤主席，被視為最後一位秉持鄧小平外交思維的領導人，他在政治上堅守「黨的絕對領導」，抗拒西方民主理念，同時也力圖維持中國「和平崛起」的對外形象，營造一個溫和可信的崛起大國風範。在他的任內，中國對外政策仍刻意保留模糊空間，聲稱中國的發展軌跡將遵循一九四五年以西方戰勝國的雄心壯志所制定的國際規則。然而習近平則帶領中國走上了另一條路。他主導的是一個不再掩飾自身實力的「戰狼式」中國，一個咄咄逼人、態度強硬、必要時不惜動用脅迫手段的國家。他的外交官們從不放過任何一個教訓外國對手的機會，不惜惹惱對方，也往往損害了他們原本應該維護的國家利益。

中國的政治運作有著一套明確而固定的規則。對每一位中國人而言，「沒有共產黨，就沒有新中國」這句口號可謂耳熟能詳，深植人心。強調唯有中國共產黨才能將國家從貧困與內戰的深淵中解救出來，並贏得全世界的尊重。正是由於黨，也只有黨，歷經百年屈辱的中國才能重新找回民族自信與榮光。習近平自二〇一二年上任以來，明確宣示了他的治國理念：「黨政軍民學，東西南北中，黨是領導一切的。」這句話點明了黨在國家各個層面全面主導的地位，而他本人則是這個體制的「核心」，也因此獲得了「萬能主席」的稱號。更令人矚目的是，他透過修憲打破原本的任期限制，成為中華人民共和國史上首位無任期上限的國家主席；同時，他還身兼中國共產黨總書記和中央軍事委員會主席，三職在握，集黨政軍大權於一身。國務院與各部門無不聽命於他，軍隊亦對其完全效忠。全國人大作為名義上的最高立法機構，實則僅是貫徹黨決策的橡皮圖章，其表決過程幾乎清一色一致通過，偶爾出現的反對或棄權票也多為點綴，只是為了營造「民主」的虛擬表象。傳統上，關乎國家前途的重大戰略決策都需要徵求黨中央委員會成員的意見，但這種情況已經蕩然無存。自習近平掌權以來，黨內高層的討論空間大幅縮減，決策權日益集中於少數人之手。目前，真正擁有實權的只剩下中共中央政治局常務委員會的七名成員，而該機構的領導人正是習近平本人，因此現任常委會的成員多數是由他親自挑選的忠誠支持者。

中國共產黨的意識形態濃縮為十二個「社會主義核心價值觀」，以二十四字闡述：國家層面的「富強、民主、文明、和諧」，社會層面的「自由、平等、公正、法治」，以及個人層面的「愛國、敬業、誠信、友善」。毋須贅言，這些術語在現實生活中多半流於空洞，與其字面意涵相去甚遠。就拿共產黨對民主的定義來說，與一九四八年聯合國多數成員國通過的普世價值[2]大相徑庭。況且當時代表中國簽署《世界人權宣言》的，是由蔣介石主政的中華民國政權。對中共而言，「民主」沒有明確定義，民主就是讓人民吃得飽而已。至於「自由」一詞，在一個只要公開偏離黨所規畫的軌道就可能立刻被追究乃至入獄的國家，又有多少實質意義可言？在民主和人權這兩項議題上，中國領導層早已從一九九一年蘇聯解體、一九八九年柏林圍牆倒塌，以及當年天安門事件的血腥鎮壓中，汲取了深刻教訓。它深知，「民主」對其政權而言，是最致命的毒藥。為了延續黨的生存，必須不惜一切代價，防止這種思想的「病毒」在中國境內蔓延。二〇一二年七月，共產黨中央委員會向其幹部發布了名噪一時的《九號文件》，列出七項被視為威脅政權穩定的禁忌話題，即「七不講」。這份原本僅限於黨內流通的文件，卻於二〇一三年四月被異議記者高瑜揭露於世。她隨後被捕，並於同年十一月二十一日因「洩露國家機密罪」遭審判，二〇一五年被判處有期徒刑七年。高瑜表示，習近平不僅批准了該文件，甚至可能是其主要起草者之一。這「七不講」正是中共最忌諱的普世價值：新聞自由、公民社會和公民權利。

法國前駐華大使黎想曾在二〇二〇年時針對中國政府對「人權」一詞的理解提出說明，當時中國作為聯合國人權理事會成員，正試圖重新詮釋人權的定義。這位法國外交官指出：「當我們談論人權時，中國認為應該首先關注發展水準，並維護選擇政治與社會制度的自由。就好像中國人民真的擁有選擇制度的自由似的！在人權這件事上，他們的邏輯是：某些人值得擁有人權，其他人則未必。」二〇二一年三月初，中國駐法國大使館在網上公開發表時任大使盧沙野的言論：「你們有些人會說，民主應當是一人一票的普選和多黨制，自由首先是言論自由。普選和多黨制的確是民主，但這只是民主的形式，而非界定是否民主的本質。民主的本質是人民追求幸福生活和參與管理國家的權利和能力。……即便是西方國家的普選和多黨制，也是有多種形式的。」這就是中國的民主觀。在中國，既無多黨制，亦無普選制，更沒有公開辯論的空間，沒有獨立的司法機構，也沒有自由的新聞媒體。

那麼，中共不遺餘力地向全球傳播和平中國形象又是怎麼一回事呢？這其實是一種精心設計的障眼法。在共產中國，不存在真正獨立的民意調查，無從得知中國人民對自身生活的滿意程度究竟為何[3]。雖然我們不否認確實有很大比例的中國人似乎對現狀感到滿意，但對於那些選擇反抗中國體制或被認為其言行有損共產黨利益的人來說，生活則宛如地獄。對這批少數群體來說，政府的脅迫手段不勝枚舉：包括身心折磨、任意拘留、草率審判、甚至關押於精神病院等等。而那些人從精神病院釋放之後，往往成了植物人。在這個任意妄為的體系中，政權選擇完全保持緘默，然而來自受害者的證言比比皆是。

極度監控的社會

在中國，每個人都處於監控之下，連外國人也不例外。澳洲知名漢學家白傑明將畢生心力投注於當代中國的研究。他指出，在這個國家，外國人也逃不過被監視的命運，因為「耳目」無處不在。真正要緊的，是設法避開體制的「爪牙」，「我們所有人都學會如何不惜一切代價避開他們。[4]」我本人在一九八〇年代擔任法新社駐北京特派員期間，對此有著切身體會。當時我最優先考慮的，是絕不能讓我的中國線民陷入險境。旅法華裔記者張竹林[5]曾以此主題撰寫過一本著作：《中國造的監控社會》，深入揭露這一近乎真實版的歐威爾世界。張竹林提到，「喬治·歐威爾在《一九八四》一書中寫著：『誰控制了過去，誰就掌握了未來。誰控制了現在，誰就控制了過去。』」如今在中國，幾乎沒有人能逃脫這張無所不在的天羅地網。「據估計，在不久的將來，中國的監視攝影機數量將達到二十七億六千萬台，平均每人面對兩支鏡頭。隨著大數據科技的發展，強大的監控網路系統正在迅速擴張，不僅會全面覆蓋城市，農村也無可倖免。」這位華裔記者毫不避諱地指出：「今日的中國人民已然『跪倒』在中共的全面控制之下。」在法國定居已十四年的張竹林來自中國東南部的福建省，與昔稱福爾摩沙的台灣隔海相望。「要擺脫恐懼，最好的辦法就是習慣它。對多數中國人來說，安全感的訴求壓倒一切。他們大多數人似乎對這些日夜監視其生活的『人工眼睛』毫不在意，反而認為那是穩定生活的保證。」所以如今，「北京已無可置疑地成為了真理的掌控者。」

這位記者寫道：「因為大多數中國人確實是贊成的，與西方人對這些歐威爾式眼睛保持警惕的態度截然相反。」而其他心懷反抗意圖的人則如驚弓之鳥，活在無形的壓力與深層的恐懼之中，以至於敢挺身而出的人少之又少。他們也知道，一旦試圖挑戰體制，極有可能立刻遭到識別與懲罰。為了達成全面控制的目的，中共展開了無所不包的手段：激發民族主義情緒、散發假訊息、灌輸意識形態、塑造個人崇拜並將偉大領袖神化為帶給十四億中國人民幸福的民族救星。如果說中共的首要目的是讓人民屈從，那麼它最終的目標則是徹底掌控人民的思想。這場思想控制自小學階段就已開始，連最年幼的孩童也不被放過。目的是讓中國人徹底唯命是從。當然，各地仍不時爆發憤怒與反抗，他們飽受不公正待遇，受夠了房地產集團強取豪奪，對水源與空氣的污染也忍無可忍，終於積怨難平。但國安部門很快就讓他們噤若寒蟬。

從此之後，中共及其黨羽就可以高枕無憂了：不再有抗議，也不會再有人質疑體制，因為人民已深信自己正安居於「世界上最安全的制度」之下，享受著這體制所帶來的幸福與物質繁榮。在中國，超過十四億人具備上網能力，光是巨頭騰訊公司旗下的微信軟體就擁有十二億九千萬用戶，而另一個主要社群平台微博，也有四億六千三百萬用戶活躍其中。然而，所有交流都經過嚴格審查，以杜絕任何異端言論。張竹林指出：「二〇二一年時，中央網絡安全和信息化委員會辦公室（簡稱中央網信辦）宣布已有十三億四千萬個帳號遭到審查或封禁。在這個擁有十四億人口的國家裡，龐大的國家宣傳機器將監控與打壓重新包裝為正向管理，並將其塑造成維穩懲惡的正義工具。」

如果有網民膽敢在社交網路上批評這種監視制度，就會遭致網暴。黃瑾（音譯）的遭遇便是一例。她是一位就讀於巴黎第一大學並定居當地的中國女學生。某次返國期間，面對當時「清零政策」下繁瑣無比的行政手續，她在自己的微博上發布了一條短訊，抱怨那些令人筋疲力竭的繁文縟節。她原本只是希望討拍，卻意外引來排山倒海的謾罵與攻擊，甚至有人公然叫囂說她應該被抓去坐牢。她成了眾矢之的，淪為網路公審的對象，無論她如何澄清自己的立場也無濟於事，最後只能刪除帳號，試圖從輿論風暴中脫身。在短短幾天內，她的個人真實身分被公開，這要歸功於一款可供用戶查找網民個資的應用程式。「自從二〇一三年中國國家主席習近平號召『講好中國故事』以來，中國正式邁入一個全新的宣傳時代。批評不僅成為禁忌，更被視為對國家的背叛與仇恨。」張竹林補充道。他還認為，中國憑藉其全球第二大經濟體的影響力，日益無視來自國際間的批評。「中國駐法大使盧沙野日前接受BFM TV的採訪時，竟毫不避諱地提到台灣一旦與中國統一，『必須接受再教育』。」已入籍法國的張竹林指出，近年來國際社會對「再教育」一詞極度敏感，不禁讓人聯想到新疆的「再教育營」或是毛澤東時期那場慘無人道的「文化大革命」。

張竹林回憶起自己曾深陷於一波波意識形態運動的浪潮之中，這些運動炮製出一些「預設範本」，即預先設計好的宣傳口號，諸如「我愛我家，但我更愛偉大祖國」或「木棉花為什麼這麼紅？爺爺深情地回答：因為它被革命英雄的鮮血染紅了」。「這些口號伴隨我整個童年。深深影響了我。尤其是它們透過無數影音節目被大量傳播。」這樣的教育在中國人心中留下了一種根深蒂固的本能恐懼。「這種教育對心理的腐蝕作用，無形如空氣，卻無所不在。即使遠離北京萬里之遙，這股恐懼依然縈繞在身處法國及世界各地的華人之間。它化作自我審查、沉默以對、社交疏離、極度警惕、集體焦慮、奴性文化、隨波從眾和遁世逃避。自二〇一九年以來，共產黨鎖定學齡前兒童為宣傳目標。三月十八日習近平主席就此發表演說，隨後於同年十一月十二日，中共中央委員會與國務院聯合發布了《新時代愛國主義教育實施綱要》，正式將愛國主義教育向更低齡層全面推進。

一位以「寇子」為筆名的中國媒體主編指出，小學階段的「紅色教育」與朝鮮的金氏政權有相似之處。中國人並未察覺教育領域正在悄然發生變化，毛澤東時代正強勢回歸。「學校只想以愚民主義來訓練服從且蒙昧的學生！」近年來，意識形態的灌輸更變本加厲。正在巴黎政治學院擔任客座研究員的上海復旦大學教授孫沛東指出，「不論身處哪個社會階層，都要下跪。」「這種觀念深植於中國人的歷史記憶中，如果你不是『紅色血統』，你就必須跪下屈服。」這位教授反對將此現象全盤歸咎於強調孝道和順從倫理的儒家思想。「台灣、日本和韓國同樣深受儒家影響，為什麼他們就沒有這些問題呢？」

在題為〈媒體，世界上最安全國家的巨大苦惱〉的章節中，張竹林闡述了媒體領域的意識形態桎梏如何益趨沉重，記者們在持續的監視下工作，不得不加倍發揮創造力以規避審查。藝術和文學界亦然。黃渤（化名）強調：「無論你是作家、記者、電影製作人，或從事任何其他與思想有關的職業，都會遭受多重打壓。那種不安全感非常強烈，讓人感到無力和絕望。」「尤其針對『公民社會』的鎮壓行動非常嚴厲。經常有人失蹤。我已經數不清有多少我認識的人從雷達上消失了。」

習近平在二〇一七年十月十八日的中國共產黨第十九次全國代表大會開幕式講話中，重申毛澤東的教條：「黨領導一切」，進一步要求對黨保持絕對忠誠。自此以後，「任何事情都不能有絲毫閃失，一切必須嚴格規畫，絕不容雜音。」「在這個倚靠人情運作、掩飾和謊言成為制度化」的社會中，「確保黨的新聞輿論媒體的所有工作，都體現黨的意志、反映黨的主張，維護黨中央權威、維護黨的團結。」在這樣的體制下，中國新聞工作者的抗爭早已失去意義。國家大內宣鼓勵民眾訂閱那些「直接傳遞黨的理想、信念、意志和觀點」的報刊。「訂閱黨報是一項嚴肅的政治任務」。如今，「這一萬零一百三十九種雜誌和期刊，一千八百家報紙，正齊聲描繪一個積極向上的中國，進而證明中國是世界上最安全的國家。」張竹林語帶諷刺地指出：「在這個擁有十四億人口的國家，若真有一項全民共識，那恐怕不是對一黨專政的擁護，而是對審查制度的精密與高效嘆為觀止。」對於那些想要翻越網路防火「長城」的網民來說，發明諧音字就變成全民運動了。必須具備獨出心裁的創造力，才能以諧音或暗語繞過禁詞的網路監控。但通常不消多久就會被識破。因為無數訓練有素的審查員隨時能識破這些文字遊戲。

如果網民有能力每月支付一百元人民幣，就可以使用ＶＰＮ提供的匿名狀態暫時瀏覽外國媒體資訊。一般情況下，審查系統遲早會揪出這些用戶，並對他們處以罰款甚至更嚴厲的懲罰。因此，中國新一代網民，也就是「在牆內長大的年輕人，普遍相信習近平主席關於維護國家網路主權，必須嚴格控管網路的正當性」。如今仍保有自由之身的異議人士已為數不多，他們知道自己被密切監視，因此個個謹言慎行。張竹林就曾親身經歷：「透過一位電影製片人的引薦，我前往探訪貴州詩人季風，他是一九八九年民主運動的倖存者之一。我們閒話家常，談天說地。離開他家時，我忽然感到一股難以言喻的不安。他的小屋坐落在一條短短的死胡同裡，我注意到巷子左側盡頭的一根電線桿上，有一個攝影鏡頭正對著房子的大門。當我把頭轉向右邊時，不到二十米的地方有另一個鏡頭，與第一個鏡頭交叉而望。」在張竹林看來，中國已成為「一個助長冷漠的社會」。加上所謂的「社會信用體系」，獎勵那些遵守規則的人，而不遵守規則的人則受到懲罰，也進一步固化了這種社會心理。

如果違法行為嚴重，就會被列入黑名單，剝奪搭乘高鐵與飛機的權利，亦無法入住高級酒店。雖然有些人認為這種制度是封建時代的遺物，多數中國民眾卻對其表示支持。凡膽敢批評政權者，勢必付出代價，並被貼上「反華分子」的標籤。知識界與新聞界成為最常見的打壓對象，日漸加深的恐懼已成為他們的日常。中共政權的矛頭也指向持強烈批評態度的外國人士，他們往往成為輿論攻擊的對象。張竹林指出：「由於長期生活在一個缺乏公共討論空間的社會中，任何不符合官方立場的個人思想都會遭到打壓，久而久之，中共的政治術語便成全民唯一的準則與信條。」然而，在發出這樣沉重的評語之際，張竹林也對某些西方人至今仍一廂情願地大獻殷勤感到驚訝。「如果今天歐洲各國開始懊悔自己當初的『天真』，誤以為中國經濟的崛起會自然而然地帶來政治改革，那是因為中國歷屆領導人早已用行動證明，西方的這種期待只不過是癡人說夢。他們對政治改革一點興趣也沒有。」

來到中國的外國遊客往往會感受到強烈的文化與制度衝擊。《紐約時報》和《華爾街日報》駐北京記者張彥（Ian Johnson）指出：「在今天，探訪中國就像進入一個由各種智慧型手機應用程式和網站組成的平行宇宙，這些工具掌控了人們日常生活的各個層面。對外國人來說，無論是叫計程車、買火車票或購物，都需要一支中國手機，安裝中國本地的應用程式，通常還需要綁定中國信用卡。」張彥補充：「即使只是單純參觀旅遊景點，也需要掃描中文應用程式上的QR碼，並以中文填寫個人資訊。[6]」他表示：「這些障礙看似微不足道，但卻反映出更深層的問題：中國政府愈來愈集權的同時，卻似乎沒有意識到這樣的做法正逐步將這個國家與外部世界隔絕開來。」

習近平治下的中國日益展現令人憂心的民族主義傾向

在習近平的領導下，官方論述愈發僵化，民族主義色彩愈發濃厚。自二〇二三年初以來，中共機關報《人民日報》就愈來愈頻繁地使用「中華文化」和「中華文明」等語彙。這一趨勢顯示中共領導階層傾向於借助歷史與傳統作為新的統治合法性工具。光是二〇二三年七月，該日報就刊登了一百一十二篇提及「中華文化」的文章，另有一百一十五篇提及「中華文明」，並幾乎無一例外地套用「以習近平同志為核心」這句如今已成為標準用語的八股文。與此同時，習近平本人也不斷強調歷史的重要性。在二〇二一年七月一日紀念中國共產黨成立百年的演說中，他將馬克思主義中國化的概念與中國傳統文化相連結，「堅持把馬克思主義基本原理同中國具體實際相結合、同中華優秀傳統文化相結合」，由此提出黨內新論述框架「兩個結合」。習近平隨後多次重申中國傳統文化價值觀的重要性，並將這些傳統價值觀與中共意識形態的核心「科學社會主義」相結合，並進一步強調要堅定「文化自信」。

《人民日報》的標題可說是意味深長：七月十七日，〈從歷史連續性來認識中國〉。七月十八日，〈不斷鑄就中華文化新輝煌〉。七月二十一日，〈彙聚起中華民族共同體的磅礴偉力〉。七月二十五日，〈堅定不移走和平發展道路〉。七月三日，在一場中國、韓國和日本三個國家官員出席的論壇上，中國外交部長王毅進一步闡述中國對鄰國的外交政策，強調這三個國家屬於亞洲一體（asiatité）。他表示：「我們到美國去，美國都認為這是亞裔人，他們分不清中日韓，到歐洲去也是一樣。不管你把頭髮染得再黃、鼻子修得再尖，你也變不了歐美人，變不成西方人，要知道自己的根在什麼地方。中日韓三國，如果我們能夠攜手合作的話，不僅符合我們三國的共同利益，三國人民的願望，而且我們可以共同繁榮，振興東亞，造福世界。」

這種說法無疑是為了說服中國這兩個鄰國背棄美國，轉而投入中國的影響圈，但是顯然白費力氣，因為美國是日韓的良師益友，其關係日益緊密。不過，熟稔該地區事務的專家指出，這種說法令人聯想起一九三〇年代日本民族主義者所提出的「大東亞共榮圈」概念，也就是以「亞洲人的亞洲」為口號，主張團結亞洲反對西方勢力。這種立論最終卻成為日本軍國主義推動侵略戰爭的意識形態基礎，而直到一九四五年日本投降為止，日本的侵略戰爭已造成亞洲超過兩千萬人喪生。在中國共產黨的歷史上，民族主義始終是當政者面對內憂外患時，維穩與凝聚民心的的必殺技。隨著這些困難日益加劇，外界愈發關注，中共日漸升高的民族主義調門，最終將引領中國走向何方？

4 征服行動或中國和平神話

Les opérations de conquête ou le mythe d'une Chine pacifique

「真相敵不過一心相信謊言的傻瓜。」

——馬克・吐溫

中共大外宣長期以來致力於對外塑造一個愛好和平、溫和理性的中國形象。習近平經常對其信徒宣稱要建構「人類命運共同體」，表面上強調中國與世界共用未來，但潛台詞是中國才是這個「共同體」的核心與主宰。為了實現這個目標，北京不遺餘力塑造一個和平，友好的形象。然而，事實卻與宣傳恰恰相反。南海軍事化日益升級、對台灣不斷文攻武嚇，在太平洋、印度洋以及印度、尼泊爾、不丹等地區則展現出強勢甚至脅迫性的姿態。中國的戰略意圖早已昭然若揭，這個龐然大國正在重塑整個亞洲的地緣政治格局。為了理解中國這一擴張戰略的本質，我們有必要進一步檢視其海外影響力及其長期以來鮮為人知的間諜網絡與滲透行動。事實上，對於那些不願配合、甚至試圖反抗北京的國家與個人，中方的應對手段既簡單又直接：恐嚇、威脅、報復。其目的也非常明確：透過笑裡藏刀與假資訊來動搖他國輿論，而對於那些敢於挺身而出或反抗的人，則施加威脅使其產生恐懼，達到打壓的效果。

世界驚覺中國間諜活動的龐大規模

二〇二三年二月二日，美國西海岸成千上萬的居民抬頭望見一白色物體，靜靜懸浮在幾乎萬里無雲的蔚藍天空中。許多人出於好奇與擔憂，立即拿起電話向有關當局詢問這個不明飛行物的來歷。事態迅速升溫，美國政府已無法再保持沉默，因為他們早就掌握中國高空間諜氣球的存在，這類氣球曾多次出現在日本、台灣等東亞國家的上空，飛行高度達到十八公里。這個詭異飛行器的照片旋即傳遍世界，世人震驚之餘，開始正視中國極其猖獗的間諜活動。美國戰鬥機一直等到這個間諜氣球飛離大西洋海岸才將其擊落。此舉倒不是如政府聲稱是為了避免氣球墜毀導致人員傷亡，而是因為氣球落入海中的衝擊力較小，便於回收相對完整的殘骸，美方便可透過對其載具設備的分析，深入瞭解其科技水準與偵察能力。

這枚高空氣球被美軍 F-22 猛禽戰鬥機發射飛彈擊中後，不消數分鐘便墜入海中。氣球體積如同一輛大型卡車，搭載數噸先進電子設備，具備攔截和破解美國最機密軍事情報的能力。氣球飛越美國蒙大拿州上空，當地設有民兵三型洲際核飛彈的發射井、駐有具備核動力戰略轟炸機的空軍基地，以及關鍵的戰略雷達設施。這顆氣球雖然飛行超過一萬公里，但其實從升空之初便已被美國監控部門鎖定，而北京還渾然不覺。此事的嚴重性足以促使美國國務卿安東尼·布林肯在最後一刻取消原訂訪問北京的行程，這趟訪問原本旨在展開雙邊戰略對話，以延續拜登總統與中國國家主席習近平於二〇二二年十一月十五至十六日在印尼峇里島進行的雙邊會晤。中國政府面對這場外交挫敗，先是矢口否認，堅稱該氣球僅為一組受風力影響才飄至美國領空的無害氣象裝置。真相曝光後，中國政府不得不面對現實，承認自己丟人現眼。中美關係陷入自一九七九年建交以來的最低點，直到二〇二三年七月才稍見解凍。

二〇二一年九月，隸屬於法國國防部的軍事學校戰略研究所發表了一份長達六百五十頁的報告，深入剖析中國的影響力行動。報告序言指出：「長期以來，人們普遍認為中國與俄羅斯相反，更渴望受人喜愛而非畏懼，並努力塑造正面形象，贏得世界的讚賞與敬佩。」北京並未放棄「魅力攻勢」和提升國際吸引力的策略，亦未停止重塑國際規範的野心，對共產黨來說，「面子」至關重要。但與此同時，北京也愈發大膽採用滲透與施壓的手段，擴展影響力的努力近年來明顯變得強硬，手段愈來愈接近莫斯科的風格。報告稱此為「馬基維利的權謀時刻」，因為中國的黨國體制如今愈來愈像馬基維利在《君王論》中描述的那樣，深信「與其被愛，不如被懼」。

中國這套令人不寒而慄的間諜機制究竟如何運作呢？細讀這份報告，讀者不禁震驚於中國政權竟能成功愚弄西方列強，大批「專家」和領導人竟然如此容易上當。中國政府讓外界相信，雖然中國是個共產主義國家，但自一九四九年建國以來，除了和平發展並與世界和平共處之外，未曾有過其他任何目標，而且直到地老天荒也不會改變。中國憑藉這種招搖撞騙的伎倆，從西方國家獲得了它想要的一切：尖端技術（一部分靠掠奪和抄襲）、巨額經濟援助、以及政治支持，使其得以一帆風順地加入主要國際組織，包括二〇〇一年在美國大力協助之下加入世界貿易組織。總之，中國使盡千方百計，在短短四十年內成為全球第二大經濟體，創下至今無人能及的成就。這是一場以「中國的和平崛起」為名的騙局，利用精心策畫而且高效運作的宣傳機器，向全世界傳播這一核心理念。中國借鑒了蘇聯的經驗，並逐漸青出於藍。中國共產黨擁有一套極其精密複雜的體制，數十萬名間諜分布全球暗中活動。眾所周知，中國的情報機構數量龐大。幾十年來，外國政府早已察覺其存在，並清楚知道這些情報頭子與其爪牙日夜在北京、華盛頓、東京或巴黎執勤，而且滲透民主社會的技術相當純熟。

這些西方社會本質上是開放的，因此相比於中國那種封閉且高度監控的體制，更容易成為攻擊的目標。中國政權正是利用這一優勢，在各個領域展開行動：包括工業間諜活動、竊取技術、傳播假消息、賄賂滲透、威脅施壓，必要時甚至動用強制手段。這就是這本重要報告的主要重點：北京如何輕而易舉地扭轉政府立場和公眾輿論，使其成為「中國的朋友」，並藉此在地緣政治、戰略、經濟和軍事方面獲取豐厚利益。負責執行這些對外影響行動的是中華人民共和國國家安全部（MSE），估計旗下有二十萬名特務。國家安全部在全球擁有數百家空殼公司，主要針對西方國家的企業、外交界、大學部門和智庫進行滲透。還說要「改變中國」呢！這場騙局太成功了，以至於國安部得以將觸角延伸進一些聲譽卓著的機構，如卡內基基金會、與美國軍方關係密切的蘭德公司，甚至是紐約極具聲望的亞洲協會。其中一項最輝煌的成果便是於一九九四年創立於北京的「改革與開放論壇」，該論壇所傳遞的訊息既簡單又令人安心：中國絕不會重蹈納粹德國或戰前殖民主義日本的覆轍，也絕對不會像蘇聯那樣盛氣淩人，更不會學習一九四五年之後的美國霸權主義。中國領導人一再強調，中國始終堅持「和平崛起」，永不主動與美國發生衝突，也無意取代或挑戰美國的全球地位。

在法國，一種令人難以置信的天真早已深植於我們的體制之中，我們可以舉出許多例子，尤其法國權力機關與中國妥協的情況不勝枚舉。以下僅舉幾例：除了前第一總理拉法蘭之外，還有前社會黨部長雷冠，他現在是中國電信巨頭華為的董事會成員，他提供人脈關係並從中換取豐厚報酬。還有巴黎第十三區的「共和國前進黨」ii前議員陳文雄（Buon Tan），原為華裔柬埔寨難民，是眾所周知為中國服務的影響力代理人。馬克宏總統在二〇二三年四月前往中國進行備受爭議的國事訪問時，這三人皆名列官方代表團之中。這究竟是過於天真，還是覺得自己無所不能？抑或如馬克宏所言，是為了在中國、美國和歐盟的三角博弈中尋求權力平衡？我在此不予置評。不過這些妥協綏靖的行為也讓漢學家程艾蘭深思：「諷刺的是，十七與十八世紀的歐洲精英對古典中國的瞭解竟比我們當今的領導人還要深入。例如萊布尼茲、伏爾泰和孟德斯鳩等人都曾著書論述中國。[1]」

自二〇二二年初以來，在全球五十三個國家發現了非法且祕密運作的中國公安辦事處，包括法國在內。不管是在巴黎或其他地方，這些辦事處的任務是管控中國僑民，密切監視法國領土上的中華人民共和國公民，威脅那些被視為對中共不利的人士，並在必要時強行將最冥頑不靈的異議分子押回中國。相關醜聞曝光之後，大部分祕密辦事處已遭取締關閉。早在二〇一四年，習近平就曾公開表示華裔是「中華大家庭的成員」。他在北京會見來自一百一十九個國家的華僑協會代表時，敦促他們「不忘祖國，不忘祖籍，不忘身上流淌的中華民族血液」。

中國始終令西方國家癡迷不已。幾個世紀以來，這個偉大的文明憑藉其精緻深厚的文化自然而然地啟迪了全世界，並激發出一種浪漫主義情懷，導致人們透過一層扭曲的濾鏡看待一九四九年之後中國的真實演變。這種非理性的傾向至今如故，也是西方國家長期錯判中國的主因之一。當今某些西方領導人仍然抱持不切實際的幻想，奢望中國政權最終會接受西方國家的政治理念，並堅信與習近平建立良好的個人關係即能說服他走上政治開放的道路。但是他們似乎忘記了，對中國共產黨而言，民主無異於致命的毒藥。一九八九年柏林圍牆倒塌與一九九一年蘇聯解體這兩大歷史教訓早已讓中共深以為戒。為了在日益敵對的國際環境中生存，它如今只相信武力才是唯一有效的溝通語言。

中國屢屢捲入各種案件，顯示其情報機構正不擇手段地試圖顛覆輿論、操縱政治平衡，為自身謀取最大利益。昔日蘇聯在這方面極為活躍。如今則是中國獨步天下。中國為何要在全世界從事間諜活動？無非是為了鞏固自己的勢力。在西方國家陸續曝光的中國間諜案件層出不窮，數量驚人。最近其中一起案例，更堪稱此類行動的代表作。

二〇二三年九月十日，《星期日泰晤士報》披露兩名英國議會助理於三月被捕，全案由倫敦警察局調查中。不久之後，該報又進一步揭露其中一名嫌疑人的身分：克里斯．凱希。

ii 譯註：現名為復興黨。

當年二十八歲的凱希畢業於蘇格蘭聖安德魯斯大學，曾參與英國文化協會的計畫，在上海南邊的杭州教授了兩年英語。接著他為兩名重量級的保守黨議員工作（或有過業務往來），分別是外交事務特別委員會主席艾麗西亞・卡恩斯，以及里希・蘇納克政府的安全事務國務大臣湯姆・圖根達特。根據《泰晤士報》報導，這些可能被中國掌握的資訊「未必屬於機密或最高機密」，「比較可能是與影響力人脈網絡有關的資訊、還有國會內部的想法動向、可接觸的關鍵人士等內容」。此事一曝光即引起輿論譁然。英國首相里希・蘇納克在下議院發表講話時宣稱，他已在新德里G20峰會期間會晤中國國務院總理李強，向對方表達中國對英國民主制度進行干預的行為是「完全無法接受」的立場。中國外交部發言人隨後駁斥相關間諜指控，稱其為「反華勢力的惡意誹謗」，指責是英國政府策畫了這場「政治鬧劇」，這類措詞在北京的外交語彙中早已司空見慣。這起間諜事件加劇了英國保守黨內部的分歧，黨內右翼批評蘇納克的立場過於溫和，主張應正式將中國列為對英國國家安全構成「威脅」的國家。

在這些鷹派人物中，有前保守黨領袖伊恩・鄧肯・史密斯爵士和前內政委員會主席提姆・羅夫頓，兩人因多年來譴責中國壓迫維吾爾族人而在二〇二一年遭北京制裁（湯姆・圖根達特也同樣受到制裁）。多年來，鄧肯・史密斯議員和其他許多人一直在批評眾多英國領導階層（民選代表、學者等）面對耀武揚威的中國時，表現過於「天真」。二〇二三年七月，英國國會情報和安全委員會發布報告指出，中國情報部門已將英國視為優先目標，對英國採取「積極且頻繁的攻擊行動」，但英國當局卻沒有採取任何防範措施。多年來，困擾美國、加拿大、澳洲和其他西方大國的情景如出一轍。而這些國家如今才開始逐步汲取教訓。

「有用的白癡」和北京收買的外國代理人

共產中國的宣傳端賴其雇用的境外代理人和俗稱「有用的白癡」推波助瀾，無論是被收買或是無償合作。前者通常從中共政權手中獲得可觀報酬，後者則是莫名崇拜中國「模式」的腦粉。中國環球電視網（CGTN）是中國官媒中央電視台（CCTV）旗下的對外宣傳分支，他們最近宣稱已有七百多名外國「特約撰稿人」[2]（stringers）接受中國政府提供「國際曝光率」和「紅利」作為報酬。這裡的「紅利」是一個委婉的說法，實際上指的就是金錢，其金額不容小覷。這些外籍代理人的數量實際上遠不止於此，他們領取豐厚酬勞，為共產中國歌功頌德，駁斥外國媒體對中國的「不實指控」，尤其針對中國在新疆對維吾爾人所施行的非人道待遇。我們可以看到一些自稱記者的西方人製作「報導」，描述他們在西藏或新疆所見所聞的美好生活。這類網紅在社群媒體上比比皆是。我在網路上遇過不少這樣的帳號，他們無一例外地貶低我對中國議題的研究，有時還口出惡言，粗俗謾罵自不在話下[3]。這些為北京政權效力的網軍或網紅無處不在，活躍於Facebook、LinkedIn、Instagram、X，當然還有YouTube上，某些帳號甚至擁有數十萬名粉絲。在中國和海外較具見識的華人圈子裡，這些網路打手被冠以頗具嘲諷意味的綽號：「五毛」，指那些或自願、或被收買，專責在網路上捍衛官方立場、散播親中論述的人。

英國廣播公司最近特別對一些「特約撰稿人」進行調查：旅居中國的英國僑民巴里・瓊斯便是其中之一。他在自己的平台上針對西方關於中國的「謊言」發表評論。他在一段影片中解釋說，中國國營媒體如中國國際廣播電台為他與兒子「支付交通、機票（以及）住宿費用」，條件是他需就其在中國的旅遊經歷發表正面評論，尤其是關於新疆地區的報導，並將這些內容刊載於官方媒體上。據英國廣播公司報導，支付給這些假記者的「報酬」可能高達一萬美元[4]。在我們法國，也不乏類似案例，其中最「知名」的代表人物是馬克西姆・維瓦斯：他於二〇二〇年十二月出版了一本名為《維吾爾族假新聞的終結》的書籍，由絲路出版社發行。該出版社由行事相當低調的索尼婭・布雷思勒於二〇一七年創辦，她同時也與有中共背景的出版方共同發行了一本月刊。馬克西姆・維瓦斯在中國當局精心安排和陪同之下，兩度前往新疆。他在書中否認新疆地區存在所謂的「種族滅絕」行為。他指出，「事實上，這個面積相當於三個法國的自治區，正在全中國的幫助下擺脫落後和貧困。北京不只實施財政補貼、對考生實施優惠加分政策、提供職業培訓、在職業與教育培訓中心推廣官方語言（普通話）等措施，而且新疆境內的五十六個民族（原文如此），無一被迫放棄自己的語言、文化、信仰或不信仰的自由。」他進一步指出：「同時，北京正積極打擊由伊斯蘭狂熱分子挑起的原教旨主義、分裂主義和恐怖主義這『三大禍患』，數千名維吾爾狂熱分子曾在敘利亞接受過蓋達組織的培訓，他們的目標是在中國六分之一的領土上建立一個獨立的哈里發政權，以伊斯蘭教義取代中華人民共和國的法律體系。」

雖然這本書在法國反響甚微，卻被中國官方媒體廣泛引用。新華社與《人民日報》等國營媒體更將其奉為「無可辯駁的證據」，用以證明新疆地區並不存在任何的「種族滅絕」。在二〇二一年三月七日全國人民代表大會期間，中國外交部長王毅更在一場記者會上公開援引書中論述作為佐證。更近期的例子，則是法國編劇吉恩－米歇爾・卡爾所製作的中國宣傳片《西藏：另一種視角》，該片的宣傳海報本身所傳遞的政治訊息不言而喻：一位騎馬的藏族女子手中高舉著中華人民共和國的國旗。此片為法國與比利時聯合製作，更令人意外的是，它竟由法德公共電視頻道在法國播映與發行。

談到「影響力代理人」，法國自然也不例外，在政界高層有不少中國共產黨的「摯友」。

這些遊說人士不論自覺與否，都在為中國政府效力，其中最具代表性的人物之一當屬法國前第一總理拉法蘭。眾所周知，他經常利用他所主持的前瞻與創新基金會，多次在公開場合對中共政權表示善意與支持，甚至不避諱成為中共的傳聲筒，在中國官媒中央電視台的鏡頭前裝模作態，面不改色地歌頌「中國特色的共產主義」。此外，他也毫不吝惜地將自己的人脈資源介紹給中國「朋友」，讓這些「朋友」善加利用，在法國開發並拓展了自身的商業利益。

雖然拉法蘭一句中文都不會說，卻經常被視為最具權威的中國事務「專家」之一。他在二〇一一年獲得了習近平親自頒授的「友誼勳章」，以表彰其多年來鍥而不捨的親中遊說行動。在法國政府決定與中國合作研究病毒學的過程中，拉法蘭扮演了關鍵性角色。武漢著名的P4實驗室在生物安全領域的聲望獨步一時，法國也密切參與其籌建過程。該實驗室所隸屬的病毒研究所與法國一些最具聲望的科研機構建立了「戰略合作夥伴關係」，其中包括巴斯德研究所和梅里埃基金會。然而，當時法國外交部門和科研界對該計畫抱持相當審慎的態度。巴黎方面很清楚P4實驗室確實正在研究冠狀病毒。但是這些呼籲謹慎行事的意見終究被當作耳邊風。根據法國《重點週刊》雜誌記者傑瑞米．安德列在其著作《以科學之名：誰欺瞞了我們？》[5]中的揭露，法國行政部門的部分人士為了滿足中國方面的要求，強力敦促法國批准該實驗室的安全評估，還在幾乎失去所有監督權限的情況下繼續合作。時任法國政府首長的拉法蘭，更是不遺餘力地促成這項高風險的合作計畫。而事後看來，這一決策對法國科研界的聲譽無疑造成了嚴重打擊。事實上，巴黎早已對中國的情況有所警覺，自毛澤東時代以來，中國便以成為「科學超級強國」為國家戰略目標，意圖在生化武器領域與美國一較高下。儘管引發諸多爭議，二〇二三年二月二十三日，拉法蘭仍被授予法國榮譽軍團勳章中的最高等級大十字勳位，以表彰其對國家的「卓越貢獻」。

向中國提供P4實驗室構想的始作俑者是法國製藥業鉅子阿蘭·梅里埃。二〇一四年底，甫上任的中國國家主席習近平前往法國進行國事訪問，並專程前往里昂會見這位法國實業家，同時拜會時任法國總統的法蘭索瓦·歐蘭德。「早在二〇〇三年四月，SARS疫情正值肆虐之際，時任法國總理的拉法蘭即曾親赴中國訪問。返國後，他成功說服法國總統賈克·席哈克。並於翌年，即二〇〇四年十月九日，促成席哈克前往北京，隆重簽署了一份關於新興傳染病的中法合作協定。」傑瑞米·安德列如此寫道。至此木已成舟。法國巴斯德研究所隨後在上海正式設立分所，不到一年後又在武漢建立了P4實驗室，啟動了一系列中法科研合作計畫。此計畫歷時十年方告完成，因為法國情報部門從一開始便竭盡全力踩煞車。法國的國防和國家安全總祕書處（SGDSN）懷疑中國可能意圖將P4實驗室轉為軍事用途，或是藉此複製相關技術來建立軍事實驗室。其他法國政府官員也表示擔憂，包括國防部和經濟部反間諜工作的機構。一些外交官也曾明確表達反對立場。儘管面臨重重阻力，阿蘭・梅里埃仍然執意將計畫進行到底。二〇一九年九月二十三日，在金碧輝煌的里昂市政廳，「二〇一九中法融合論壇」隆重舉行，雲集兩國生醫科研與產業界的精英。該活動由親中派政治人物拉法蘭主導的基金會主辦，與會者包括時任里昂市長的傑哈・科隆、新任中國駐法大使盧沙野以及阿蘭・梅里埃本人。最後的結局卻是這座世界級的高等生物安全實驗室在不久之後完全落入中國軍方掌控之中。此舉成為法方正式退出合作的導火線，但為時已晚，覆水難收。

線上雜誌《問中國》曾在一篇題為〈上海巴斯德研究所：我們國家的榮耀如何逐漸被驅逐出境〉的文章中細數這段往事。「二〇〇四年十月十日，賈克・席哈克微笑著走出座車，來到上海老城區綠意盎然的一棟玻璃鋼構大樓前，他堅信此行是為了將法國的科學榮耀輸出至中國，並期盼在此深植長久根基。當他率領的代表團走上紅地毯，從氣宇軒昂的巴斯德半身雕像前面經過時，每一位成員無不為這場彰顯國族榮耀的『外交壯舉』而動容。隨著剪綵儀式圓滿落幕，振奮人心的言詞激盪人心，即使典禮結束、車隊離去，現場仍熱情不減。憑藉與中國長期以來的友好關係，法國得以在上海建立象徵其科研實力的旗艦機構。即便在巴黎，這份信念近二十年來始終未曾動搖。更確切地說，人們不允許自己對這項合作產生絲毫質疑。然而，在中國方面，解讀卻截然不同。對北京而言，這一連串儀式性活動，實則是一場別具深意的公關操作，藉由媒體鏡頭，展現國家對抗傳染病的集體動員，尤其考量到二〇〇三年SARS疫情餘波猶存。更重要的是，中方巧妙地利用這一契機，在二〇〇四年十月九日於北京舉行的《中法新發傳染病合作協議》的盛大簽署儀式上，讓法國簽下數十億歐元的工業大單。」

「在表面和諧的雙邊關係背後，中方所展現出的『善意』其實別有用心，旨在施展外交魅力攻勢，同時也讓席哈克得以在國際舞台上展現自信與成就。但現實卻遠不如表面那般光鮮亮麗。席哈克當日所揭幕的其實是一家規模很小的特許實驗單位，只是隸屬於中國科學院旗下一所名為『巴斯德』的研究機構（即IPS/CAS）罷了。而這項特許關係，其實完全顛倒了常態。雖然中方在初期或許確實受益於巴斯德研究所的國際聲譽，但法方卻沒有獲得任何對等報酬，亦無從分擔合作責任，反而長期無償地向中國科學院提供法國的科研人員與技術力量。因此，將近二十年來，法國研究人員所產出的科研成果，無論是專利還是學術出版物，都源源不絕地為中國科研實力輸送養分。」

「總而言之，這場合作的成本效益慘不忍睹，因為我們也知道，該機構的設立無論在行政層面還是科研運作上都經不起推敲，架構先天不良，註定難以為繼。……我們在北京和上海代表處的一些科技參事確實曾經試著將上海巴斯德研究所內部諸多運作不良之處上呈巴黎，但這樣的努力終究無疾而終。原因無他，法國視上海巴斯德研究所為『總統級計畫』，換句話說，在第五共和體制下，此等級的項目幾乎是無法置喙的。因此，法國歐洲暨外交事務部依循慣例、按部就班地推動計畫，未曾進行任何實質評估或中期檢討，只是制式地更換合約到期的法籍派駐人員。如此安排的目的，不僅是為了維持這些中階技術人員所享有的駐外職位利益，更是為了迎合巴斯德研究所巴黎總部歷任所長的立場。當他們將上海巴斯德研究所描繪為『法國對華合作的展示櫥窗』，或作為對『法國卓越科研形象』的一項貢獻時，便在外交部內深得倚重與支持。情況後來更變本加厲。自二〇一〇年左右起，巴斯德研究院總部全面展開遊說行動，法國政府甚至向其他法國科研機構（主要是法國國家健康與醫學研究院和法國國家科學研究中心）施壓，要求它們加強對上海巴斯德研究所的投入與支持，作為落實《中法新發傳染病合作協議》的一部分。然而，無論是官方考察團抑或提供財務誘因，都未能帶來任何實質成效。」

「時間一長，中國方面的合作態度也變得愈發強硬，不再像早年李志毅任職所長期間那麼好商量。李志毅是一名共產黨員，由於他對法國科研界瞭若指掌，並基於雙邊合作的高度政治意涵，才被委任為所長。這一安排正契合中國更宏觀的戰略構想，利用新冠疫情徹底鏟除外國在中國科研體系的影響力，實現學術領域的『中國化』。然而法國對此渾然不覺。接下來的發展已無需贅述。巴斯德研究所不聲不響地被排擠出局。當年的高調開幕儀式與今日低調退場的尷尬有若雲泥之別，尤顯諷刺。法國政府的難堪無需明言，因這場歷史的重演令人唏噓。這已是巴斯德研究所第二次被趕出中國，離第一次還不到一個世紀。早在一九五〇年毛澤東成立共產中國之際，巴斯德研究所即曾遭驅離。更讓法國感覺受辱的，是二〇〇四年巴斯德研究所之所以重返上海，其實是為了回應中國方面自一九九〇年代以來多次主動提出的邀請與要求。而如今卻遭冷落驅離，法國的難堪與無言，從外交部與法國駐中國大使館的集體緘默中可見一斑。」

「巴斯德研究所於上海的遭遇點出了一個更為深層卻長期遭到刻意掩蓋的問題，因為其中涉及潛在國家醜聞的所有要素。隨著巴斯德研究所黯然退場，二〇〇四年簽署的《中法新發傳染病合作協議》也形同壽終正寢。這份在過去二十年主導雙邊合作的協議，最終以全面失敗收場。法國不僅從中未獲得實質利益，反而承擔了龐大的人力與財政成本，原因正是法方從未真正要求中方履行其承諾。巴黎所提供的資源，包括對上海巴斯德研究所的支援，以及對武漢高等生物安全實驗室（P4實驗室）的建設協助，最終淪為單方面的資源讓渡。法國在人員派遣、任務運作與各項配套措施上耗資數千萬，最後完全付諸流水。以武漢P4

生物安全中心為例，這是《中法新發傳染病合作協議》的另一個核心計畫，法國不僅向中方轉讓了敏感技術，更在二〇二〇年二月新冠疫情爆發之際，眼睜睜看著中國人民解放軍接管該實驗設施。中國政府在緊急危機關頭所採取的果斷行動，明確違反了協議中多項條款，也讓技術擴散與軍事化挪用的風險隨之升高。與此同時，一項不容忽視的現實也逐漸浮出水面，就是中方利用我們的體制失調，步步為營地實現自身的戰略目標。如今巴斯德研究所被迫退場，更引發外界對法國外交部二十年來是否始終有眼無珠的質疑……。但問題可能遠不止於此。法國幾乎將所有資源與注意力投注於上海巴斯德研究所，卻忽略了在新冠疫情中發揮重要作用的中國疾病預防控制中心。[6]」

也許有一天，法國當局將不得不正視這場「國家醜聞」，以及對共和國前進黨巴黎第十三區前任國會議員陳文雄的案件展開調查。這位出身柬埔寨、具有中國背景的難民，長期以來被外界質疑是中國影響力滲透法國政界的代表人物。

有時候，天真與妥協之間的界線，比紙還薄。二〇二一年，香港億萬富商蔡冠深獲日本政府授予旭日章，以表彰他為中日友好關係的貢獻。二〇二三年十月，他也從法國總統艾曼紐．馬克宏手中接過法國榮譽軍團勳章。然而，他是中國官方領導的統一戰線（Front Uni）一員，該網絡在北京有公開的總部，旨在滲透海外政界與影響外國決策圈。蔡冠深早已被國際觀察家指認為北京政權的影響力代理人，更是中國在法國進行滲透任務的關鍵人物。他長袖善舞，透過在法國境內贊助多項慈善活動，逐步取得法國高層的信任。好幾年前，他便獲邀前往愛麗榭宮作客，並在法國駐北京大使館的台階上，與時任總統的法蘭索瓦・歐蘭德合影留念。

監禁、酷刑與化學鎮壓：異議人士的命運

在中共極力營造的「內政安定、外交和平」的假象背後，隱藏著一個截然不同、甚至令人怵目驚心的現實：任何敢於挑戰黨的思想的人，都會遭受系統性的無情鎮壓。在一個傳統上逆來順受的社會之中，願意挺身而出的，始終只是極少數。而這些敢於反抗或公開批評體制的人，往往面臨起訴、追捕與隔離。而且一旦被發現，就會受到懲罰，必要時甚至被關押、酷刑逼供，甚至被送入精神病院，以藥物進行「化學鎮壓」，最終變成植物人。所有異議人士都無法倖免。任何公開批評政權的人，輕則遭到威脅與監控，若仍執迷不悟，就會被強行噤聲。必要時甚至使用更殘忍的手段。這種情況自一九四九年以來就屢見不鮮，只是在不同歷史階段展現出不同的面貌。在毛澤東的時代，任何反對他並對其權力構成實質威脅的人都

可能會被處決。到了習近平時代，鎮壓手段更加高明，但也更加殘酷。政治犯如今雖不常被處死，卻往往在獄中不明不白地死去，或者遭受不怎麼令人艷羨的命運：被隔離關押，與外界隔絕，連家屬也無從聯繫。習近平這位中國的新任掌權者容不下任何異議。如果批評來自社會名流，解決方法很簡單：他們或多或少會人間蒸發很長一段時間，或是永遠消失。如果他們同意公開認錯，就有可能重現人間。至於其他不認錯的，則無人能知曉其下落。本書接下來的篇章，將帶你進入當代中國監禁體系的地獄深淵。

共產黨用來清除異己的極端手段之一就是讓其從人間蒸發。已知的失蹤案例不勝枚舉。但這只是冰山一角，因為其中大多數失蹤事件被刻意向公眾封鎖。自一九四九年以來，已有數千人失蹤。無論貧富，任何膽敢批評黨、拒絕擁護黨的價值觀的人都可能成為黨的箭靶。二〇二一年九月，歐洲聯盟駐北京使團的一名中國籍雇員突然失蹤，消息直到翌年五月才曝光，成為前所未見的外交事件。此人被發現竟在獄中祕密關押長達八個月，關押理由是「尋釁滋事」，這是一項可處五年徒刑的罪名。這位名為安東（音譯）的當事者出生於一九七一年十二月，供職於歐洲使團資訊技術部門。由於他在九月十一日被捕後即完全失聯，其雇主憂心不已，最後才得知他被羈押在遠離北京數千公里外的四川，一個與他八竿子打不著關係的西部省分。歐盟使團為了瞭解安東被監禁的真相，在十月的時候首次向中國外交部發出「普通照會」。在未收到任何答覆的情況下，歐盟使團在十一月底發出了第二份照會，語氣更為強硬，明確要求「立即無條件釋放安東先生，除非有充分、可信且可接受的證據證明其罪行」。中方依舊毫無回應，二〇二二年二月發出的第三份照會也同樣石沉大海。據瞭解，安東在代表處內並不隱藏自己的基督徒身分，有時還會在臉書上分享信仰。但是這些言行都不足以成為被監禁的理由。這似乎是中國首次以「非刑事」理由逮捕一名在西方外交機構任職的中國雇員。

還有一位風雲人物也在一夕間銷聲匿跡：那就是中國電商巨擘阿里巴巴的創辦人馬雲。二〇二〇年十月底，他在上海一場金融論壇上大膽表達對中國銀行和金融體系運作的不滿，並提出構想，冀望透過大數據為基礎的信用評估機制，革新中國的放貸制度，徹底改革整個銀行業。然而，他的致命錯誤，是當場指責中國的銀行及金融監管機構抱持「當鋪思維」。在他發表這番言論之後，中國官媒隨即宣稱馬雲「反思後決定投身兒童教育和慈善事業」。實際上，他是被迫退休。此後，他僅被零星目擊出現在香港與西班牙。

另一宗撲朔迷離的案件，則是孟宏偉失蹤事件，他自二〇一六年起擔任國際刑警組織的主席。二〇一八年九月，他前往北京出差時遭中方拘捕，中國官方隨後宣布他因「貪腐」罪名被正式判處十三年半有期徒刑。在中國，所謂的「司法機關」聽命於黨的意志，經常以「貪污」或「擾亂公共秩序」等罪名來打壓政治異己或肅清內部威脅。孟宏偉曾任中國公安部副部長，也是黨內冉冉上升的政治新星。自從他遭判刑以來，其妻高歌便再也沒有收到他的任何消息，目前她定居法國里昂，並受到警方全天候保護。

二〇二三年九月，高歌在布拉格舉行的「對中政策跨國議會聯盟」（IPAC）峰會上發言：「二〇一六年十一月十日，我丈夫被任命為國際刑警組織主席。二〇一八年九月二十五日，他在訪問中國期間失蹤，僅僅因為他懷有不同的政治立場。這場政治清算被偽裝成一樁刑事案件。幾乎在同一時間，我的雙親也在中國失蹤。至今我仍無法得知他們和我丈夫的下落。一個星期之後，也就是二〇一八年十月，我和孩子們在里昂遭遇綁架未遂。目前案件仍在調查中。……即使我受到法國警方二十四小時的保護，但中國特工仍然如影隨形地到處跟蹤我們：在街上、在博物館、在機場、在酒店……我對此感到震驚、恐懼和憤怒。過去五年來，我一直是中國跨國鎮壓行動的受害者，我心中也不斷浮現一個問題：中國怎麼敢在世界各地如此為所欲為？我身為女兒，妻子，也是一位母親，如今，我更是一位與極權政權抗爭的女性。我需要各方的支援與幫助，才能面對這一切。」

另一個引人注目的例子是網球冠軍彭帥。她在公開指控前國務院副總理張高麗對她性侵之後，就忽然從人間消失了。二〇二一年十一月二日，她在微博上發表了一篇簡短貼文，指控張高麗三年前強迫她發生性關係。現年七十五歲的張高麗已經退休，二〇一二年至二〇一八年初曾任中共中央政治局常委，也就是中國最權勢滔天的「七常委」之一。這位曾登上雙打世界第一的三十五歲網球名將，在那篇貼文發布後數週內音訊全無。她於數星期之後再次公開露面，卻聲稱自己先前的指控「並不屬實」，她的言論矛盾重重，很明顯經過刻意包裝與操控。

趙薇是中國最傑出的女影星之一，同時也是製片人和女企業家，二〇二一年八月突然神祕消失，而她職業生涯的所有痕跡也都被中國的社交網路和影音平台下架。至今外界依然無從得知其下落與命運。而在更早之前的二〇一九年秋天，當時中國收入最高的女演員范冰冰也突然杳無音訊，整整三個多月毫無消息，之後才有人目擊她出現在北京附近的一個「海濱度假勝地」。這位被指控逃漏稅的三十九歲影壇巨星悔不當初，她隨後在微博上寫道，「我辜負了國家對我的培養，辜負了社會對我的信任，也辜負了影迷對我的喜愛！在此，我再次向大家誠懇道歉！請大家原諒！」

第一個在國際間引起關注的失蹤事件，是第十一世班禪喇嘛根敦確吉尼瑪的案件，他是藏傳佛教的第二大精神領袖。一九九五年，年僅六歲的他被中國當局強行帶走，從此下落不明。中國當局隨後扶植一位「官方」的班禪喇嘛，此人極少公開露面，但其言論完全配合黨的政治路線。另一方面，一九九九年被中共取締的法輪功教派，其數十萬信徒也同樣遭遇系統性迫害：包括被送往勞改營、非自願失蹤和施以酷刑等非人對待。中國共產黨對異議人士的打壓，甚至不限於國境之內，對外國公民亦不手軟。二〇一五年十月，華裔瑞典公民桂民海在泰國旅行期間失蹤，他曾在香港經營書店與出版社，銷售有關中國高層權貴黑暗面的書籍。他被祕密監禁了幾個月之後，於二〇一六年突然在中國出現，並在中國國營電視台上聲稱自己因酒駕肇事而被捕。但桂民海的噩夢並未結束。二〇一八年，他在前往醫院就診途中，與同行的兩位瑞典外交官再度遭便衣人員強行帶走。這次逮捕在瑞典引發一場外交風波，也令其他歐洲國家深感震驚與憂慮。

另一個令人震驚的故事，來自《紅色賭盤》[7]一書的作者沈棟。一九九〇和二〇〇〇年代時，腐敗與投機狂潮橫掃中國，沈棟和妻子段偉紅都是其中的關鍵人物。《紅色賭盤》這本書可謂是二十一世紀初期中國權貴資本主義的珍貴見證，沈棟以銳利而冷靜的筆觸，深入剖析一個充斥著特權、利益輸送與中共精英壟斷的奢靡世界。沈棟於一九六八年出生於上海，隨父母移居香港，後赴美求學。學成歸國後，他遇見了未來的妻子段偉紅。段偉紅後來成為中國最富有的女性之一，但卻在權力遊戲中神祕消失，徒留唏噓。沈棟現在與他們十一歲的兒子住在英國。對不明真相的讀者而言，字裡行間揭示中共對人民的控制，句句令人驚懼。「我小時候就熱愛閱讀描繪共產主義英雄的漫畫，從那時開始，我便下意識地相信中國的優越性。」直到現實撕裂了幻想。「但是，究竟是怎樣的體制，竟容許像這種非法綁架段偉紅的事情發生？又是什麼樣的體制，竟然賦予調查機構讓一個人『被消失』卻無需通知家屬的權力？偉紅的兒子健坤對母親的思念溢於言表，然而最令他和我們大家痛心的，是完全不知道她到底發生了什麼事。偉紅在哪裡？她至少還活著嗎？」

他接著說：「三十年前，我的父母帶我離開一個共產主義國家，舉家遷往香港。我在一個深受西方價值觀影響的自由資本主義社會中成長與求學，並從中體悟到人類潛能的無限廣闊。從一九七〇年代末期開始，中國共產黨終止了人禍連連的歲月，讓中國人得以稍事休養生息，彼時中國大門微敞，世界因此得以一窺或許一個更加自由、開放的中國可能會是什麼模樣。而現在中國共產黨在擁有充足資源與力量之後，又開始展露自己的真面目。同時，我也逐漸意識到，相較於財富或職業上的成就，人的基本尊嚴與人權，才是生命中最不可或缺、最寶貴的財產。我希望生活在一個懷抱同樣理想的社會。因此，我選擇了西方世界，而不是中國——這個選擇不僅是為了我自己，也是為了我的兒子。」

沈棟在二〇〇一年冬天遇見他未來的妻子段偉紅。她在那幾乎由男性主宰的世界中，散發著一種罕見的權勢與威嚴。「她與那些我只在新聞報導中聽過的高官私交甚篤，也認識許多我聞所未聞的重要人物。那是一個令我渴望深入瞭解的全新世界，而偉紅似乎也樂於引領我踏入其中。」有一天，他發現段偉紅的人脈當中竟有溫家寶的夫人，溫家寶時任副總理，即將被提拔為中國政府領導人，成為中共黨內第二號人物。那一刻，沈棟才猛然意識到中國權力核心階層恣意橫行的腐敗與荒誕，許多高層幹部擁有眾多情婦，有人甚至同時維繫數十段男女關係，並動用巨額公帑供其揮霍。也有人沉迷賭博，一夜之間便豪擲萬金。他逐步揭開中共權貴家族如何憑藉與政府高層的密切關係，暗中操作交易、累積財富的黑幕。他這才恍然大悟：就連鄧小平家族也是靠著這樣的模式發跡。

習近平在二〇一二年上台後不久，隨即展開一場反貪腐運動。此舉迅速贏得中國民眾的廣泛支持。然而這場運動的真正目的，其實是藉機整肅異己。在中共權力核心內部，曾經還有少數人對中國實現更大程度的自由，甚至某種形式的民主懷抱希望，這些夢想很快就盡付東流。聽命於政權的司法機構開始針對習近平的政敵羅織罪名、編造調查、強迫認罪。在中國，共產黨可以任意杜撰證據，根本無需提出證明。很遺憾地，正如沈棟所言，在這樣高度不透明的體制下，許多人天真地相信這些指控。許多無辜者因此被判重刑，有些甚至被處決。沈棟於是得出一個結論：「在我看來，中共走向極權的最根本原因，來自它的本質。中共對於鎮壓與控制有一種近乎動物的本能。它只是遵從列寧主義制度的創始原則罷了。只要有機會訴諸強制，它絕不會放過。」這對夫妻的故事最終以悲劇收場。二〇二二年十月二十五日，《紐約時報》發表了一篇深度調查報導，詳細揭露時任總理的溫家寶家族所掌控的巨額財富，根據內部文件估算，高達三十億美元。在該報導的第二十段末尾，赫然出現了段偉紅的名字。接下來的發展急轉直下，共產黨內部掀起人事震盪，也導致沈棟夫妻關係走向決裂。二〇一四年八月，段偉紅提議離婚。二〇二一年九月三日，美國商業媒體接連刊登了兩篇文章，重新聚焦此案。一篇來自《金融時報》，標題為〈與中國「紅色貴族」達成交易的失蹤婦女之謎〉；另一篇則來自《華爾街日報》，標題為〈一位知情者揭示中共如何將企業家視為「可以犧牲的」工具〉。

二〇二一年九月五日星期日凌晨四點左右，沈棟在英國家中的電話響了。電話那頭是他的母親，要他打電話給早在四年前就神祕失蹤的妻子段偉紅。他說：「我決定撥打她的號碼，但心裡一直在揣測，到底是誰會接電話？是中共的官員？還是偉紅本人？如果真是她，她會是什麼樣子？一個長年與世隔絕的人，還能有什麼『正常』的表現？我猜想會有一名獄警或共產黨幹部在她的牢房裡，把電話遞給她的同時，也告訴她應該對我轉述什麼訊息，而且會在一旁全程監聽。」電話接通了，是偉紅的聲音，語調聽起來很正常。她首先要求和她的兒子通話，「接著又說想和我單獨談話。我拿過電話，走進客廳，心裡明白，這將是一場艱難的對話。偉紅說了一會兒話，接著切入了正題：要求我暫緩出版這本書[8]。我能感覺綁架她的人就在她身旁。她語氣輕描淡寫，卻處處透露著不容忽視的威脅。她問了兩個自她出事之後便一直縈繞我心的問題：『沈棟，如果你出了什麼事，健坤要怎麼辦？如果健坤出了什麼事，你這個做父親的，又該如何面對？』然後她用一段典型的中共式空話結束我們的通話：『反對中國政府的人，絕不會有好下場。』」沈棟說：「這通電話讓我意識到，一旦我出版這本書，就註定成為中共和中國政府的死敵，再也沒有回頭路。但我心意已決。我對偉紅說的最後一句話就是：『我會堅持到底。』」

沈棟指出：「中國人從小便被迫捲入一場無止境的競爭，像老鼠般不停奔跑。我們被灌輸一種觀念：只有絕對的強者才能生存。我們沒有被教育要合作或表現出團隊精神。相反地，我們學到的是如何將世界劃分為『敵人』與『同夥』，並深知任何結盟都是短暫的，沒有任何人是不可取代的。只要黨一聲令下，我甚至得舉報自己的父母、師長和朋友。我們被洗腦，相信勝利重於一切，只有失敗者才會糾結於良心不安。這種教育體制，正是自一九四九年以來，中共得以維持政權的主要力量。」他語帶諷刺地補充：「馬基維利如果生在今日中國，應該會感到賓至如歸，因為我們從小就學會了『為達目的可以不擇手段』。在黨的鐵腕統治下，中國成了一個冷酷無情的國度。」這本書最後以這段話作結：「《紅色賭盤》就像一顆投入平靜湖水中的石子，濺起的漣漪餘波盪漾。接著愈來愈多人試圖揭開中共的面紗，探索其本質、運作邏輯、幕後的權貴人物，以及整個體制的運作結構，對於中共統治下的中國真正面貌，也會形成另一種看法。正因如此，我希望，民主社會終將找到一種方式，來應對一個以挑戰世界秩序為唯一目標的政權。」

將頑強抗拒者送到精神病房

在中華人民共和國，將惹事者或堅決反抗者關進精神病院，是數十年來的常見做法。共產黨經常把那些威脅政權穩定並拒絕改過自新的麻煩製造者送進精神病院。至今依然如此。受害者一旦被送進精神病院，就無法聯繫律師為自己辯護，也不會經歷任何審判程序。所有決定權皆掌握在黨手中，黨通常會以「精神疾病診斷」作為名義，造成受害者往往發現自己被社會孤立，甚至在獲釋後也無法真正回歸社會。成立於二〇一六年的人權組織「保護衛士」，其前身為同年由中國人權專家創立但隨即遭禁的非政府組織「中國行動」。他們根據被害人或其家屬的證詞展開調查，在其報告《強制灌藥和監禁：中國的精神病監獄》中指出，二〇一五至二〇二一年間，共有九十九人被送入精神病院一百四十四次，涉及全國二十一個省分、直轄市和一百零九家地方醫院。該組織強調，這個數字只是冰山一角。其他非政府組織和外國媒體報導的案例也不勝枚舉。自習近平上台之後，這種現象更是愈演愈烈。根據「保護衛士」的說法，這種做法已成為家常便飯。二十年前，全世界從可靠消息來源得知中國以「精神失常」為由監禁異議人士，這是模仿蘇聯時代的做法，俄羅斯至今仍在沿用。中國稱此類機構為「安康醫院」，是指由公安系統直接管理的精神病醫院。

面對國內外日益激烈的批評聲浪，中國當局表示將審慎檢視相關做法。二〇一二年和二〇一三年，中國相繼頒布了《精神衛生法》及修訂《刑事訴訟法》，規定精神病診斷應由專業醫師負責，並賦予司法機關更多的監督權限，允許其介入並發表意見。但事實上，公安和政府機構仍然可以恣意將維權人士或請願者送往精神病院。根據「保護衛士」舉出的例子，有一位女性曾被強行送入精神病院多達二十次。現實上，醫生和醫院通常被迫服從上級指示，最糟糕的情況下甚至積極與當局合作。受害者一旦被送進精神病院，可能被關押長達數月乃至數年。在「保護衛士」的調查報告所記錄的九十九個案例中，有三分之一以上的受害者曾不止一次被送入精神病院。這些「病患」一旦被拘禁，便淪為身心虐待的對象，經常遭受電擊治療，有時甚至未經麻醉。有些人被綁在床上，連基本衛生需求都無法獲得尊重，極盡羞辱之能事。還有其他人則遭受毆打，被完全隔離，無法聯絡家人與律師，甚至被剝奪與外界通話的權利。

挺身對抗習近平的中國藝術家與知識分子艾未未

另一本深刻揭示中國社會現況的著作是中國藝術家艾未未的《千年悲歡》[9]。書中毫不留情地指出，自一九四九年共產黨掌權以來，他的國家就已淪為極權政體。自習近平於二〇一二年上台後，情況更是每況愈下，以至於讓人懷疑中國是否正在走向法西斯主義。艾未未於一九五七年出生於北京，是中國著名詩人艾青之子，被譽為當代最重要的藝術家之一，以其在藝術與政治領域皆具顛覆性的創作而聞名全球，也因此成為反對中國專制政權的代表性人物。他筆下所描述的中國，是一個籠罩各種謊言的國度。他的回憶錄字字扣人心弦，記錄著他親身經歷的痛苦與壓迫。讀者從字裡行間看到公安對他的監視、公開羞辱、思想洗腦以及被迫招認從未犯下的「罪行」等種種荒誕場景。他的父親艾青曾是毛澤東的親信，也是當時中國最受推崇的詩人之一。直到一九五七年，毛澤東這位「偉大的舵手」發動「反右運動」，艾青與眾多受害者遭到打壓，淪為那場浩劫中的犧牲者。此後，他飽受中國一波又一波政治運動的摧殘，尤以那場席捲全國、造成無數苦難的『文化大革命』為最。艾未未回憶：「『文化大革命』更是『史無前例』的事兒，聲稱要觸及每個人的靈魂。」他的父親萬念俱灰，曾多次想要自盡，但最終因家人的牽絆而打消念頭。在那段瘋狂的十年歲月中，許多知識分子不是被處決，就是選擇自殺，其中包括著名小說家老舍、伏爾泰和巴爾札克作品的翻譯家傅雷及其妻子朱梅馥。

艾未未在書中回顧了「北京之春」的誕生，這是一場由年輕中國民主運動者發起的運動，旨在爭取更多民主空間。其中最知名的人物，莫過於年僅二十九歲的電工魏京生。一九七八年十二月九日，他在北京西單十字路口的民主牆上張貼了第一張大字報，上題「第五個現代化：民主及其他」。這張大字報打破政治信仰，直指當時的黨中央，特別是剛啟動經濟改革的鄧小平。鎮壓行動毫無延誤。三月二十二日，黨媒《人民日報》發表社論以正視聽：〈人權不是無產階級的口號〉。但魏京生並未就此打退堂鼓。三天後，他在一份地下報紙上發表了一篇措詞犀利的文章，直言不諱地提問：〈要民主還是要新的獨裁？〉四天後的深夜，一群公安闖入將他逮捕並祕密拘押。十二月十三日，經過一場假審判，這位悔改的前紅衛兵以「洩露國家機密罪」被判處有期徒刑十五年。魏京生現定居美國。

艾未未接著在書中講述了星星畫會這個群體的故事。這個畫會在一九八〇年代集結了大約三十位藝術家，其中包括王克平、黃銳、李爽、王魯炎、趙剛、馬德升、毛栗子和薄云等人。「二十多位北京藝術家在一個非常顯眼的地方舉辦了一個未經許可的『星星美展』：一百五十多幅油畫、水墨畫、素描、版畫和木雕作品，直接掛在美術館前大約四十公尺的鐵柵欄上。第二天，公安局派出一隊員警，以展覽沒有獲得官方批准為由，將其拆除並沒收了展出的全部作品。」這些藝術家日後大多踏上流亡海外之路，因為他們察覺到中共當局的壓制也同樣延伸到了藝術領域。

一九八一年，艾未未決定前往美國。他提到：「對土地的掠奪勝過其他形式的資本積累，」因為房地產投機事業為中央和地方當局以及所謂的「紅色貴族」（即高層幹部的子女）帶來了數以億計的收入。「所謂『改革開放』，它的每個毛孔裡滲透著貪腐和欺詐，而這僅僅是這個高速發展的邪惡帝國的冰山一角。」艾未未意識到網路蘊藏著巨大的力量，於是積極投入其中，頻繁發聲與創作。然而不久之後，他便發現自己正處於數以萬計審查員的嚴密監控之下，這些人日以繼夜地在網路上巡邏，封鎖異議與壓制言論。他寫道：「網路消解了專制的重力，摧毀了思想控制的障礙。」然而，「公民社會無疑是對專制的挑戰，而政府做出的所有努力，可以簡單地理解為消除個人空間、壓制自由表達、抹殺個人的記憶。……這一切對我的影響難以評估，像一隻起伏的水母，網路是我的海洋。」艾未未談到了中國的死刑問題，中國是全球執行死刑最多的國家。「在中國，公權力不受約束，司法無監督，資訊不公開，導致了社會正義和道德的沉淪。……在中國，死刑處決比任何其他國家更多，占世界死刑人數的一半以上，在不公正的社會中，死者並不是唯一的受害者。」和他的父親一樣，艾未未起初也相信共產主義會給國家帶來好處。但這份信念很快便在現實的衝擊下徹底幻滅。

自移居國外以來，這位藝術家逐漸成為備受矚目的行動主義者，他始終堅信一個核心理念：普世價值適用於全球每一個國家，中國也不應例外。這些由聯合國於一九四八年公布的普世價值，包含言論自由、自由普選、結社自由、獨立司法、多黨制和新聞獨立。「為了維持一個新的政權，整個民族喪失了精神世界認知和誠實敘述的能力。」他解釋道，「直到半個世紀之後我才開始意識到這一點。二〇一一年四月三日，從北京首都機場出境時，我被幾個便衣員警帶走，之後的八十一天，我彷彿掉進了一個黑洞。在祕密監禁中，我開始反思過去，首先想到的是我父親，想像在八十年前，他在國民黨監獄中服刑的情景。」

他在八十天後獲釋，隨後在書中描述了自己被監禁的日子：「我的拘留形式為『指定居所監視居住』，容許檢方實施為期六個月的監禁。這明顯是獄外羈押，不受任何束縛或監督，比正式逮捕更為嚴厲。由此，我被剝奪了法律代表和探訪權。換言之，我被國家綁架了。他們藐視規則，讓我與世隔絕。我的處境像是礦難發生後被封井下的礦工，地面上的人，不知井下的是否還活著，地下的不知道搜救是否持續，或已經放棄了。」心理壓力揮之不去。在牢房裡，「這裡除去呼吸，不允許有任何其他動作，活著和死去應該差別不大。……時間沒頭沒尾地走著，每一天和另一天沒兩樣，嚴格、固定的程式。在這兒待多久不再有含義，我已成為他們中間的一個，一個沒有時間意識的人。我的步伐也變得更有節奏，來回踱步配合得天衣無縫。每當看到我失神，他們一定會想方設法讓我高興起來。總建議唱首歌吧，音樂可以超越痛苦。『你倒是唱支歌說個笑話呀，這麼大年紀怎麼會想不起一個笑話呢！』」

但是心理壓力愈來愈沉重。負責審訊的人對他說，「不要存有任何幻想，待你出獄的那天，艾老已經長大，你的母親恐怕早已離開了人間。」艾未未寫道：「這番話使我痛苦，聽他這樣談我的親人，讓我感到厭惡，這是在逼我屈從。他繼續說，『作為國家的敵人』，我不能再繼續拖延下去，必須悔過才能被拯救，爭取獲得減刑。」審訊者還說：「來到這裡的人，沒有不屈服的。一個殺人犯明明知道坦白之後等著他的就是死，但是最終還是會坦白。」為什麼呢？審訊者回答：「我們之間較量的就是耐心和毅力。」六月二十七日，艾未未獲釋。他始終無法確切理解自己為何突然被釋放，或許是國際社會對中國政府施加壓力所致。二〇一五年，這位藝術家曾短暫定居於柏林，然後遷往劍橋。如今，他隨著創作與行動的步伐，在世界各地生活與工作，目前主要居於葡萄牙里斯本。

在另一本著作《身為他者》[10]（暫譯）中，艾未未重新審視了人權的本質與意義。「當你看到一個孩子眼中充滿恐懼，無論是對戰爭的畏懼，還是在海上漂流可能喪命的恐懼，你的內心就會產生變化。在我身上，今天的我與那個曾在中國偏遠村莊裡經歷關鍵時刻的小男孩之間，有一種直接相關的情結。正是這些經歷，塑造了我看待世界的方式。人的尊嚴與捍衛基本權利的觀念，絕非『西方的發明』，而是我們所有人都應該關注的課題。這些權利的存在，是為了保護我們免於自我毀滅的本能。倘若缺乏這些保護機制，不僅自由社會無從建立，就連相對穩定的社會也難以維繫。一些西方人認為這種世界觀只適用於西方社會，但事實並非如此。[11]」

「這些價值不僅適用於西歐，同樣也適用於亞洲、中東、非洲，乃至拉丁美洲。而因為它們關乎每一個人，所以也關乎所有人類。」他還說：「我想要抵抗所有讓社會窒息的意識形態，對抗愚昧與偏狹，因為這些毒瘤無所不在。民主正是一種制衡機制，用來抵抗某些強權為了自身利益而犧牲不民主且經濟較弱國家的行為。顯然，這些骯髒的手段根本無關任何政治理想，只是赤裸裸地反映出人類掠奪和貪婪的天性。」

自從流亡葡萄牙後，艾未未對祖國的情感逐漸轉為深沉的怨懟。他坦言：「說到底，我再也無法愛上這個中國。對我來說，這個中國已經成了魔鬼。因為中共政權已全面掌控一切，無論是人民的頭腦或思想。在這種自上而下、滲透整個社會系統的監控，所有一切，完完全全的一切，都無一倖免。每一條小巷、每一個路口，無論白晝黑夜，監視無所不在。中國建構了一個其他國家難以複製的監控宇宙。這種控制如今已無遠弗屆。在科技的推波助瀾下，再加上現在的新冠疫情，他們得以全面控制人民的生活。為什麼要這麼做？主要目的是製造恐懼、恫嚇人民。中共政權企圖滲透人民生活的每一個層面。在今日的中國，無論做什麼事，都擺脫不了監控的陰影。對中國的統治者來說，掌控人民的生活是一種效率極高、甚至具『生產力』的治理方式。我們必須明白，對中共來說，這不僅是一項政策，更是一場關乎政權生死存亡的鬥爭。事實上，如果無法監控人民，他們就無法應對內外挑戰。這也暴露出這個政權非常脆弱。他們心裡很清楚，只要一鬆手，政權就可能分崩離析。原因很簡單，因為這個政權缺乏任何真正的正當性，以致自己疑神疑鬼，對所有人都心存疑懼。這是一個典型的惡性循環：愈是不安，就愈想控制一切。」艾未未最後寫道：「對中共來說，這是分分秒秒的求生戰，這絕非誇張，而是現實。當你真正意識到這一點時，你會發現，在這樣一個由皇帝主宰的社會裡，他們其實膽小如鼠。他的權力並非人民的授權，而是來自恐嚇、恐懼和控制。[12]」

中國已成為全球壓迫人民最嚴重的國家之一

劉曉波於二〇一七年七月十三日病逝於瀋陽，無疑是歷史將永誌不忘的「亞洲之光」之一。他是知識分子、詩人、異議人士，也是一位政治良知的化身，更是備受尊敬的智者。在一九八九年六月的天安門民主運動中扮演了關鍵角色，深深影響了當時的學生與運動方向。二〇一〇年，當他的妻子劉霞通知他榮獲諾貝爾和平獎時，他正因言獲罪被關押在獄。在奧斯陸的頒獎現場，象徵自由的獎座被安放在一張空椅子上，因為中國政府拒絕讓他出境領獎。劉曉波罹患癌症後未獲妥善醫治，二〇一七年於獄中溘然長逝。在他去世之前的十年，他已預見自己的命運，曾堅定地說道：「我做出了正確的抉擇，若要不活在謊言中、不背叛自己的良知，就必須付出代價。」儘管劉曉波的名字在中國境內被全面封殺，但他的精神與信念，仍然成為自由與正義的象徵。他常說：「我沒有敵人，也沒有仇恨。」這句話曾讓一些主張更激進手段、希望徹底推翻政權的中國民主運動者感到憤怒與不滿，在他們看來，唯有激烈對抗，才能真正帶來體制性的改變。

劉曉波主張循序漸進地改革政治體制，他從不談論那個著名的「北京之夜」。他跟曼德拉或達賴喇嘛一樣，都支持非暴力路線。對他而言，最理想的體制是法治國家，而非「依法治國」的國家，而且要擁有一部保障言論自由、多黨制、司法獨立和新聞自由的憲法。這些主張使他成為當權者的眼中釘。那麼劉曉波想對西方世界說什麼呢？他表示：「我的擔心是，面對當今世界的最大獨裁國家中國，現在的西方人可能再犯一次大錯誤。國際主流社會必須高度關注的事實是：今日的獨裁中共與自由世界的博弈，已經完全不同於傳統的極權蘇共，中共不再固守意識形態及其軍事的對抗，轉而致力於發展經濟和拋棄意識形態的廣交朋友，既在經濟上進行市場化改革並力求融入全球化，又在政治上固守獨裁體制，全力防止西方的和平演變。」這位偉大的知識分子補充道：「面對經濟實力迅速提升的獨裁大國，如果它的獨裁崛起得不到來自外在的強力制約，繼續對中國的獨裁式崛起採取綏靖主義，就將重蹈歷史覆轍，其結果，不僅是中國人的災難，也將殃及自由民主的全球化進程。所以，要遏制獨裁崛起對世界文明的負面效應，自由世界就必須幫助世界上最大的獨裁國家儘快轉型為自由民主的國家。[13]」對劉曉波而言，「任何專制體制，首要敵人永遠是真相。」

記者皮埃爾・哈斯基在其著作《劉曉波：反抗北京的人》中提到：「劉曉波屬於拒絕『與魔鬼共進晚餐』的人，哪怕是手持長勺[iii]吃飯。他自己說他已經成為一個『監獄貴族』，一個

iii 譯註：長勺子能與魔鬼保持距離。

堅不可摧的人，或者至少行事如是的人。[14]」一九八〇年代，劉曉波於詩人圈嶄露頭角，並在《深圳青年報》上發表作品。從一九八六年之後，他成為北京備受矚目的知識分子，「他的講座激起熱烈反響，人人引頸期盼拜讀他的著作，而他從未加入自己所批判的知識精英體系。[15]」他後來也陸續受邀前往歐洲與美國的多所大學講學。然而，劉曉波始終思慮清晰，對西方世界持批判態度。他不認為西方的政治體制是解決中國問題的萬靈丹。「西方文化的優勢，充其量只能把落後的東方導向一種現代化的生活方式，但現代生活本身仍是災難。到目前為止，人類還沒有能力創造出一種全新的文明，以解決人口爆炸、能源危機、生態失衡、核武器擴張等問題，更遑論有任何文化能夠幫助人類一勞永逸地擺脫精神痛苦與人性局限。[16]」法國漢學家侯芷明[17]認為，劉曉波的思想對未來的中國非常重要，這是無庸置疑的：「他將一生獻給天安門死難者。他延續了他們對真相、自由、平等、人權的追求，也堅決反對裙帶關係、特權與蒙昧主義的社會制度。[18]」

中國如今已成為全球對新聞工作者打壓最嚴重的國家之一，被監禁的記者人數打破世界紀錄。三十九歲的記者兼律師張展便是其中之一，二〇一九年秋季武漢爆發新冠病毒疫情時，她是第一批吹哨者之一，並於二〇二〇年十二月二十八日以「散布不實資訊」為罪名被判處四年徒刑。這位年輕女性在獄中多次絕食抗議，體重暴跌至僅剩三十七公斤。另一位曾在法新社工作的記者毛孟靜，在二〇二一年一月六日被捕，隨後被關押在香港的一所監獄中飽受煎熬，她被控「顛覆國家政權」和「勾結境外勢力」，因為她公開譴責香港警方在這個前英國殖民地的街道上對示威者施暴，以及批評北京對香港日益加深的控制。一九八九年六月四日，當天安門大屠殺發生時，她是法新社派駐現場的記者，親眼見證了那場血腥鎮壓。她曾對香港英文報紙《南華早報》表示：「我一到廣場，就聞到了火藥味。」「我看到長安街上到處血跡斑斑，我聽見坦克車隊駛近廣場時發出的低沉隆隆聲。」她於一九九一年離開法新社後投身政界，當選為香港立法會議員，並積極投入人權與民主運動。身為兩個孩子母親的毛孟靜如今仍在獄中等待審判，面臨終身監禁的可能[iv]。

酷刑在中國監獄中仍屢見不鮮，倖存者的證詞令人不寒而慄。日中青年交流協會前會長鈴木英二便是其中一例，他對中國相當熟稔，三十年間曾赴中數百次。然而，他在二〇一六年七月的那趟旅程卻截然不同，當他抵達北京國際機場，準備搭機返回東京時，卻神祕失蹤。他被中國國家安全部人員帶走，塞進一輛普通的廂型車，然後送往一個所謂的「監視居住中心」，被祕密關押了七個月，不能與家人或律師聯繫。這位日本公民整整被拘留了六年。在

iv 編註：毛孟靜已於二〇二五年四月出獄。

監禁七個月之後，他被正式逮捕，遭指控為間諜，但他始終否認所有指控。二〇二二年十月獲釋後，他向日本媒體揭露了自身遭遇。他當初一被帶走，國安人員就沒收了他的手機、手錶和皮帶，並以布條蒙住他的雙眼。車輛行駛約一小時後抵達目的地，他被帶到一間窗簾緊閉的房間，開始漫長的訊問。在他的牢房裡，除了晝夜輪班的兩名獄警之外，房間的四角安裝有監視攝影機，日夜燈火通明。他只能坐在床邊吃飯，默默進食。「我在那個房間裡被審問了七個月，身邊沒有人可說話，」他坦言，「因為我不知道自己已經被監禁了多久，也得不到任何資訊，我開始對一切產生懷疑。」窗簾太厚重，讓他無法分辨晝夜。終於有一天，他再也無法忍受，苦苦哀求看守他的人讓他看看外面。對方命令他坐在窗邊的椅子上，然後拉開窗簾十五分鐘。他回憶說：「我淚立刻奪眶而出。」後來，他獲准與日本大使館的一名領事官員會面，他被帶到一間會客室，在翻譯陪同下進行談話並全程錄影存證。二〇一七年二月，他被正式起訴並轉往一般看守所。期間每逢與領事接見時，他都被關在一座鐵籠中。出獄時，鈴木英二體重減輕了三十公斤。即使現在已經回到日本，但這段噩夢般的經歷仍歷歷在目。他很肯定地說，自二〇一五年以來，至少還有其他十六名日本人因「間諜罪」在中國被捕，其中一名年約七十歲的日本人不幸客死獄中[19]。

除了上述案例，還有其他外國人曾在中國遭到逮捕，甚至當街被強行帶走，之後被祕密囚禁於不明地點長達數月，最終被迫出庭受審並公開「認罪」。在中國經營私家偵探公司的前英國記者韓飛龍和他的中國妻子虞英便親身經歷過這樣的遭遇。兩人於二〇一三年六月被捕，被控「非法獲取公民個人資訊罪」。同年八月，中央電視台便播出了他們兩人被迫認罪的畫面。次年，他們分別被判處三十個月和二十四個月的監禁。經過英國政府多方斡旋，最後於二〇一五年六月獲釋。韓飛龍事後向英國媒體講述他的遭遇時，提到他被關在上海某看守所的牢房中，而且一入獄就受到震撼教育。「他們的目的是孤立你，摧毀你的精神和意志。許多人很快就崩潰了。」審訊接連不斷。「他們將我固定在一張金屬椅上，那椅子被焊在一座鐵籠裡，面前是三名公安人員。」訊問者指控他為英國和美國情報機構從事間諜活動，並且強迫他認罪。最後，他不得不承認自己從未犯下的罪行。這段強迫認罪的過程遭錄影並透過中國對外宣傳媒體中國環球電視網在歐洲播出[20]，引發國際譁然。此事件遭到英國政府強烈譴責，導致中國環球電視網在英國本土遭到禁播。隨後，該頻道轉而在法國落腳，繼續從事對外宣傳與輿論操控，但由於受到法國當局密切監管，對外宣傳與輿論操控不再播放此類「認罪」影片。據中國司法部透露，中國境內有約七百間看守所，然而實際數字至今仍是國家機密，全國在押人數同樣不為人知，據估計有幾百萬人。

近幾十年來，中國最備受矚目的失蹤案件，莫過於秦剛的神祕消失。秦剛曾任中國駐美大使，二〇二二年十二月升任外交部部長，一度被視為習近平的親信，但失蹤一個月之後，於二〇二三年七月二十六日星期二被免職，官方未給予任何解釋。秦剛是習近平「戰狼外交」的積極推行者之一，關於他驟然失勢的原因，外界眾說紛紜，據傳他與香港鳳凰衛視駐美的華裔記者傅曉田有婚外情，而該名記者可能與西方情報機構有關聯。一些分析人士認為，即使婚外情屬實，也不過是秦剛遭整肅的藉口之一。英國廣播公司援引漢學家高敬文的話表示：「秦剛事件對中國共產黨在國內外的形象都不利。也暴露中國領導層內部存在一定程度的不穩定，甚至可能存在分歧。」在秦被正式免職的當天，所有官方網站上與他相關的資訊也隨即被刪得一乾二淨。

令人髮指的死囚器官買賣黑幕

中國的醫院從死刑犯身上摘取器官，然後移植給來自西方國家的有錢客戶。這樁利慾薰心的生意利潤豐厚，每年可為其帶來數十億美元的收益。如今，愈來愈多的具體證據浮出水面，以致人們對這種涉及腎臟、肝臟、心臟和人體其他重要器官的買賣不再有什麼懷疑的餘地。美國研究人員伊森．葛特曼著有兩本相關書籍，他在二〇二二年十二月十七日的一次網路研討會上指出，自一九八〇年代以來，這種做法在中國就已相當普遍：「在二〇二二年，這種手段已經司空見慣，來自德國等富裕國家的病人飛抵上海後，在短短幾個小時內就能獲得一個完全符合其血型的新鮮器官並接受肝臟移植手術。從這一點可以很簡單地看出，受害者在被拘留期間，其血液資料已被收集並存入資料庫，一旦找到匹配的客戶，就會被帶出拘留中心並直接前往客戶所在的醫院進行移植。」葛特曼進一步指出，他們的研究發現，在許多案例中，「維吾爾族『器官捐贈者』會從中國西部被空運前往波斯灣國家，為有錢的教長們提供『新鮮』和符合『清真』教規的器官。」伊森・葛特曼還提到新疆集中營的衛星圖像，以及在維吾爾族和其他穆斯林少數民族聚居區所收集到的證詞，在在顯示「中國當局於二〇一八年在這些集中營內建了九座附屬火葬場，每座火葬場由五十名中國警衛看守，並支付每人每月約一千二百美元的薪資。我很納悶，穆斯林死後必須『按照穆斯林儀式』土葬，為什麼他們要為穆斯林建火葬場？這只能說明，中國當局在摘除這些人的器官後，會焚燒屍體以銷毀所有犯罪證據。」

根據位於新德里的喜馬拉雅亞洲研究與參與中心主任維傑・克蘭蒂的說法，器官摘取的受害者主要是維吾爾族人、藏族人、被取締的法輪功教派成員以及被判死刑的基督徒，以及其他政治犯或良心犯。這種一本萬利的做法甚至在中國醫療機構之間引發惡性競爭，唾手可得的豐厚利潤令其利慾薰心，有報導指稱中國貧困家庭的青少年也成為這些駭人行徑的受害者。安華托帝醫生曾在新疆首府烏魯木齊的一家醫院當醫生，他證實了這段黑暗歷史，指出在烏魯木齊，被判處死刑的「罪犯」會由員警進行處決：「當時在摘取被處決者的肝臟或腎臟時，我認為這是再正常不過的事情，畢竟用這些器官來挽救他人生命也是『好事』一樁。直到我移民英國之後，我才意識到這其實是危害人類罪。當我開始分析某些中國醫院的官方網站時，看到他們向外國患者宣傳醫院服務的廣告方式，我感到很震驚。」安華托帝醫生繼續說：「他們不用一星期就可以為患者找到符合血型的任何移植器官。」「就肝臟移植來說，有些醫院聲稱患者到達醫院後，不用四個小時，就能找到符合的器官。很多時候，他們的報價還明確標示『買一送一』，就像只是日常商品一樣。我本身是醫生，我知道任何器官一旦被摘除，都無法保存很長時間。由此可證明他們背後必定掌握了一個龐大的人體資源庫，可以符合各種不同血型的人。有點像你在餐廳水族箱裡選擇一條活魚一樣。」

這位醫生回憶道：「我在烏魯木齊時，維吾爾族人得知有一位會講他們語言的維吾爾族醫生，許多人帶著他們的青少年子女來找我，請我幫忙檢查他們的某個器官是否在集中營關押期間被摘除。在大約一百多個病例中，我驚愕地發現，其中三名少年的腹部有疤痕，而其中一人的一顆腎臟的確不見了。」安華托帝醫生近年來一直在調查中國的醫療系統。他發現新疆維吾爾族囚犯集中營附近修建了小型機場。「這些機場能更方便快速地運送摘取下來的器官，因應各偏遠城鎮醫院的需求。而活生生的『器官捐贈者』也經常被空運到其他國家，以摘取新鮮器官。」

《費加洛報》記者安妮．如安和藥理學家克利斯蒂安．里樹醫師在一本名為《結夥組織的健康產業》[21]的書中提到，早在一九八〇年代，他們在一次前往中國的旅程中便已得知中國境內存在大規模的器官買賣行為。克利斯蒂安．里榭回憶道，當時他與幾位知名的心臟科醫師同行，先抵達香港，再轉往中國南方的大城廣州：「我們處於兩個世界的交界處。廣州極其現代化，但酒店腳下就是尚未被夷為平地的老城區。」他們隨後參觀了一家醫院及其腎臟移植科。「剛做完移植手術的人被集中在一個房間裡，空間狹小，所有床位都被占滿了。但我們立即注意到兩件惹眼的事情。首先，大多數病患不是亞洲人，而是高加索人種。而且每張病床旁都有最先進的醫療監測儀器。」他們接著聽取了中國醫生的彙報，其中一位主任醫生以英語發言。「這時，一位法國腎臟病學教授大膽地提出了第一個敏感問題。他問為什麼絕大多數病人似乎都來自亞洲以外的地區。我們的東道主回答說：『這是一個高端醫療單位，對全球病患開放，因此吸引了許多來自美國和澳洲的患者。』」

克利斯蒂安．里榭繼續寫道：「這位中國同行依然氣定神閒地解釋說，只要『名單』上有符合條件的物件，他就會通知患者前來。我們有點錯愕，便問他：這是不是器官買賣？就是某些窮人將自己的一顆腎臟捐給陌生人並換取報酬？東道主立刻安撫我們，說中國有自己的倫理規範，只有熟人或有親屬關係的人才可以進行活體器官捐贈。然後，他一貫處之泰然地向我們解釋『名單』的性質：也就是死刑犯名單。『當有移植需求者提出要求時，就會有一個可憐的人被執行死刑。』他接著詳細介紹了病人的準備工作、為確保移植器官品質而在不遠處執行的處決、隨後就地摘取器官、再緊接著進行移植手術。整個流程緊密配合，以創紀錄的速度完成，確保手術取得圓滿成功。據他說，客戶都非常滿意。我們嚇得目瞪口呆，一句話也說不出來。等我們回過神來，我的鄰座俯身向我低聲地問道：『他確實說是死刑犯？』我不記得我回答了什麼，因為我當時正想著那些躺在那裡的有錢病人。為了優先獲得器官移植，他們付錢參與了這個令人髮指的過程，而他們不可能對此一無所知。」

中國目前的器官移植計畫為全世界第二大。器官移植在二〇〇〇年代初期迅速增加。關於強制摘取器官的疑慮，最早於二〇〇六至二〇〇七年間開始浮現，這主要歸功於大衛．喬高和大衛．麥塔斯這兩名國際人權律師的努力，他們還因而獲得諾貝爾和平獎提名。十年後，「中國法庭」於二〇一九年成立，這是一個由律師、人權專家和移植外科醫生組成的獨立委員會，主席為傑弗里．尼斯爵士。該機構成立宗旨為：對強制摘取器官的指控進行獨立調查。中國法庭審查的證據各型各樣，包括器官移植數量、對囚犯進行的醫學檢測、與器官移植醫院的電話錄音，以及外科醫生和囚犯的證詞。「終審判決」於二〇二〇年三月公布，「證據確鑿」，中國多年來一直使用被處決的良心犯作為移植器官的來源。「基於所有直接和間接證據，法庭確定無疑地得出結論，強迫摘取器官的行為在中華人民共和國的多個地點發生，在至少二十年的時間裡發生多次，並持續至今。」法庭還得出結論，可以「肯定」中國共產黨對維吾爾人實施酷刑。

二〇二二年四月，全球器官移植領域的權威期刊《美國器官移植學會期刊》發表了一篇文章，揭發中國的許多器官摘除案例並未在宣布腦死後進行，實際導致器官捐贈者死亡的原因是被摘除了重要器官。換句話說，這些囚犯是以摘取器官的方式被處決，器官隨即用於移植。去年六月，國際心肺移植學會發布了一份政策聲明，「排除任何涉及中華人民共和國人體捐贈者器官或組織的移植申請」。二〇二〇年，法國參議員娜塔莉·顧萊向法國的歐洲暨外交部長提出警示，指出近期有多起來自中國的器官販運報告。她提醒政府，二〇二〇年六月十二日，比利時參議員呼籲聯合國調查中國的器官販運和移植。對此，法國外交部官員回應：「打擊人口販運和走私是法國在國際舞台上優先執行的首要任務之一。中國於二〇〇七年立法禁止器官販賣，並於二〇一五年正式終止從死刑犯身上摘取器官。依據相關政策，中國器官移植系統現在應完全依靠器官捐贈。」這種天人共憤的交易否依然存在於中國？在新冠疫情期間或曾短暫中斷。但中國政府是否已正視這些非人道行徑所造成的惡劣國際形象？我們拭目以待。

TikTok及其他洗腦工具

在西方世界風靡一時的中國應用程式TikTok，每月擁有數億活躍用戶。然而現在它也成為眾矢之的，被美國和愈來愈多西方國家政府禁止使用：他們認為TikTok是一種具高度滲透性的工具，不僅危及國家安全，更可能使年輕一代遠離現代社會真正的關鍵議題。如同過去，美國再一次站在抵制的前線。美國聯邦調查局局長克里斯托夫·雷明確表示：中國政府透過TikTok，可以掌握美國境內所有TikTok用戶的個資，進而在敏感議題上影響輿論，例如台灣問題。二〇二三年三月八日，美國參議院情報委員會對TikTok及其母公司字節跳動是否能協助北京收集數百萬用戶的個資展開質詢，克里斯托夫·雷對此的回答是：「可以。」針對委員會副主席馬可·魯比歐追問中國當局是否有能力「控制數百萬個設備上的軟體」問題時，雷同樣給出肯定答案。魯比歐這位共和黨參議員隨後進一步詢問，中共是否有可能利用TikTok「讓美國人看到很多『台灣屬於中國』的宣傳影片」，作為中國軍方準備進攻台灣的輿論前哨戰。聯邦調查局局長再次給予肯定回答，並補充說，若中國啟動這類資訊戰，美國政府恐難以迅速因應。克里斯托夫．雷認為中國政府完全可以利用TikTok，在社交網路上散布「令人信服的說法」，進一步讓美國輿論產生分歧。他提醒，美國的私營部門與政府部門彼此獨立，而在中國，這種區別並不存在。「這正是中國共產黨可以操縱的一個關鍵差異。」

中共能透過TikTok獲取機密資訊，進行大規模資料蒐集，甚至掌握用戶造訪的網址URL（統一資源定位符），如此即可肆無忌憚地進行全面性的間諜行動。克里斯托夫．雷強調「這些數據至關重要」，「誰掌握了資訊，就掌握了權力」。TikTok為中共提供三項強大的數位武器，包括資料截取、演算法識別和軟體解密，使其具備對美國發動敵對行動的能力。雷局長進一步指出：「掌控資訊、操控各種大數據的意思，就是控制演算法，而這正是進行輿論操縱的關鍵手段。除此之外，還能控制應用程式本身，藉此侵入數以百萬計的裝置。這些因素正是我對國家安全深感憂慮的原因。」TikTok目前將美國用戶的個資儲存在位於中國的伺服器上，雖然TikTok也承認中國當地的員工可以在嚴格的規範下查訪這些個資，但堅稱中國政府並無權存取。TikTok在法國有一千四百九十萬常規用戶，在美國的用戶則超過一億八千萬，全球每月活躍用戶更已突破十二億。根據美國媒體報導，白宮近日已對字節跳動科技有限公司下達最後通牒：如果TikTok繼續留在該公司旗下，美國將全面禁止TikTok。對這些指控，中國方面於三月十六日予以否認，並呼籲美國停止對TikTok的「無理打壓」。中國外交部發言人汪文斌在三月十六日的新聞發布會上表示，「美國迄今未能拿出證據證明TikTok威脅美國國家安全。美方應停止在資料安全問題上散布虛假資訊，停止無理打壓有關企業，為各國企業在美投資經營提供開放、公平、公正、非歧視的營商環境。」

白宮根據二〇二三年一月初批准的法律，禁止聯邦機構的公務員在他們的智慧手機上下載TikTok應用程式。歐盟執委會、英國政府和加拿大政府亦紛紛採取類似措施。法國政府也緊隨其後，於二〇二三年三月二十四日宣布禁止二百五十萬名國家公務員在其公務用手機上安裝和使用所有被歸類為「娛樂性」的應用程式，並立即生效。根據法國轉型與公共事務部部長斯坦尼斯拉斯・概里尼發出的新聞稿，這些應用程式「未具備足以符合行政機關需求之資通安全與個人資料保護標準」。不過，「出於某些行政機構的官方專業需求」，則得以申請豁免。公務員的私人手機不受此措施影響。數位轉型暨電信權理部長讓・諾埃爾・巴羅進一步強調：「政府有責任保護法國免於任何可能威脅國家安全和主權的行為。」根據《政客》媒體網站報導，法國國民議會已提請議員及其幕僚審慎使用TikTok，另外也不建議使用美國的通訊應用程式WhatsApp、Signal以及俄羅斯開發的Telegram。美國社群軟體Snap和Instagram也在建議限制之列。復興黨議員瑪麗．蓋維努和艾瑞克．沃爾特，以及共和黨主席埃里克．喬蒂在一封致國會同仁的電子郵件中表示：「鑒於使用這些應用程式的議員在履行職責時會面臨特殊風險，我們籲請保持高度警惕，並建議儘量減少使用這些應用程式。」郵件中也向議員們推薦安全的法國協作平台Wimi。政府成員和主責部會幕僚所使用的公務電話皆採高規格資安加密設計，無法安裝社群媒體或手機遊戲等應用程式。

字節跳動科技有限公司是一家數位科技企業，於二〇一二年由張一鳴在北京創立，二〇一六年九月率先推出針對中國市場的短影音分享應用程式「抖音」。一年後，字節跳動又進一步推出針對中國以外市場的抖音國際版TikTok。這兩款應用程式的功能相差無幾，但基於中國嚴格的網路審查制度，兩者採用不同的伺服器與內容審核標準。因此，TikTok無法在中國境內使用，而抖音也僅在中國的應用程式商店中提供下載。TikTok允許用戶創作長度介於三至一百八十秒之間的音樂短片，一躍成為亞洲短影音平台的佼佼者，並在全球多個國家爆炸性成長，擁有規模最大的短影音用戶社群。二〇一八年六月，TikTok的每日活躍用戶高達一億五千萬，每月活躍用戶則突破五億。根據業界估計，TikTok於二〇一八年第一季下載量達四千五百八十萬次，已成為全球下載量最高的行動應用程式。讓我們回顧一下其發展歷程，二〇一七年十一月九日，字節跳動以近十億美元的價格併購了當時在短影音領域具備競爭力的中國平台「Musical.ly」。二〇一八年八月二日，該公司將兩款應用程式正式合併，統一品牌名稱為「TikTok」。這個新名稱及其在YouTube與Snapchat上的廣告行銷起初引發部分法語用戶的不滿與質疑。不過，他們最終還是很快適應並轉向使用新平台TikTok。

TikTok還帶來另一項較不易察覺的潛在風險：雖然TikTok在中國受到嚴格監管，但在西方國家卻並非如此。TikTok用戶主要是年輕人，他們每天耗費數小時沉浸在虛擬世界中，自然而然與現實世界脫節，對真實世界的重大社會議題與公共事務日益冷漠。這樣一來，TikTok無形中也成為中國政權手中的一項戰略工具。一位研究社會與公共議題的專家指出，這個平台使得中國不費吹灰之力，便能讓年輕世代遠離那些雖令人焦慮卻亟需正視的重要議題，進一步削弱他們對未來挑戰的認知和參與能力。沉浸在想像世界中的年輕人，愈發習慣於虛擬的娛樂與即時的刺激，即使能短暫逃避現實，但也在不知不覺間被排除在豐富多元的世界之外。而他們在螢幕上所耗費的時間愈多，用於反思自我定位、理解社會結構與未來角色的時間就愈少，對現實的感知也隨之變得愈發薄弱。

二〇二三年三月二十五日，英國《衛報》刊登了妮塔·法拉哈尼[22]撰寫的深度分析文章，指出中國當局正在開發並部署一種旨在操控西方社會人類大腦的新武器，而TikTok只是其中一種工具。作者根據一批機密的中國內部檔案，指出這種武器的目的不再是傳統戰爭中對肉體的摧毀，而是藉由精神控制來癱瘓對手的思維與行動。對中國政府來說，未來的新戰場就位於人類的大腦。因此，戰略思維將演變為以影響大腦為核心的「認知戰」。早在二〇二〇年十一月，北約研究中心主任弗朗索瓦．杜克呂澤爾即曾發表題為《認知戰爭》的研究報告，明確指出人類大腦已成為特定國家鎖定的戰略資產，並強調腦科學正日益導入軍事用途。中國人民解放軍在此領域投入了大量資金，特別是在人工智慧領域表現出高度戰略企圖。根據蘭德公司的中國事專家莫小龍的觀察，他認為：「戰爭模式正發生轉變，從陸、海、空和電磁等等傳統的自然和物質領域轉向以人類意識為主體的心智空間。」換言之，中國軍方的長遠目標在於「塑造並操控敵人的認知模式與思維習慣」。「腦控戰」即將成真。

妮塔．法拉哈尼寫道：「TikTok平台能夠有效地將用戶的信仰和個人偏好凝聚整合成有形的數據，並儲存在龐大的伺服器中。TikTok的演算法具有操控公眾輿論的潛力，藉由蒐集個人資料，進一步影響使用者的偏好、潮流與信仰。」她進一步說明：「我在達沃斯世界經濟論壇上發表演講後，TikTok上的網紅只擷取片段內容，就在他們的平台上斷章取義地曲解我的演講。這些短影音吸引了數百萬的點閱次數。我自己試著在TikTok上反擊假消息，卻僅獲得寥寥點閱。……看起來，去抹黑那些揭露專制威權的人，似乎比傳播中國政權如何可怕地濫用神經科技還要容易。」

法國國防部軍事學校戰略研究所影響與情報部主任暨中國問題專家保羅·夏宏在接受《亞洲分析家》的專訪時，提出了一個更細緻入微的觀點：「由於TikTok擁有數量龐大的活躍用戶，自然很容易被視為大型間諜活動的工具。但我們不要再玩弄文字遊戲了，因為無論這些資料是從TikTok轉移到字節跳動，還是字節跳動直接擁有存取權限，結果都是一樣的，就是字節跳動可全面掌握所有用戶資料。」他進一步指出：「任何中國企業都無法抵擋中國政府的壓力，一旦政府要求提供客戶或用戶的資料，企業就必須配合。沒有人能避免自己的個資流向中國。而這些資料日後可能被用於多種用途，不論是人工智慧項目還是純粹的間諜行為。」保羅·夏宏仍然保持謹慎態度：「就目前所掌握的資訊來看，中國透過TikTok所蒐集的資料只占全球資料蒐集總量的極小部分。我們很難判斷中國方面對這些資料的具體關切或用途。在現階段，將TikTok當成散播官方敘事和其他內容的工具，比從事間諜活動更重要。除非他們將這些資料用於人工智慧計畫。因此，各國政府責無旁貸，必須自我保護，以免敏感資料被盜用。但我不確定禁止TikTok就能解決問題。否則我們也應該對推特、臉書和Instagram採取同樣的措施，但因為它們屬於美國公司，所以我們才不擔心。」

關鍵在於互惠。「我們是否應該接受中國政權在其境內全面禁止我們的媒體，不論其性質為何？我們是否應該繼續讓他們自由進入我們這個開放社會的交流空間，然後再被其所利用？」但真正的問題不在這裡：「我認為這反映了我們社會運作的本質，以及這些平台在我們國家享有的自由程度。如果在中國呈現出不同的結果，那是因為那裡存在嚴格的監控。與其責怪中國人，不如由我們自身建立相應的監管機制。不全面採取禁令的最大好處是我們可以繼續保持良性發展，並繼續彰顯與中國之間的差異。也就是說：『在中國，你們會封殺異見，但我們不會。』」

中國共產黨國家機器[23]所操縱的多起資訊戰行動中，為北京當局效力的網路代理人活躍於各大國際社群平台，如Meta（臉書）、LinkedIn（領英）、Instagram或是X、Reddit、Quora和Pinterest。這些行動的其中一個核心目標是針對世界各地批評中國的人士發動攻擊，包括學者、記者、政治人物、民選代表和各類社會運動者，這些人經常遭到抹黑與惡意中傷。更有甚者，數起案件顯示，駭客入侵電子郵件帳號後，將帳戶所有者捲進犯罪或違法活動中。Meta公司於二〇二三年八月宣布刪除了七千七百個與中國有關的臉書帳戶和近一千個散播虛假資訊的專頁，這些帳號與專頁的活動時間集中於中國的工作時段。其中一個專頁的追蹤人數甚至高達五十六萬。

另一個目標則是在網路上大量散布有利於中國共產政權的訊息[24]。根據非政府組織「保護衛士」的報告，中國在五十四個國家設立了一百二十六個祕密辦事處，實際上就是海外「祕密員警站」，這些機構直到近年才逐漸浮出檯面，其運作方式極為隱密，相關人員多未擁有外交豁免權，屬於非法的境外執法單位，其任務是鎖定原籍為中國的居民，包括中國公民和已經取得居住國國籍的歸化公民。一旦目標的身分與居所被確認後，這些祕密員警站就會對公開批評中華人民共和國、中共政權或中國共產黨的異議人士展開行動。根據這些人的「危害」程度，採取不同層級的騷擾與打壓。第一層級包括威脅恫嚇、在社群媒體上散播抹黑資訊等；若對方持續發聲，則升級至第二層級的恐嚇，也就是直接威脅進行報復，也可能牽連其家人；最後的第三層級則可能涉及綁架，如果目標是中國公民，將面臨被強行帶回中國的風險。

這些「祕密員警站」實際上由統戰工作部領導，中國已經默認這些祕密機構的存在。根據中國官方媒體的說法，這些機構的宗旨是「打擊海外華人的所有非法與犯罪活動」。然而，奧地利、加拿大、捷克、德國、愛爾蘭、義大利、奈及利亞、葡萄牙、西班牙、荷蘭、英國和美國已經正式採取措施，要求關閉這些辦事處，因為其存在即是公然干涉這些國家的內政。人權組織「保護衛士」正在等待阿根廷、巴西、汶萊、柬埔寨、厄瓜多、法國、希臘、匈牙利、日本、賴索托、蒙古、塞爾維亞、斯洛伐克、坦尚尼亞、烏克蘭和烏茲別克就此議題提供進一步資訊。某些與中國關係密切的國家，如柬埔寨、寮國或尼泊爾，現在也當機立斷，開始驅逐被中國警方通緝的中國公民。

《新路線》雜誌刊登了一篇由記者伊米瑪．史坦菲德為英國《查禁目錄》季刊撰寫的深入調查報導，其中提到中國當局為抹黑批評中國的人士所採取的一系列嶄新手法，包括盜用身分、冒名散播虛假訊息、發出各種威脅，乃至進行有計畫的抹黑行動。文章提到一位澳洲公民安德魯．費蘭的親身經歷。二〇二三年一月的某個清晨，費蘭被一陣突如其來的敲門聲驚醒。當他打開門時，出現四名武裝員警，當場宣布他被逮捕。警方隨即搜查了他的住所，並查扣了電腦與手機。他被指控透過電子郵件威脅一名中澳背景的女記者，揚言對她施以性暴力甚至殺害。經過警方調查之後，他最後獲釋。即使事發已經六個月，他仍心有餘悸。他表示：「這一切太具侵害性了。他們把我當成罪犯。」那麼，究竟是誰盜用他的電子郵件地址並冒用他的名義發送了這封威脅郵件呢？史坦菲德指出：「這正是問題所在。」費蘭只是這類受害者中的一員，這個群體正不斷擴大，成員包括記者、研究人員和律師，而且他們都有一個共同點：他們都曾公開批評中國。

除了這些新型手法之外，中國當局仍延續傳統的打壓策略，新舊手法交互運用。其中一項常見做法，是透過駐外使館向當地政府施加政治壓力，要求禁止對中國不利的示威抗議。

二〇二三年初，中國駐華沙大使館向波蘭一家藝術畫廊施壓，要求撤下華裔澳洲藝術家巴丟草的作品，最終未果。這位被譽為「中國班克斯」的藝術家，其作品不僅描繪了天安門大屠殺，亦對中國國家主席習近平提出尖銳批評。幾天後，這位藝術家在社群平台X上驚覺出現大量冒用其名義的帳號，這些帳號散播帶有惡意連結的內容，試圖將他與犯罪行為掛鉤，公然抹黑其名聲。伊米瑪・史坦菲德指出[25]：「這些攻擊手段千變萬化，從恐嚇信、騷擾電話、網路攻擊，到磚塊砸窗或神祕到訪（你家），不一而足。最誇張的情況是有人在距離北京數千公里的街頭被綁架，然後被強行帶回中國。」

5

習近平昭然若揭的全球野心
Les visées planétaires de Xi Jinping dévoilées

「與其被愛，不如被懼。」

——馬基維利

中國領導人不為人知的野心：掌控全球。表面上，中國領導人的官方說法始終如一，堅稱無意排擠美國，更不用說取而代之了。但實際情況又是另外一回事。一些官方聲明早已透露出這位領導人內心的狂妄與真正企圖。習近平懷抱稱霸全球的野心，這場權力擴張的賭局，將是一個重大的戰略誤判，也勢必讓中國在未來付出沉重且長遠的代價。

習近平為何走向專制？

習近平究竟是何許人也？一九五三年出生的習近平，僅用了十年的時間即登上中國共產政權的權力巔峰，成為幾乎無人挑戰的新一代領袖，在這段大步流星的政治歷程中，他逐一剷除政敵，鞏固自己作為毛澤東接班人的地位，並師法這位前獨裁者，一手牢牢掌控中國共產黨、國家行政體系和人民解放軍的絕大部分權力。正如《習近平：權力的研究》一書的作者克里・布朗所言：「習近平是一個有信仰的人……對他來說，上帝就是共產黨。國際社會犯下的最大錯誤，就是沒有認真看待習近平的信仰。」此話完全不假。習近平於二〇一二年上台之初，世人對他知之甚少。他唯一的政治資產或許只是其父習仲勳的名聲，一個在文革期間遭受迫害的老革命家，也是毛澤東昔日戰友，在中國備受尊崇。習近平的政治起步相當低調，他是個老謀深算的人，喜歡暗中運籌帷幄，靜待時機成熟，便以雷霆之勢迅速崛起。文化大革命那瘋狂的十年動亂，在這位未來的中國領導人心中留下了深刻烙印，也塑造出他日後的性格，他是一個剛愎自用、自負不凡、專橫跋扈的人，為了維繫權力可以不擇手段。據說，他一位同父異母姊妹在文革中自盡，如同千萬名遭受迫害的中國人一樣，成為那段慘痛歷史的犧牲品。那時習近平年僅十三歲，這場少年時期的創傷，至今仍深藏在他的內心深處。

他坦言自己曾被班上同學排擠，根據美國政治學家和漢學家沈大偉的分析，這段經歷讓習近平「自幼就有了情感和心理上的疏離感和自主性」。十五歲時，習近平下放到農村接受勞改，扛運糧食，夜宿窯洞，他後來回憶時坦言那段日子讓他「大受震撼」。他在一九九二年接受《華盛頓郵報》採訪時提到他不得不批鬥父親的那段經歷。他坦言：「即使你不理解，也會被迫去理解，」他說道，「它使你更快成熟起來。」蔡霞曾是中共中央黨校教師，如今成為知名異議人士並流亡美國。她認為習近平在文革混亂期間未能接受高等教育，這一點讓他產生深刻的自卑情結。這是在心理學中經常出現的現象：自卑情結逐漸轉變為優越感。因此，他「易怒、固執、獨斷專行」，蔡霞[1]在美國《外交事務》雜誌中如此寫道。他的起步並非一帆風順。在被村人接納之前，他的入黨申請因為父親的背景而多次被駁回，最後在一九七四年成為梁家河大隊的黨支部書記。他自基層一路攀升，一九九九年出任富庶的福建省委副書記和代省長，二〇〇二年擔任浙江省委副書記和代省長，然後在二〇〇七年成為上海市委書記。習近平與第一任妻子離婚後，於一九八七年與著名女高音歌唱家彭麗媛結褵。當時彭麗媛的知名度比他高得多，肯定讓習近平的黨內晉升如虎添翼。兩人婚後育有一女。

二〇〇七年，他成為政治局七常委之一，這是中共黨內最高的決策機構，負責所有攸關國家未來的重大戰略決策。五年後，他接替胡錦濤擔任中國國家主席。當時，外界對他的過往表現並無太多驚艷之處，更無從預見他日後的強硬手腕：諸如鐵腕鎮壓社會運動和獨立媒體，大規模逮捕、關押異議人士或讓其消失，對新疆維吾爾少數民族實施暴行，還推行無所顧忌的戰狼外交政策。習近平跟毛澤東一樣，失去權力的念頭會讓他們坐立不安。他上任之初的一項重大決策，充分顯示出其政治野心：發動一場聲勢浩大的反貪腐運動。這場行動經過精心算計，肯定會贏得中國人民的支持，因為當時中國民眾飽受官員貪腐之苦，腐敗幾乎滲透黨政體系與整個社會結構運作。雖然習近平表面上宣稱此舉旨在「斬斷權與錢之間的利益鏈條」，「剷除腐敗滋生的土壤，不能有腐敗分子藏身之地」，但他真正的目標其實是在官場內整肅異己。據官方新華社報導，反腐運動效果顯著，「從二〇一二年至二〇二一年十月，大約四百萬中國人受到了紀律檢查機關的懲處。」此後，又有數以萬計的公民遭受懲罰。在這些「腐敗分子」中，很多都是「蒼蠅」，也就是小人物，但也有不少「老虎」等級的高級幹部接連落馬，有些甚至被判處死刑，以儆效尤。習近平曾明確表示「老虎蒼蠅一起打」。透過這場反腐運動，中國國家主席成功一一擊潰他的真實或潛在的對手，將整個黨政體系徹底收編於一人之下，完成其權力的空前集中。

習近平為了鞏固自己的權力，打造出一套近乎狂熱的人格崇拜，其規模堪比當年毛澤東的個人神話。「習近平思想」被奉為全民信條，不只納入大學、中學甚至小學課程，甚至年僅五歲的孩子都被要求背誦這套「敬愛的領袖」語錄。在這種全方位的意識形態灌輸下，多數中國人被隔絕於自由資訊之外，外國媒體幾乎全部遭禁，官方的宣傳逐漸被視為唯一真理。就像謊言重複一百遍就會變成真理一樣，對他們來說，習大大被塑造成復興中華、洗刷列強百年恥辱的民族英雄。在各大城市街頭的巨幅宣傳海報上，習近平總是笑容可掬，配上標語：「習近平爺爺工作很忙，但他再忙，也會參加我們的活動，關心我們的成長。」還有其他海報則展現他與少數民族家庭親切互動的場景，宛如一位慈愛的大家長，統領著一個團結和諧的大家庭。在二〇一七年達沃斯世界經濟論壇上，習近平把自己塑造成開放中國的推手。他在演講中大談「建立更加開放、包容的世界經濟」，並自詡為「經濟全球化和自由貿易的捍衛者」。這番言論當時蒙騙了不少人。如今的習近平集黨、政、軍大權於一身：既是中共中央總書記，又是中央軍委主席，同時還是中華人民共和國國家主席。在中國政治體制中，任何決策都繞不過他。他身邊則圍繞著一群對其絕對忠誠的黨政高層，構築起堅不可摧的權力堡壘。

自習近平上台以來，中國十四億人民的日常生活又被加上一層新的枷鎖：全面監控。他以鞏固權力的角度為出發點，啟動了一項大規模的軍隊現代化計畫，包括研發高超音速飛彈、擴增數十枚核彈頭，以及建造三艘航空母艦。這場軍備重整的核心目標是迫使台灣接受與大陸「統一」（這是錯誤用詞，因為中共政權從未統治台灣），必要時將訴諸武力。那麼，我們應如何看待這位新「終身主席」習近平？異議藝術家艾未未認為，在二〇二二年十月二十二日中共二十大閉幕式上，七十九歲的中國前國家主席胡錦濤在全世界的鏡頭前被強行勸離，這一史無前例的場景，無聲地揭示了今日中共政權冷酷無情的本質。

《華爾街日報》駐華記者王春翰指出：「毛澤東與鄧小平之所以享有威望，是因為他們的革命資歷與創建『新中國』的實績。相比之下，習近平並不具備任何獨立於中國共產黨之外的個人正當性，其權力也離不開黨的政治機器。」因此，習近平與黨是休戚與共的命運共同體。「習近平談及中國崛起為世界強權、邁向民族復興的偉大夢想，但幾乎在同一時間，他便警告國人：這一夢想正受到充滿惡意的敵人威脅。」王春翰進一步分析：「從個人層面來看，習近平對權力的愈發不安正是他手中愈積愈重的權力所導致。領導人的權力愈大，失去的東西就愈多，對外界的警惕與猜忌也就愈強。這種態勢讓專制者無時無刻不處於防備狀態，而我們已經看到，這點在習近平身上展現得淋漓盡致——他不斷打壓那些可能取代其權力的人。[2]」

習近平和他的全球強權夢

北京政權不斷宣稱：中國對任何人都不構成威脅。據傳對中國高層頗具影響力的清華大學國際關係教授閻學通也這麼說[3]：「中國的和平崛起戰略，是由鄧小平四十多年前所倡導，至今依然延續，並將繼續指導中國的外交政策。自一九七九年以來，中國從未參與任何戰爭，自一九八九年起更未開過一槍。即便在近期與印度的邊境衝突中，雙方士兵也僅以拳腳相向，未動用槍械。可以預見的是，中國不會在未來輕啟戰端。和平的思維已深深植根於這個國家的歷史與文化之中。」這就是官方的說詞。

現實情況卻大相徑庭。美國資深外交官暨前駐新加坡大使富蘭克林．拉文[4]指出：「縱觀中國的經驗，治國之術最重要的因素是實力。幾千年來邊境衝突的慘痛教訓告訴他們，唯有變得比鄰國更強大，才能提高安全性。當中國不如鄰國強盛時，它便淪為附庸勢力。歷史上，中國成功與鄰國抗衡的時刻並不多。同樣，中國也未曾以平等對待他國，或建立基於信任和互利的關係。亞洲從未建立一個基於包容和妥協的制度。」說穿了，就是共產中國只懂得用武力溝通，但西方外交界很少理解這一點。這種情況現在才剛剛開始改變。確實也是時候了。

習近平有個不為人知的野心，就是將中國打造為全球首屈一指的經濟、戰略與政治大國。然而這一抱負正遭遇諸多阻礙。他在國際舞台上推行「戰狼」外交，導致愈來愈多曾經對中國持寬容態度的國家開始疏遠中國，而以美國為首的多數西方國家也逐漸看清了中國共產黨的真面目。中國經濟動能疲弱，自二〇一九年以來增長大幅放緩。中國的國內生產總值在二〇二二年創下歷史新低，僅增長百分之三，而在二〇二三年及二〇二四年則維持在約百分之五的增長率。這是新冠疫情的災難性管理政策所導致的惡果，當時數億中國人被封鎖，供應陷入癱瘓，數千家工廠關閉，不計其數的外國投資者紛紛撤離。

對於一個自一九七八年以來始終享有驚人高速經濟成長並令世人稱羨的國家來說，這是近四十年來最糟糕的表現，當時成千上萬企業家被「中國經濟奇蹟」這一海市蜃樓所吸引，蜂擁而至，將中國視為淘金天堂，然而今日榮景已不復存在。習近平奢望成為全球第一大經濟體的「中國夢」也正在漸行漸遠。儘管二〇二五年經濟增長預測仍維持在百分之五，但官方數字普遍存在誤差，往往掩蓋了更為嚴峻的現實情況。

二〇二三年六月十三日，習近平在北京會見來訪的美國國務卿安東尼·布林肯，布林肯此行旨在尋求緩和日益緊張的中美關係。在此次會談中，習近平的一句話透露出其全球野心。他向布林肯表示：「寬廣的地球完全容得下中美各自發展、共同繁榮。」許多中國事務觀察家從中嗅出中國領導人意欲與美國共同掌控全球的野心，當然這番話也可能是無心插柳。然而，習近平在與前美國總統歐巴馬會談時，也曾發表過類似的言論，那時他只提到「太平洋足夠大，容得下中美兩國」。深諳中國政情的日本媒體《日經亞洲》則認為，習近平腦海中或許正在勾勒出一種新形式的「G2」模式，即中國與美國共同協商治理全球事務，但華盛頓顯然不會願意接受這種想法。鑒於中國國家主席的公開言論通常經過再三斟酌，鮮少偏離八股官方立場，此番措詞格外耐人尋味。

王丹[5]是一九八九年天門廣場大規模抗議的學運領袖之一，現今流亡美國，根據他的說法：「習近平想成為世界領袖，把他的意識形態傳播到全世界。」「這只是外界所能看到的冰山一角。真正值得國際社會警惕的，是習近平將把他念念不忘的『偉大鬥爭』的矛頭悄然轉向針對美國核心利益。」他聲稱，中國設法不留痕跡地透過土耳其等第三國向俄羅斯運送武器，以避免成為西方制裁的對象。他進一步強調：「這些新動向是非常危險的警訊，不僅僅對美國而言，更對整個世界構成威脅。」「如果習近平已經下定決心爭奪全球霸權，……他將不惜聯手俄羅斯、伊朗與北韓等威權政權，對美國發起正面對抗。局勢甚至可能從一場新冷戰，迅速導向全面熱戰。[6]」

王丹警告：「這可能會對世界和平構成嚴重威脅。」前黨校教師蔡霞對中國國家主席的批評更為犀利，她在二〇二〇年八月二十日接受英國《衛報》專訪時，坦率表達對習近平將中國帶入危局的深刻憂慮。「我現在可以自由發聲，對得起自己的良知與原則，」蔡霞直言，習近平於二〇一八年成功推動修改中國憲法，使自己得以終身擔任國家主席，「迫使三中全會跟吃狗屎一樣地嚥下去。」「在政治上，這顯然是一種倒退，會議中無人敢公然反對他。我們可以看到這個黨事實上已經是政治僵屍。黨已經沒有能力糾正自己的錯誤。習近平證明了，他一個人就能毀掉黨和國家。」另外，「習將全世界都變成敵人。國內外事務他都權力一把抓，其他人不僅很難為他踩剎車，更畏懼他大權在握。錯誤的決定會帶來負面後果，形成惡性循環，直到情況全面失控，全國陷入災難。」許多中共黨員「心裡明白發生了什麼事」。蔡霞說，中國有朝一日轉型為民主國家後，中共終會遭到檢討「最嚴重錯誤與罪行」，包括一九五九至一九六一年約四千萬人餓死的大饑荒、一九五七年反右運動和一九六六年文化大革命，以及一九八九年天安門事件軍隊射殺示威學生。蔡霞說：「走向民主、政治自由、法治和憲政，這是人類現代政治文明無可抵擋的趨勢，中國遲早都會進入這個階段。」那麼這場大規模變革將於何時發生？這位前中共高層回答說：「我無法預測未來，我只能說這是必然的。歷史很長，五年、十年根本不算什麼，就連百年都只是白駒過隙。」

政治學家林和立是華盛頓詹姆士敦基金會的研究員，也是全球最具聲望的中國問題觀察家之一。他曾任《南華早報》記者（香港主要英文報紙，現聽命於北京），並在香港中文大學任教十五年，專研中國政治，在他看來，習近平的企圖已再明顯不過：重建昔日「中華帝國」的地位。林和立在他最新著作《習近平，中國終身統治者的隱祕願景》中提到：「這位最高領導人的首要目標，無疑是讓中國成為決定世界未來的唯一強權。」他進一步分析道：「只要習主席繼續掌權，他就會繼續投入龐大資源，以證明他推崇『東昇西降』這個近似毛澤東老路線的觀點是正確的。」[7]林和立強調：「習近平的心中深信不疑，中國模式的優越性將得到全球認可，並視東方崛起為不可逆轉的歷史趨勢。」二〇二一年一月，習近平在中共中央黨校的一場演講中再次強調「社會主義道路、理論、制度、文化」有許多內在優點，世界終將放棄自由放任主義的腐敗西方秩序，轉身擁抱中國模式。他說：「無論時間表還是全球發展趨勢，都站在我們這邊。」為此，他不斷清除可能威脅其權力的人物，以至於現今獨攬大權，所有重大的國家戰略與政策幾乎由他一人決定，經常忽視內部建言。這位中國主席現已堅定不移地實現其雄心大志，也就是讓中共主導世界秩序。林和立指出，已有數十本書相繼寫到中共希望在二〇四九年，也就是在中共執政一百週年之前，在各個領域超越美國。「習主席的雄心遠不止於此。他提出的『中國夢』和『新絲綢之路』等計畫，都是為了累積中國所需的資源，先從印太地區著手，最終重奪中華帝國昔日的輝煌地位。」林和立又說：「習近平可能是當今所有政治局層級領導人中，唯一未曾引用鄧小平『韜光養晦、絕不當頭』這一教誨的人。」並補充道：「習近平的終極目標是讓中國取代美國，成為全球事務的仲裁者。中國共產黨已經為此制定長遠藍圖，不僅涉及經濟和科技領域，甚至包括北極與太空等新興地緣政治領域。」

為了達成這個目標，習近平不僅致力於清除政敵，還在身邊建立了一個對他絕對忠誠的親信集團。他全面重塑了國家安全體系，也徹底改造了中國的意識形態機器，以「中國的核心利益」為本，量身打造屬於其個人治理理念的新論述，取代了過去沿用的意識形態準則。至於習近平的全球野心，從多項官方聲明以及二〇二二年提出的「全球安全倡議」中都可見一斑。如今，外交工作不再由職業外交官主導，而是由意識形態專家、軍事官員、情報人員和貿易專家所取代，他們在習近平及其主持的中央外事工作委員會的指示下，壟斷中國的對外政策路線。在整個外交領域中，唯一擁有實質影響力的政治局成員為外交部長王毅，他是一位忠於習近平的意識形態理論家。習近平這位中國終身領導人完全承襲了毛澤東的口號：「槍桿子裡出政權」。自二〇一二年以來，他將軍隊現代化列為首要任務之一，尤其是海軍和空軍，並賦予軍方在黨內決策機構中更高的地位。他經常採用強硬乃至帶有威懾意味的措詞，其中「揮劍」便是他最常引用的語言之一。

而他另一個常用的說法，則是針對中國的敵對勢力進行「武裝鬥爭」。「建設一支聽黨指揮、能打勝仗、作風優良的人民軍隊」——這句話是習近平在演講中最常重複的句子之一。目前，中國人民解放軍和武警部隊的高級軍官在中央委員會中至少占有百分之二十的席位，並且在中共中央政治局中至少擁有兩席。國防預算的優先支出是海軍，因為習近平的目標是占領台灣並鞏固中國在南海的地位。空軍則列為第二優先，同樣以拿下台灣為主要考量。習近平很清楚中國軍隊與美軍之間的實力差距。根據美國情報部門的消息，這一差距在二〇二二年八月就很明顯，當時美國眾議院議長南西・裴洛西訪問台灣，針對這趟史無前例的官方行程，北京試圖透過軍事演習向華盛頓與台北施壓，但是解放軍在台灣周圍的部署受到美國軍艦發出的電子信號嚴重干擾。

在習近平的領導下，中共及其領導階層對國際夥伴已不再抱有任何自卑情結，反而更傾向以自認正確的發展道路對他人指指點點。北京對美國的態度也不再拐彎抹角。早在一九五八年，毛澤東就為中美競爭定下基調，宣稱「敵人一天天亂下去，我們一天天好起來」。鄧小平則一貫主張對美謹慎行事。一九七八年，當他登上權力巔峰時，曾說：「我們有一千條理由把中美關係搞好，沒有一條理由把中美關係搞壞。」一九七九年，鄧小平在展開歷史性訪美行程前，還對當時他的主要顧問、也就是時任中國社會科學院副院長的李慎之說：「凡是和美國搞好關係的國家都富起來了。」但是在習近平上台後，徹底改弦易轍。即使如此，二〇一五年，習近平的親信王毅仍在芝加哥舉行的中美論壇上說：「美國領導世界，我們充分認識到這一點。」而在二〇一八年，他在中國人民政治協商會議（一個沒實權的政治機構）中說：「中國既不會成為美國，也不會挑戰美國，更不會取代美國。」王毅也多次對美國官員重申，中國無意「取代美國」。

林和立在他的書中描述了一場頗為離奇的經歷：一位未具名的中國海軍軍官與美國印太司令部前指揮官蒂莫西・基廷會晤時，主張中美兩國應齊心協力尋求「雙贏」方案，並共同劃定兩國各自在太平洋的勢力範圍。基廷回憶道，這位中國軍官曾對他說：「你們美國拿下夏威夷以東，我們中國拿下夏威夷以西和印度洋。這樣，你們就不必到西太平洋或印度洋來了。而我們也不需要進入東太平洋。」他還補充：「如果那邊有什麼動靜，你可以讓我們知道。如果這裡發生什麼事，我們也一樣會告訴你們。[8]」

過去，北京能夠仰賴一些重量級盟友來鞏固其「和平中國」的國際形象，並聲稱其唯一的訴求是尊重二戰後同盟國所建立的國際秩序。其中一位具代表性的盟友就是新加坡前總理李光耀，他和新加坡約百分之九十的人口一樣都是華人。李光耀在二〇一三年對美國進行正式訪問時曾說：「中美之間的競爭是不可避免的，但並不意味著衝突。這並非冷戰。當年蘇聯與美國爭奪的是世界霸權。而中國只是追求自己的國家利益。」李光耀習於對北京採取模稜兩可的立場，即使如此，他仍敦促美國總統歐巴馬勿將美軍撤出太平洋。為了讓全世界相信中國的「善意」與「和平意圖」，中國每年投入數十億美元進行國際宣傳。根據漢學家費里安估計，僅在二〇一九年，中國共產黨的統戰工作部門和宣傳部門花在「海外宣傳行動」（大外宣）上的費用就高達二十六億美元。

6

面對中國威脅，西方和亞洲終於覺醒
L'Occident et l'Asie se réveillent enfin face à la menace chinoise

「世界不會被作惡多端的人毀滅，而是那些袖手旁觀的人。」
——愛因斯坦

我在此必須指出，有一位才智出眾無庸置疑的美國人，在美國外交政策中扮演領導角色，他一頭栽進中國的陷阱，然後又成為中國實現全球野心的墊腳石：那就是亨利．季辛吉。也難怪即使年屆百歲高齡，每次訪華都會受到最高規格的禮遇，幾乎被北京奉為傳奇人物：從北京的角度看，這場政治布局可謂大獲全勝。此事堪稱西方天真輕信的典型案例，而這種輕信遲早會反噬自身。在長期遭受愚弄、蒙蔽、欺騙、糊弄和迷惑之後，西方世界逐漸醒悟，開始正視共產中國的真面目。美國、日本、韓國及其他中國鄰國，以及歐洲在某種程度上，都愈來愈意識到中共的本質與意圖。因此，儘管仍面臨龐大的經濟與商業利益壓力，各國已開始試圖聯合起來，抵制並因應來自北京的挑戰，儘管這一過程對某些國家而言仍然緩慢而艱鉅。中國在亞洲的霸主地位正日益受到挑戰。包括歐盟執委會主席烏蘇拉・馮德萊恩在內的多位重要政治領袖現在都明確表示：中國正試圖重塑現有的國際秩序，並將自身置於全球權力的中心位置。仍有一些國家選擇保持沉默。但他們還能沉默多久呢？

中美之間的世紀對決

過去十多年來，中美兩國已進入一場多面向的新冷戰時期：戰場涵蓋貿易、高科技、地緣戰略、太空、國防、環境以及意識形態價值觀。這場全球兩個最大經濟強權之間的角力，無論其後果為何，都勢必影響二十一世紀的未來格局。歐洲深陷內部的矛盾與分裂，只能旁觀這場巨人之戰，眼睜睜看著這場即將對全球日常生活產生深遠影響的對決，卻無力插手。歐洲若希望在新世界秩序中發聲，就必須迅速找出自身的應對之策。一九七二年二月二十一日至二十八日，美國總統理查・尼克森步上亨利・季辛吉祕密外交的後塵，也前往北京進行歷史性訪問，為美國正式承認共產中國鋪平了道路。五十年後，當初的美夢如今卻已化為失落的幻影，只留下一抹難以下嚥的苦澀！回顧歷史，有助於理解當前中美關係為何演變得如此動盪不安。一九七二年，紅色中國與世界最大資本主義國家重啟外交關係，曾一度令世人欣喜若狂充滿希望，但隨著歲月流轉，華盛頓的幻想逐漸破碎。人們原以為中美外交正常化將推動中國走向開放，結果卻事與願違：今日美國所面對的，不再是一個開放的中國，而是一個日益擴張且專制的中國；而美國本身，也早已不再是民主燈塔的象徵。

一九七一年，尼克森總統的國務卿亨利・季辛吉為中美關係正常化奠定了基礎。當時，他祕密前往中國首都，會見中共政權的最高層。他當時也很清楚，這場外交豪賭未來有可能反噬美國。在一次與中國官員會談結束後，他曾對一位助手坦言：「當這些人不再需要我們時，就很難再與他們談話了。」

亨利・季辛吉享年百歲，在世時始終深受中國領導人的敬重。二〇一九年時，中國國家主席習近平仍以最高規格在北京接待這位老朋友。《世界報》近期在回顧季辛吉祕密外交背後的來龍去脈時，引用該報一九七一年四月八日的報導：「美國受邀訪問中華人民共和國。中國乒乓球代表團祕書長宋中邀請美國桌協訪問中國並進行一系列比賽。這項出人意料的邀請是在四月七日於日本名古屋發出的，當時正值世界乒乓球錦標賽期間，格外引人矚目，因為中國球隊此前拒絕與柬埔寨及南越選手接觸。」自韓戰後陷入敵對狀態的中美兩國，於四月十三日在球場上展開首次的非正式接觸，並迅速登上國際政治版面。《世界報》於四月十六日更以此為頭版頭條。這場乒乓球交流為三個月後一場高度機密的外交會晤拉開了序幕：美國總統尼克森的國務卿季辛吉將祕密訪問北京。這場風波如此龐大，以至於很多人忽視了整起事件的濫觴——當時，美國球員格倫．科恩與中國選手莊則棟在名古屋比賽期間簡短寒暄，但並未引起太大關注。畢竟，美國與全球輿論焦點皆聚焦於越戰與可能一觸即發為核戰的中蘇衝突上，無暇顧及「親愛的亨利」正悄然啟動與北京建交的布局。但老謀深算的中國總理周恩來見機行事，順勢推出開創性的「乒乓外交」，開啟中美破冰之門。這場歷史性的談判，堪稱一場完全基於現實政治（Realpolitik）且完全不感情用事的權力博弈，雙方代表皆是老奸巨猾和不擇手段的外交高手。就如一場精密的國際棋局——由周恩來與季辛吉分別代表毛澤東與尼克森，在國際權力的棋盤上審慎布局、步步為營，以謀求各自所謂的「國家根本利益」。

在整整二十年的時間裡，中國在美國眼中一直是最惡毒的共產主義象徵。這種觀點深受理查．尼克森的兩位政治導師，也就是參議員麥卡錫與約翰．福斯特．杜勒斯根深蒂固的反共主義所影響。美國的政策目標是與盟國建立一道「防火牆」來保護東亞的重要盟友台灣。對毛澤東而言，自韓戰以來，尤其是在文化大革命期間，美國既是資本主義與帝國主義的「大魔頭」，雖為頭號敵人，又是貌似強大、實則虛弱的「紙老虎」。究竟是什麼力量，能讓這兩位本來彼此敵視的領導人握手言和？早在一九六七年，尼克森就曾明言：「來自紅色中國的威脅是明確、迫切且持續不斷的。」而毛澤東一九六四年即宣稱：「美帝國主義是全世界人民最兇惡的敵人。」然而，在布里茲涅夫主義正盛之際，這兩人卻所見略同，都將蘇聯視為最大威脅，畢竟他們曾目睹蘇聯於一九六八年出兵入侵捷克斯洛伐克，以及一九六九年爆發的中蘇邊境衝突。

季辛吉在他的回憶錄中，以鉅細靡遺的筆觸，描述了中美首次接觸的過程，氛圍堪比一部低成本間諜電影。他嘲諷他的上司理查．尼克森執著於媒體追捧，但忘記自己在某種程度上也有類似的毛病。此外，他似乎也忘了，雖然他在這個故事中扮演美國信使，真正的策畫者卻是尼克森本人。透過他的回憶，我們得以在入侵柬埔寨和水門醜聞的陰影下，拼湊出一幅讓人嘆為觀止的歷史拼圖全貌。

尼克森深知與中國恢復關係是當務之急，並藉由新的「三角外交」來削弱蘇聯的勢力。他一當選總統，就向中國釋放了若干訊息，而北京自然沒有錯過解讀這些微妙變化的機會：一九七〇年三月，尼克森向早在一九六四年便承認中華人民共和國的戴高樂將軍透露，有意與中國展開對話，並請他將這一意向傳達給北京。法國駐北京大使艾蒂安．馬納克隨即向周恩來通報了這項訊息。華盛頓方面也做出了一些象徵性的「善意舉措」。例如，解除記者與學者前往中國的禁令，以及暫停在台灣海峽的海軍巡邏行動。為了不讓雙方的盟友（對美國而言是西貢、台北與東京，對中國而言則是河內）察覺風聲，雙方不得不透過祕密使者斡旋。儘管彼此都急欲突破現狀，但一連串突發外交事件仍讓進程一波三折。首先是蘇聯對於中美互相親近感到不安，但季辛吉認為蘇聯的「沉重壓力」只會更促進中美之間的密謀。其次，尼克森的印度支那政策也導致談判步履維艱：中國無法在表面上對北越盟友、以及西哈努克親王與紅色高棉置若罔聞。一九七一年五月時，毛澤東發表了一篇痛斥「美帝」的長篇演說，但刻意避免提及任何軍事干預的可能。白宮此時則開始公開使用「人民共和國」一詞稱呼中國，並批准與北京恢復貿易往來。就在此時，季辛吉展開了他的首次祕密訪華之行。表面上，這趟旅程只是他從西貢經新德里與伊斯蘭馬巴德前往巴黎的常規訪問，實則於途中悄然改道，於一九七一年七月九日至十一日祕密前往北京。而且為了避開美國外交官和情報機構的監視，這位國務卿不得不佯裝不適，在巴基斯坦首都暫時休養，並於凌晨搭乘巴基斯坦政府安排的專機飛往北京。

在北京，一切進行得極其順利。中美雙方代表經過彼此試探後，對各自的底線已胸有成竹。一九七一年七月十五日，一則宣告美國總統將於一九七二年訪問北京的聯合公報震驚了全世界。為了慶祝這場外交上的重大突破，尼克森與季辛吉在洛杉磯一家時尚餐廳以一九六一年份的拉菲酒莊佳釀舉杯慶功，並享用螃蟹大餐。同年秋天，中華人民共和國取代台灣，在聯合國取得中國的代表席位。一九七二年二月二十日，尼克森總統飛往北京，展開與毛澤東的歷史性會晤。到了一九七四年，老布希被任命為美國駐北京的官方代表。一九七九年一月一日，中美兩國正式建立外交關係。此後，中美兩國關係漸入佳境，讓那些覬覦中國市場的政客和商界欣喜不已。這段蜜月期一直持續到一九八九年六月四日的天安門大屠殺為止。或許正因如此，後來成為總統的老布希始終格外重視他與北京的關係。雖然季辛吉對中國的迷戀使其名垂青史，也確立其作為外交大師的聲望，但對於中國這位老謀深算的夥伴，季辛吉仍不忘語重心長地提出警告：「蘇聯把善意當作談判成功的代價。中國人則以友誼為韁繩，用以駕馭談判的進程。他們擅長營造一種親密關係的假象，巧妙地向對方施加無形的壓力，使其不敢提出過高的要求。」這個警告在今天依然適用。

二〇〇二年，美國總統小布希訪問北京，紀念中美這對昔日宿敵實現「相互承認」三十週年。這場大和解在當年堪稱機會渺茫，習近平於二〇一三年即將掌權之際，特地邀請幕後功臣在北京齊聚一堂。出席者除了前國家安全顧問茲比格涅夫．布里辛斯基、布倫特．斯考克羅夫特，當然也少不了季辛吉。然而，時至今日，這兩大世界強權的關係卻急轉直下。與此同時，俄羅斯和中國的關係近年來卻有驚人的進展，二〇二二年二月，俄羅斯總統普丁訪問北京，是首位在北京冬季奧運會開幕式前抵達中國首都的國家元首，此舉進一步鞏固了中俄之間日益密切的合作。情勢的逆轉令人驚愕：在一九七〇年代初期，尼克森和季辛吉尚能靈活運用「中國牌」以牽制蘇聯，而如今，輪到普丁與習近平攜手打出同一張牌以反制美國及其盟友。

季辛吉或許本能地感覺到，一旦中國具備足夠的軍事與外交實力，中共遲早有一天會轉而對抗美國。他當年對新中國的讚譽，如今聽來顯得格外諷刺，因為北京和華盛頓在經濟、政治和意識形態問題上的對峙更甚以往。而這場角力對抗的核心，正是台灣及其附屬島嶼。因此，當前的關鍵問題是：美中兩國是否會因這一敏感議題爆發一場「熱戰」？目前，在美國首都有愈來愈多的人開始口沫橫飛地公開討論這個問題。美國的中國事務專家杜如松[1]在他的書中毫不避諱地解釋中國威脅的本質。他寫道：「過去面對美國無可匹敵的軍事優勢，中國始終蟄伏在其陰影之中，但中國現在變得狂妄自大，仗著其龐大的經濟實力和在國內高漲的民族主義，堅信縱使在國際舞台行為踰矩，也能免於制裁與懲罰。」杜如松曾任拜登總統的國家安全會議成員，他指出，一九八〇年代末至一九九〇年代初，中國內部仍深陷分歧，同時面臨來自美國的絕對軍事壓制。這種優勢，在蘇聯解體與第一次波斯灣戰爭爆發後展露無遺。然而，二〇〇八年全球金融危機開始撼動這一權力格局。北京也觀察到這個會經無堅不摧的美國巨人，正顯現出疲態。

二〇一六年，川普入主白宮，隨後因為美國對新冠疫情防疫不力而陷入混亂，也開啟了一個新階段：中國領導層愈發堅信美國已步入不可逆轉的衰退期。中國的宣傳機器隨即大張旗鼓，高調宣稱世界正迎來「百年未有之大變局」。認為中國將從中漁翁得利。

中國的轉變何其巨大！十九世紀的兩次鴉片戰爭讓中國蒙受國恥，被迫簽署一連串屈辱的「不平等條約」，開放港口讓西方列強進行鴉片貿易。現在中國開始一雪前恥，穩步進行其復仇行動。目前，除了在氣候變遷議題上的有限合作之外，北京和華盛頓幾乎在所有層面上針鋒相對。除此之外，從軍事、科技、經貿到地緣政治與意識形態，兩國的競爭日益白熱化，尤以印太地區最為激烈。美國對中國感到失望，始於二〇〇一年中國加入世界貿易組織之後。若非美方大力支持，中國恐怕無法順利成為世貿組織成員。然而，從那時候開始，美國和其他西方國家就逐漸認清事實：中國不僅未對外開放，反而幾乎背棄了當初的所有承諾。

美國可謂一度盲目不察。前美國國防部官員白邦瑞是長年參與中美談判的資深幕僚，他在接受《日經亞洲》採訪時坦言：「回首過往，種種經歷令人痛徹心扉，因為那是源於過度天真與輕信的沉重代價。」前美國財政部長亨利．鮑爾森，現在是高盛公司總裁，便是從盲目支持中國到甦醒覺悟的典型代表。他原先對於與中國的交往充滿熱忱，但現在卻改口直言中國對美國構成生存威脅。在川普總統第一任任期過半時，鮑爾森表示許多美國企業原本積極推動對華經貿政策，現在卻心生懷疑甚至轉為敵視。

除了台灣之外，美國的親密盟友日本也曾是中美關係正常化過程中的另一個受害者。現在的日本對中國充滿敵意。日本近期的兩位首相安倍晉三與岸田文雄皆發表過聲明表示，一旦台灣發生戰爭，日本將與美國站在同一邊。然而，在中美關係正常化過程中，最深感背叛的無疑是台北當局。季辛吉在他的回憶錄中坦言，一九七一年他與周恩來會談時，幾乎隻字未提昔稱福爾摩沙的台灣。

根據解密檔案內容，中國前總理周恩來曾強烈堅持華盛頓必須放棄台灣，方能換取中美關係的正常化。由此可見，季辛吉的確決定放棄台灣，以拉近中國與美國的關係，並組成共同陣線以對抗蘇聯。正如歷史學家唐耐心所言，季辛吉向中國提供的籌碼大幅超乎中國的期望，他不只同意美國撤出所有駐台軍事力量，還接受「一個中國」原則，進而承認台灣是中華人民共和國不可分割的一部分。唐耐心在二〇〇五年寫道：「尼克森和季辛吉的承諾更多，妥協更嚴重，他們的讓步遠超過美國民眾能接受的範圍。所以他們才需要使出保密手段來掩飾這些讓步所帶來的連帶損害。」周恩來令季辛吉望而生畏，毛澤東更是氣勢逼人。到了卡特政府時代，美國進一步與中華人民共和國建交，並與台灣斷交。美國國會對於放棄反共盟友義憤填膺，於是在一九七九年通過著名的《台灣關係法》。根據該法案，美國承諾向台灣提供足夠數量的武器，使其在遭受軍事侵略時有能力自衛。自此之後，中國便不斷宣稱台灣是其領土的一部分。二〇二一年底，時任中國外交部發言人的趙立堅重申，「一個中國原則是中美關係政治基礎。」而習近平更明確表態威脅，若台灣當局繼續拒絕在中國共產黨旗幟下進行統一談判，將不排除動用軍事手段。還強調台灣的統一必須「在我們這代完成」。

拜登為美中關係重新校準方向

美國領導人現今才意識到他們過去大錯特錯，雖然有點後知後覺。那還來得及亡羊補牢嗎？當然可以。因為目前台灣爆發戰爭的風險尚低，而且很多國家紛紛表態支持台灣。美國前總統拜登曾明確表示，若中國攻擊台灣，美國將予以防衛。另外，日本、澳洲、印度、越南，以及立場較為謹慎的韓國都相繼表達了對台灣的支持。台灣似乎比以往任何時候都更像是華人世界的民主堡壘。

二〇二二年二月二十一日，中國外交部呼籲美國回歸五十年前尼克森訪華時的精神，其發言人汪文斌表示：「兩國之間有分歧矛盾在所難免，關鍵是通過坦誠溝通加以有效管控，防止戰略誤判，避免衝突對抗。」。他並提及一九七二年美國總統尼克森訪華期間發布的著名《上海公報》，指出美方當時接受「一個中國原則」和「和平共處五項原則」，並「連同尊重各國主權和領土完整、不侵犯別國、不干涉別國內政、平等互利、和平共處等原則一道，構成中美關係正常化及兩國建交的政治基礎。」汪文斌強調：「只要堅持相互尊重、求同存異、合作共贏，就能擴大共同利益，實現不同社會制度和發展道路國家和平共處。」他認為目前北京和華盛頓之間的問題「根本原因在於美方一些人對華認知出了嚴重偏差，將中國作為主要戰略競爭對手甚至『假想敵』進行全方位遏制」。他希望，「美方同中方一道，從過去五十年的歷史中汲取經驗和智慧，傳承、發揚《上海公報》精神，共同推動中美關係重回健康穩定發展軌道。」然而，這番言論在華盛頓引發了質疑。因為美國歷屆政府對中國的看法，已逐漸與一九七二年大相逕庭。

拜登入主白宮以後，中國一直是其外交政策的首要關注焦點。雖然俄羅斯與烏克蘭的戰爭於二〇二二年二月二十四日爆發之後，成為美國外交的核心議題，但中國仍然是他最關心的問題。若要為美國對中政策尋找一個關鍵詞，「圍堵」可謂最為貼切。為了阻撓中國的崛起，美國政府選擇對中國加以限制，禁止其在若干關鍵領域取得進展，尤其是軍民兩用技術的半導體，因其在現代尖端武器的設計與製造中扮演不可或缺的角色。華盛頓不斷推出新規定，禁止美國企業和盟國向中國出口最先進的半導體以及生產半導體所需的技術。同時，美國的外交政策也不斷在全球舞台上遏止中國影響力的擴張。這場角力方興未艾，鹿死誰手還很難說。中美之間的對抗，並非源於彼此的誤解，而恰恰是因為彼此瞭解透徹。美國戰略家深諳中國共產黨的地緣政治野心，而中國對美方的意圖也同樣瞭然於胸。

但圍堵政策終究存在其局限。在美國，這一策略獲得壓倒性民意支持，甚至跨越了共和黨與自由派之間的政黨分歧。相較之下，主張對中國讓步的聲音則顯得微不足道。因此，美國方面出現某種程度的政策競逐，而中國則呈現一種不斷推進的態勢。塔夫茨大學政治學教授、外交政策研究所亞洲部門主任邁克爾．貝克利指出：「從大國之間相互角逐的歷史看來，包括中美關係在內，即便雙方的接觸意願非常強烈，也難以真正實現和平。如果操之過急，反而可能加劇衝突，成為引爆暴力的催化劑。」他補充道：「過去兩百年間，世界曾發生二十多場大國之間的重大競爭，但無一是由當事國談判和平解決的。這對立的狀況一直持續到其中一方無力再戰，或是雙方聯合起來對抗共同的敵人時才會結束。」因此，他認為：「中美之間的對抗恐怕不太可能自然消弭，除非兩國的實力平衡發生重大變化。」因為，「美國與中國已成為政治學上所謂的『根深蒂固的對手』，也就是雙方在安全領域中展開全方位且長期的激烈競爭。[2]」在近幾個世紀中，這類對立僅占全球國際關係約百分之一，但卻引發了逾八成的戰爭。貝克利還說：「一旦進入這種對抗狀態，就很難抽身。根據政治學者邁克爾．柯拉瑞希、凱倫．拉斯勒及威廉．湯普遜的研究，自一八一六年以來，主要大國之間共發生過二十七場對抗，平均每場持續超過五十年……據我統計，其中十九場，也就是絕大多數，最終演變成戰爭，其中一方戰敗並被迫屈服。」

專研美國的歷史學家瑪雅．坎德爾認為，即使中美之間在經濟上完全脫鉤幾乎不太可能，但拜登政府對中國高科技領域所採取的限制政策，已開始產生實質影響。她指出：「拜登在二〇二二年十月對中國推出的出口管制，是迄今為止最嚴厲的一次。甚至被形容為經濟戰爭的一紙戰帖。對中國的敵意在美國政壇蔚為共識，尤其在經濟層面上，已成為少數仍能凝聚朝野共識的議題[3]。因此，這將毫無疑問地成為總統大選的重要主軸。事實上，自一九九六年柯林頓競選以來，相關論調便已屢見不鮮。我們可以預期，將再次聽到禁止TikTok之類的提議。」她進一步表示：「儘管全面經濟脫鉤難以實現，但針對最先進半導體領域的技術脫鉤確實正在進行中。雖然將其重新包裝為『降低風險』(de-risking)，一方面是為了自身語境的考量，也可能意在討好歐洲。(甚至是拉攏歐洲加入這一戰略方向？)減少對中國的依賴，已成為幾乎所有總統參選人共同主張的政策核心。」她補充道：「另一個跨黨派共識，就是美國『必須在對中科技競爭中取勝』的決心。這不僅是拜登外交政策的核心之一，也構成共和黨陣營的重要論述。無論是羅恩·德桑蒂斯、維維克·拉馬斯瓦米還是妮基·海莉皆持相同立場。因此，不論下一任是誰入主白宮，這項政策很可能都會延續下去。」

然而，二〇二五年一月二十日，川普重返白宮，象徵著美國外交政策的一次重大轉折，涉及對東亞的立場，尤其對台政策更令人矚目。在其第二任期的前五十天內，川普發表了諸多冠冕堂皇的言論，其中不乏令人側目的荒謬之語。這位第四十七任美國總統似乎傾向接受俄羅斯總統普丁的主張，並多次將自二〇二二年二月二十四日以來的俄羅斯對烏克蘭侵略行動，歸咎於烏克蘭總統澤倫斯基，視其為衝突的始作俑者。川普強烈的自戀傾向，以及對於「交易型外交」的一意孤行，使亞洲國家對其真實意圖感到憂心與困惑。他是否會為了換取中方在經貿上的若干讓步，將台灣拱手獻給北京的野心？其背後是否隱藏著一套與中國、俄羅斯三分天下的祕密計畫？漢學界與地緣政治學界的看法不謀而合，一旦台海爆發軍事衝突，外界對川普是否願意出手協防台灣，抱持極大疑問。因此，東亞地區的不安情緒日益升高，這種不確定性間接有利於中國大陸擴張其影響力。中共當局的宣傳機器趁機藉此動搖人心，試圖再次灌輸過去反覆傳播的訊息：一旦衝突爆發，這些國家將無法指望美國的保護。如今，這種說法更加容易奏效，也更具說服力。此外，對於川普明確為俄羅斯入侵烏克蘭提供正當理由，習近平主席自然感到大為振奮。如此一來，如果中國人民解放軍奉領導人習近平之命入侵台灣，也會自認其行動同樣擁有「正當性」。

中國的大外宣剛柔並濟

中國同樣採用強硬措詞來批評美國的對華政策。二〇二二年五月二十六日，安東尼・布林肯發表了一場公開演說，直接向中國人民喊話，但其內容隨即在中國國內遭到審查封鎖。對此，中國外交部發言人汪文斌嚴正表態：「這是散播虛假資訊，渲染中國威脅，干涉中國內政，抹黑中國內外政策。」法國歷史學家皮埃爾・格羅塞[4]深入剖析中國大外宣的邏輯：「所謂『散播虛假訊息』的指控，其實是中西方爭奪國際話語權的表現之一。尤其在二〇二〇年新冠疫情爆發初期，這場輿論攻防戰格外激烈，焦點集中在病毒起源之爭。當時，川普為了選情造勢，刻意透過推文火上加油，而北京則藉由這場『甩鍋遊戲』（blame game）來反制外界對中國隱瞞疫情真相所導致的全球封城與經濟困境的指責，並試圖撇清『中國病毒』的標籤。」發言人汪文斌則對中國的外交政策做了如下總結：「人類已進入互聯互通的新時代，各國利益休戚相關，命運緊密相連，求和平、促發展、謀共贏是不可抗拒的時代潮流。面對百年變局，要維護世界和平穩定、應對世紀疫情、重振世界經濟，各國應該同舟共濟、團結合作。」

皮埃爾．格羅塞認為，「北京這種反覆重申的說詞，對某些自由派人士頗具吸引力，因為他們篤信透過相互依存所實現的『資本主義和平』，幾近於一種教條。亞洲一些國家認為，自一九七九年以來亞洲各國之間沒有戰爭（即所謂的『亞洲和平』），正是仰賴經濟互賴與各國致力於追求經濟成長、發展與繁榮的結果。同樣地，國際社會中有相當多的人士也認為，在當前共同面臨經濟、公共衛生、環境等全球性挑戰的時代，若重返冷戰與軍事對抗，無疑將是一場災難。」他進一步指出：「在這樣的語境中，所謂『互聯互通』的概念日益關鍵，中國則透過各種版本的『一帶一路』倡議來推廣這一理念。然而，許多國家對中國主導的互聯性深感疑慮，並積極提出替代方案，這些不僅來自美國與歐洲，亦涵蓋日本、澳洲與印度之間日益深化的多邊合作架構。」他補充說：「特別值得注意的是，近年來『相互依存』的現象逐漸被視為武器，出現在制裁俄羅斯、伊朗和北韓，以及川普政府以來對中國發動的『經濟戰』之中。與此同時，北京也對韓國、澳洲和立陶宛祭出經濟威脅，並在其雙贏言論背後軟硬兼施，以胡蘿蔔與大棒並用的方式推進外交政策。自二〇一七年以來，中國自詡為全球治理的捍衛者，主張其能夠實現和平與繁榮，以此對抗美國長期自恃為全球公共財供應者的傳統霸權話語。如今美國則被描繪為掏空國際秩序的掠奪者。」他最後強調：「我們亦不難發現中國慣用的歷史性修辭，旨在強調美國行徑違逆歷史潮流──這正是歐巴馬當年用來批評普丁的語言，如今拜登則以此話術回敬習近平。中俄兩國皆被視為對『以規則為基礎的國際秩序』構成挑戰的威權政權，其行徑彷彿仍停留於二十世紀的地緣政治邏輯之中。同時，中國亦以『百年未有之大變局』的說法，意圖宣告由美國主宰的世紀即將終結──尤其在美國自二〇〇八年以來危機不斷的背景下，甚至將其視為整個西方主導地位的式微與終結。」

汪文彬則說：「美方聲稱中國是世界秩序最嚴峻的長期挑戰，完全是顛倒黑白。中國過去、現在和將來都是國際秩序的維護者。我們維護的是以聯合國為核心的國際體系、以國際法為基礎的國際秩序、以聯合國憲章宗旨和原則為基礎的國際關係基本準則。」

皮埃爾·格羅塞對此的詮釋如下：「這些論調都很典型。美國將中國視為修正主義國家，認為其在南海等議題上破壞了以國際海洋法為基礎的國際秩序。而中國（與俄羅斯藉此相近立場拉近關係）反指美國與西方扭曲《聯合國憲章》的原意，藉『人道緊急干預』之名發動軍事行動，支持顛覆主權原則的顏色革命，並試圖將其價值觀強加於整個聯合國體系。中國如今以身為一九四五年國際秩序創建者之一為傲，並自詡為這一秩序的守護者。」對北京而言，「美方一貫將國內法淩駕於國際法之上，對國際規則採取合則用、不合則棄的實用主義態度，這才是國際秩序的最大亂源。[5]」北京經常重申的另一套說法是：「世界上沒有放之四海而皆準的模式，任何國家無權壟斷民主人權定義，無權充當『教師爺』，更無權打著人權幌子干涉別國內政。美國在民主和人權方面欠帳累累、劣跡斑斑，根本沒有資格充當『衛道士』，更沒有權力對別國指手畫腳。」格羅塞進一步指出：「這些經典的批判由來已久，先是在毛澤東時代以『共產主義』的形式出現，然後在一九九〇年代初天安門鎮壓後，則轉為『亞洲價值觀』的形式，用以對抗西方『歷史終結』的說詞。事實上，這兩種批判可追溯至法國大革命時期：一種強調社會權利，與所謂的『資產階級權利』抗衡；另一種則主張歷史與文化的特殊性，反對『普世人性』的抽象哲學概念。」

日益孤立的中國？恐怕未必。

二〇二二年中，倫敦舉行了一場罕見的聯合記者會，美國聯邦調查局局長克里斯托夫・雷和英國軍情五處處長肯・麥卡勒姆將軍共同發表聲明，指出中國正在「努力竊取兩國的智慧財產，並試圖干預西方國家的政治運作」。他們詳細說明了中國如何透過代理人，積極試圖影響包括美國、英國、澳洲和加拿大在內的選舉，手段包括對親中候選人提供政治獻金等方式。與此同時，美國國務卿布林肯也公開表示，中華人民共和國是美國和西方「最嚴峻的長期挑戰」。他指出：「北京的願景將使我們遠離過去七十五年來保障世界持續進步的普世價值觀。」這位美國外交高層還宣布，美國已針對中國「制定並實施了一項綜合戰略，以利用我們的國家實力以及我們無與倫比的盟友和合作夥伴網絡來實現我們所尋求的未來」。在此之前，華盛頓對中國這位戰略對手，從未如此明確表態。在美國態度轉強的背景下，英國首相蘇納克也闡明立場，指出中國「對我們的價值觀和利益構成系統性威脅」。而加拿大外長趙美蘭於同年底進一步強調，「中國是一個愈來愈具有破壞性的全球大國，尋求塑造一個可以容忍愈來愈背離我們利益和價值觀的全球環境。」

二〇二三年三月，歐洲委員會主席烏蘇拉．馮德萊恩也發表聲明指出：「中國共產黨的明確目標是以中國為中心，系統性地改變國際秩序。」她還說：「我們可以從中國在多邊機構中的立場中看到這一點，這些立場表明了中國推動另一種世界秩序願景的決心。」二〇二三年一月十四日，日本首相岸田文雄表示，「日本、美國和歐洲必須團結一致，處理好各自與中國的關係。」他指出，俄羅斯在烏克蘭發動的戰爭，象徵著「二戰結束後國際秩序的徹底崩解」，如果莫斯科能夠持續動用武力而不受制裁，「那麼此類情況可能會在世界其他地方重演，包括亞洲地區，」此言顯然影射中國及其對台灣的持續軍事威脅。「我們絕不接受單方面改變台海現狀的企圖，並將持續強化我們的威懾能力。」

二〇二三年五月二十一日，七大工業國組織（G7）峰會在日本「受難之城」廣島圓滿落幕，美國、德國、日本、加拿大、英國、法國和義大利等七大工業國的國家元首和政府首長發表了聯合公報，對中國在南海的軍事化行動表達「深切關切」，並「堅決反對任何以武力和脅迫手段單方面改變台灣海峽現狀的行徑」。公報同時呼籲中國應尋求「和平解決方式」以緩和台海周邊日益升高的緊張局勢。七國領袖亦重申致力與北京「建立建設性的穩定關係」，也呼籲北京「向俄羅斯施壓，要求其停止對烏克蘭的軍事侵略」，並「立即、全面、無條件地從烏克蘭撤軍」。這只能算是一廂情願吧。《金融時報》翌日表示：「這項聲明堪稱七大工業國組織有史以來對北京最為強烈的批評。」事實上，此次公報的出爐殊為不易。因為在對中政策、美中競爭、氣候變遷，乃至於部分成員對烏克蘭戰爭的立場上，七大工業國內部仍存在顯著分歧，但仍勉為其難地達成這份具高度共識性的聯合聲明。

德國遲遲未與北京保持距離，主因是中國為其首要貿易夥伴，對於德國經濟舉足輕重，然而，在西方逐步形成對中共識的過程中，真正令人掃興的卻是法國總統馬克宏。他似乎最不願公開譴責中國，也是最傾向維繫自己與習近平之間所謂的「個人關係」。我們記得他為了勸說普丁停止對烏克蘭的野蠻侵略行動，曾多次親自致電並親赴莫斯科，可說不遺餘力。

但談到中國獨裁者時，他所展現出的天真態度同樣令人咋舌。事實上，愛麗榭宮至今仍深陷對中國的幻想之中，絲毫未見清醒的跡象。

自毛澤東逝世後，中國從未像現在這樣被西方國家孤立。這場「世紀衝突」始於川普的總統任期，他是第一位敢於正面迎戰巨人中國的美國總統，他指責中國採取不公平的貿易手段，並系統性地竊取美國的技術。但川普對政治或地緣政治議題興趣缺缺，人權問題更是他最不關心的事，而他奉行的「讓美國再次偉大」（MAGA）的孤立主義政策反而讓美國在國際舞台上退場後留下空缺，中國得以趁虛而入。

事實上，川普當選總統後，中國的地緣政治影響力加速崛起，尤其是在亞洲地區。北京看到華盛頓於二〇一七年六月一日退出由一百九十五個國家在二〇一六年十二月簽署的《巴黎協定》時，不由得喜形於色。在這方面，中國是全球頭號污染國，占全球溫室氣體排放量百分之三十四，但也趁勢挺身而出，並試圖在此領域扮演模範生。川普認為二〇一五年簽訂的限制伊朗核計畫是場災難，於是在二〇一八年五月八日宣布美國退出該協定。北京則趁著美國外交陷入癱瘓之際積極擴展影響。另外，美國還退出了聯合國教科文組織。而更嚴重的是，二〇一七年一月二十三日，川普宣布美國退出《跨太平洋夥伴關係協定》（簡稱 TPP），該協定旨在遏制中國並確保美國在該地區的影響力，曾遭到美國工會的反對。美國的退出改變了整個戰略格局，並在日本表示反對的情況下，為中國開啟進軍新自由貿易協定的大門。《跨太平洋夥伴關係協定》自二〇〇八年即展開談判，由美國、澳洲、汶萊、加拿大、智利、日本、馬來西亞、墨西哥、紐西蘭、秘魯、新加坡和越南等十二個太平洋周邊國家共同參與協商。

川普對全球戰略毫無概念，他認為《跨太平洋夥伴關係協定》不過是「我國潛在的災難」。他緊接著揚言要對《北美自由貿易協定》（NAFTA）採取同樣行動，而該協定是前任總統歐巴馬實施的「重返亞洲」（pivot to Asia）政策的核心支柱之一。日本首相安倍晉三隨即表達強烈遺憾，並強調《跨太平洋夥伴關係協定》不僅是推動經濟改革的動力，也是牽制中國崛起的重要抗衡力量。當時美國出口的百分之四十四流向《跨太平洋夥伴關係協定》成員國，而該地區占全球GDP的百分之四十，是全球經濟增長最快的區域。在中國積極展現區域霸權野心之際，《跨太平洋夥伴關係協定》原可使美國維持在太平洋地區的領導地位。再者，由於美國和日本堅決反對，中國從未被邀請加入該協定。美國一旦退出，局勢隨之丕變：部分成員國竟開始轉向北京，敦促中國加入協定。澳洲和紐西蘭表示，他們「有信心挽救因美國退出而搖搖欲墜的《跨太平洋夥伴關係協定》，並鼓勵中國和其他亞洲國家加入這個自由貿易協定」。日本則期盼「美國能意識到該協定的戰略重要性，並希望下一屆政府在四年後能重新加入該協定」。這正是拜登總統在二〇二一年一月入主白宮後優先處理的對外政策之一。相較於一向不吝讚美習近平的川普，拜登對於這些地緣戰略問題還是心知肚明的，這一點在他後續的政策中展現無遺。川普曾在二〇二〇年這麼說：「習近平是為了中國，我是為了美國，但除此之外，我們彼此相愛。」甚至在二〇二一年時，他還讚譽習近平為「終身總統」和「國王」。

拜登則不然。他一宣誓上任就表明態度：在與習近平的一次電話會談中，他直言美國將正面與中國較量。二〇二一年五月在一場對美國軍校生的演說中，拜登透露了那通與習近平的通話內容。當時，習近平跟全球其他國家領袖一樣，致電祝賀拜登當選。拜登說：「當他在開票當晚打電話祝賀我時，對我重申之前我們多次會面時說過的話：『民主制度將無法在二十一世紀存活。專制政權將統治世界。為什麼呢？因為局勢變化快速，而民主政體仰賴共識，達到共識卻需要時間，但你們根本沒那麼多時間。』」拜登接著說：「但他錯了。」在另一次會談中，拜登曾明白警告習近平：「從現在開始，你會發現我是阻礙你前進的障礙。」習近平和拜登彼此熟稔，兩人已經見過十一次面，主要是在拜登擔任歐巴馬副總統的時候，而習近平當時正在一步一步攀登權力的階梯。早在那時，拜登便看穿這位中國領導人的意圖，並直言不諱地稱他為「獨裁者」。在台灣問題上，拜登曾四度表態，若台灣遭到攻擊，美國將挺身而出。

事實上，拜登上任後，幾乎徹底切割了川普時期的對中政策。一進白宮，拜登就將中國列為美國外交政策的優先對象，並以「遏止中國崛起」作為核心戰略目標。拜登政府高層超過半數成員皆為東亞與中國事務的專家。對美國而言，當務之急是重新奪回在國際組織與多邊體系中喪失的話語權與影響力。可以說，拜登當選之日，即為當代國際秩序演變的關鍵轉折點。只是當時很少有人意識到其歷史意涵。如果川普再次當選，中國極有可能藉由美國的戰略空缺而迅速崛起，成為全球主導性的強權。此態勢一旦成形，全球地緣政治勢將長期失衡。其他獨裁政權如俄羅斯的普丁、伊朗的穆拉神權、白俄羅斯的盧卡申科、北韓的金正恩和其他流氓國家亦將趁勢抬頭。歐洲獨木難支，無法單獨承擔對抗威權體系之重任。二〇二一年一月，可謂世界秩序的分水嶺。若美國在川普的孤立主義主導下持續缺席國際事務，東亞地區的美國盟友勢必喪失對華盛頓的信任，並可能被迫在現實壓力下選擇向北京靠攏。屆時，包括日本、韓國、澳洲、紐西蘭、菲律賓和印尼等國或將無力抗衡中國。全球地緣政治平衡將往專制政權傾斜，而習近平的霸權美夢就成真了。可以說，習近平一手推動的那場全球向威權主義傾斜的大勢，最終被拜登破局。但烏克蘭戰爭的走向誰能預料？又有誰能斷言，深陷困境的中國不會選擇戰爭作為最後的出口？畢竟，為了保住權位，一位獨裁者極可能做出非理性的決策，甚至不惜跳入未知的深淵。

不過，二〇二〇年之後的全球地緣政治版圖已經不可同日而語。面對步步進逼的中國，美國已經成功與其東亞的主要夥伴建立聯盟機制，甚至可說是同盟關係。日本前首相安倍晉三率先敲響警鐘，宣稱日本認為中國入侵台灣會「直接威脅到日本國家的重大利益」。儘管日本輿論普遍仍堅持《日本國憲法》禁止海外軍事干預的原則，安倍的繼任者岸田文雄仍然成功推動日本進行全面的國防重整與軍事強化。

事實上，日本對中國的態度一百八十度大轉向，對美國而言是至關重要的環節，因為這個島國放棄了一九四五年以來所奉行的和平主義政策，將自己置於對抗中國的前線。二〇二二年十二月十六日，日本公布了史無前例的軍事計畫，將投入三千二百億美元軍費，並計畫在二〇二六年前，首次將國防預算提升至國內生產總值的百分之二。屆時日本將躍居全球第三大軍事支出國，僅次於美國和中國。該計畫重點包括購置具備打擊中國本土能力的中程飛彈、大量美國戰斧巡弋飛彈、彈道飛彈防禦系統、無人偵察機、軍用衛星設備、美國F-35隱形戰鬥機、戰鬥直升機、潛艇、海軍艦艇、運輸機以及大幅強化網路空間的防禦能力。

日本首相岸田文雄為此決策辯護時指出，日本及其人民正處於「歷史性的轉捩點」。退役將軍永岩敏道認為：「烏克蘭的局勢讓我們看到具備作戰能力的必要性，而日本迄今還未做好準備。」曾任日本海上自衛隊艦隊司令官的香田洋二則表示：「這為日本開闢了一條新的道路。若此軍事計畫得以妥善執行，自衛隊將轉型為真正具備世界級戰力的軍隊。」該計畫一宣布，中國政府即指責日本「行動具有侵略性」並進行「挑釁」。

日本的這一輪軍事重整意義深遠。近年來，日本已打造出高度先進的海軍。負責制定國家軍事、經濟與科技重大方針的日本政府機構——國家安全戰略局（NSS），發布了自二〇一三年以來首份公開報告，指出日本目前正處於「戰後最嚴峻的安全環境」。報告強調，日本「將為最壞情況做好準備」。隨著全球重心「逐漸轉向亞太地區」，報告提及「某些國家」試圖加強對其他國家的影響力並施加威嚇，雖未指名道姓，但對象不言自明。

自一九四五年以來，日本的國防預算從未超過國內生產總值的百分之一，歷屆政府都承諾嚴守此一紅線。而中國的軍事預算持續攀升，光是二〇二一這一年，中國的軍事支出總額就達到二千九百三十億美元。二〇二二年的增幅則達到百分之一百三十，是日本的五倍，台灣的十二倍，雖然仍遠低於美國。美國的國防預算超過全球其他所有國家的總和。就官方立場而言，東京不會採取先發制人的預防性打擊行動。日本已明確表示，只有在三種情況下才會動用新型反擊能力：一是日本本土或與日本緊密盟友遭受攻擊，且威脅到日本國家存續；二是沒有其他適當手段可消除威脅時；三是在認為使用武力必要的情況下。這無疑標誌著東亞地緣戰略格局的重大轉變，而該地區更被視為未來全球經濟增長的重心所在。二〇二三年八月，日本首相岸田文雄也宣布，如果中國攻擊台灣，日本將予以防衛。然而，無論是美國還是日本，都沒有具體說明將採取何種形式的支持。

自二〇二〇年以來，美國與多個盟友間的合作態勢明顯加速，逐步形成一個不言而喻的實質聯盟，共同應對來自中國的挑戰。近期一件頗具象徵意義的事件，是日本和韓國這對長期宿敵，在華盛頓的斡旋之下，勉為其難地破冰和解。在拜登於大衛營籌組的三方峰會上，這一反中聯盟展現出強大凝聚力，因烏克蘭戰爭而動盪不穩的世界地緣政治版圖也重新洗牌。《重點週刊》雜誌記者呂克・德・巴魯奇寫道：「普丁侵略歐洲鄰國的舉動讓北約覺醒，同樣地，中國及其盟友北韓的挑釁終於促使日本與韓國摒棄長久的敵意，攜手合作。鑒於兩國長期以來互相敵視的程度，我們可以想像拜登能在八月十八日讓韓國總統尹錫悅和日本首相岸田文雄齊聚大衛營，是多麼厲害的成就！」對於日本人在一九一〇年至一九四五年占領朝鮮半島期間所犯下的種種暴行，韓國人從未釋懷，更何況日本在戰後並未如敗戰國德國那般推行和解政策。美國、日本和韓國在大衛營奠定了長期合作框架，包括規畫每年峰會、加強彈道防禦合作，並推動多年度聯合軍事演習計畫。三國元首共同反對「單方面試圖改變印太地區水域現狀的行為」，並呼籲確保「台灣海峽的穩定」。雖未直接提及中國，但北京心知肚明，迅速對此表達了尖銳的批評。

情勢顯而易見：自二〇一三年以來，習近平咄咄進逼的政策已迫使其鄰國在美國的保護傘下團結一致。甚至越南這個曾在一九五五年至一九七五年與美國交戰期間損失至少一百五十萬人的共產國家，以及一向堅持不結盟政策的印度，也開始尋求與美國建立聯繫。拜登政府敏銳把握這一轉折，推動了多個重要里程碑，包括建立「四方安全對話」（美國、印度、日本和澳洲的安全論壇），成立「澳英美三邊安全夥伴關係」（AUKUS，與英國和澳洲的軍事外交安全合作夥伴關係，計畫向澳洲提供核動力潛艇），以及加強美國在菲律賓的軍事部署。

中國與俄羅斯之間的「無上限」友好關係：北京的雙重標準

習近平長期以來視普丁為他「最好的朋友」，普丁對中國領導人的態度亦然。自二〇二二年二月二十四日俄羅斯入侵烏克蘭以來，中國官方媒體持續分享莫斯科大外宣版本。中國為了促使烏俄衝突盡早結束，自告奮勇扮演調停者，提出一項明顯偏袒莫斯科、可信度不足的和平計畫。北京一直避免向俄羅斯軍隊提供致命性武器，深知此舉將觸及美國及其盟友的底線，導致自身遭受與莫斯科相同的制裁。自二〇一二年以來，普丁和習近平已會晤超過四十次，兩國也從那時開始就認為自己是「美國霸權」的受害者，雙方關係因而更形緊密。二〇二二年二月，距烏克蘭戰爭爆發不足三週前，中俄領導人在北京宣布兩國關係「無上限」。這一曖昧的措詞，似乎暗示雙方可能打開建立軍事同盟的大門。

北京將竭盡所能避免普丁倒台。一些國際事務專家認為，莫斯科政權內部若爆發衝突，可能引發骨牌效應，進而動搖中俄之間長達四千三百公里的邊界穩定。一九六九年，中蘇意識形態對立最激烈時，這一邊境即爆發過血腥衝突。俄羅斯政權一旦崩潰，北京將立即失去一個重量級的戰略盟友，畢竟俄羅斯是中國唯一具大國規模的獨裁盟友。而且，正如我們所見，北京正面臨多個西方國家實質結盟壓力。對中國而言，最糟糕的情況會是什麼？就是俄羅斯政權解體，然後在莫斯科建立一個親西方的政權。如此一來，中共政權即將陷入自文化大革命以來最孤立無援的境地。二〇二三年三月，習近平在俄羅斯首都進行正式訪問，在克里姆林宮向主人道別時，他一如往常笑容滿面地對普丁說：「現在正是百年未有之大變局，我們共同來推動。」然而，隨著俄軍屢戰屢敗，這幅合作無間的圖景已大為改觀，對莫斯科與北京雙方皆為不利。此外，二〇二三年六月二十四日至二十五日，傭兵組織瓦格納的首領葉夫根尼·普里格津發動政變未遂，更讓北京心中警鈴大作，中國戰略家咸認這無疑是普丁政權衰弱的信號。

或許出於現實考量，中國政權會更加務實，避免將所有籌碼壓在俄羅斯這位盟友身上。

然而，正如尚-保羅．亞辛在線上雜誌《問中國》中所指出的，「中國不會協助莫斯科取得勝利，但卻下定決心要防止其戰敗。」亞辛進一步分析道：「北京在戰爭起因的看法上，以及在反西方的修正主義戰略上，與莫斯科立場一致。因此巧妙地利用錯綜複雜又不透明的迂迴管道，盡可能向俄羅斯提供敏感物資，同時避免觸及美國制裁的禁區雷達。」例如，北京正向莫斯科提供大量對軍事用途至關重要的半導體[6]。

香港浸會大學政治學教授高敬文[7]則認為：「中國與莫斯科的雙邊關係，其緊密程度遠遠淩駕於與其他國家的關係之上。」習近平此次訪問莫斯科，引發美方高度關注，他也毫不掩飾此行的目的是削弱美國和西方的影響力。對於蒙田研究所的漢學家顧德明[8]來說，中俄當前的關係不僅證明兩國緊密相依，還凸顯了北京對莫斯科的主導地位：「中國很顯然支持俄羅斯，也認同其對戰爭起源的看法。這不是權宜之計，而是一種共同的外交陣線。中國現在堪稱俄羅斯的教父。」然而，中國國家主席習近平仍步步為營，並未將兩國關係明確升級為正式聯盟。在二〇二三年三月二十一日的新聞記者會上，普丁重申中俄之間的關係「無上限」。然而習近平並未直接附和，而是強調雙邊貿易交流，這也證明俄羅斯被孤立之後，中國從中獲得可觀利益。習近平與這位正遭國際刑事法院通緝的俄國元首，如往常般展現出雙方的親密關係，兩人並高調宣示中俄關係已進入「新時代」。這一措詞源自編入中國共產黨黨章的「習近平思想」，語意模糊卻具有政治象徵意義。不出所料，北京與莫斯科也再次重申一貫主張——透過推動「多極化世界」以建立「新的國際秩序」。

誰能相信習近平與普丁兩人的關係是立於平等之基？美國國務卿安東尼・布林肯說中俄關係類似「策略聯姻」，真是一言中的。在經貿方面，習近平此次訪俄期間，北京與莫斯科藉機簽署多項能源產品協議。俄羅斯總統向中國國家主席保證，即使在俄羅斯碳氫化合物受到西方制裁的時候，俄羅斯仍然可以滿足中國「日益增長的能源需求」。根據普丁的說法，目標是在二〇三〇年之前提供中國至少九百八十億立方公尺的天然氣和一億噸液化天然氣。普丁在與習近平共進國宴時曾豪言：「俄中合作擁有真正無限的潛能與前景。」事實上，中國正以破盤價大量購買俄羅斯碳氫化合物。中國從中獲得大筆經濟利益是毫無疑問的。自從與歐洲關係幾近中斷以來，俄羅斯被迫將其經濟重心大舉轉向中國。而自二〇二二年俄羅斯入侵烏克蘭以來，中俄貿易呈爆炸性增長，當年的雙邊貿易額即達到一千九百億美元，創下歷史新高。俄羅斯日益「依附」中國，也讓中國有機可乘，在過去屬於俄羅斯勢力範圍的地區，特別是中亞，逐步擴展自身影響力。法新社引述專精中國外交政策專家博達安的分析指出，中國試圖在烏克蘭議題中塑造自己為「穩定力量」的形象，尤其是在非西方國家中樹立這一觀感，同時也藉此努力「削弱民主政體的正當性」。

我們還必須補充一點，在此一戰略領域中，川普重返白宮也很可能會改變既有格局。他對普丁一貫採取包容與妥協的態度，使人不免懷疑其最終目標乃是瓦解中俄之間的權宜性聯盟，並藉以孤立中國，進而將美國原本部署於援助烏克蘭的軍事資源重新調整，集中投入東亞戰區。如果這真的是川普的如意算盤，那無異於一場瘋狂的豪賭，不僅反映出他過於天真，徹底誤判普丁與習近平之間的深層戰略共識，也說明他嚴重誤解當前全球地緣戰略格局。如果真的相信克里姆林宮的主人會傾聽白宮傳來的警號，並考慮與中國斷交，那真的是癡人說夢！因為從各項跡象來看，中國在可預見的未來，仍將繼續作為俄羅斯在國際舞台上的珍貴盟友。

食言而肥的中國

中國共產黨慣於開空頭支票，就像那句廣為流傳的諺語所說的：「誰當真，誰倒楣。」香港問題正是如此。一九八四年，時任英國首相的柴契爾夫人親赴北京，與中國領導人鄧小平會晤，商討當時仍為英國殖民地的香港之未來。鄧小平在實質問題上毫不妥協，但言詞表達方式卻相當泰然。他語帶威脅地向遠道而來的英國首相說，如果英國政府堅持要維持香港的殖民地地位，中方就會切斷對這個「香味之港」的水電供應。他進一步表示，若真走到這一步，英國當局恐將面臨難以控制的社會動盪與抗議浪潮[9]。在成功迫使這位「鐵娘子」讓步後，鄧小平則提出交換條件，就是承諾香港在回歸後的五十年間可以繼續維持原有的生活方式和自由制度。他甚至為此提出赫赫有名的「一國兩制」概念。柴契爾夫人最終帶著半信半疑的心情返回倫敦。而英國政府則選擇相信了中國的承諾。

同年十二月十九日，倫敦和北京簽署了《中華人民共和國政府和大不列顛及北愛爾蘭聯合王國政府關於香港問題的聯合聲明》。這項協議，日後被證明是一個重大的錯誤！一九九七年七月一日，香港正式回歸中華人民共和國，全城沉浸在連日的歡慶之中，但短暫的喜悅過後，中共便悄然展開行動，逐步瓦解英治時期所留下的制度架構，意圖徹底掌控這座城市。漸漸地，香港人開始意識到，他們所擁有的自由正一步步化為烏有。二〇一九年，民間積壓多時的不滿終於引爆，化作街頭抗爭的怒吼，當時約有二百萬名香港人走上街頭，參與那場震撼世界的遊行。年輕一代更積極提出訴求：擁有真正的民主制度，並享有自由選舉、獨立司法和新聞自由。抗議運動逐步壯大，而這些民主訴求讓習近平忍無可忍，北京遂以鐵腕鎮壓作為回應。二〇二〇年六月，北京直接在全國人大常委會通過港區《國家安全法》，任何被控「分裂國家」或「勾結外國勢力危害國家安全」者，最高可判終身監禁。那些未能及時逃往海外的運動領袖悉數被捕，至今大多數還在監獄羈押候審。獨立媒體相繼被迫停刊，部分高層更遭起訴追責。這座擁有七百四十萬人口的城市曾被譽為「東方之珠」，如今所有的個人自由幾乎蕩然無存。恐懼成為日常，這座城市與中國大陸的其他城市已經沒有什麼不同了。隨著香港被全面「管控」，「一國兩制」的理念也已形同虛設。北京食言了。那些曾相信這一承諾的人，如今才驚覺自己被耍了，但一切都太遲了。

中國另一個言而無信的例子，則是對世界貿易組織的承諾。二〇〇一年一月，在美國的鼎力相助之下，中國終於獲准加入世界貿易組織。北京的黨政元老們心花怒放，原因無他：加入世貿，象徵著中國正式躋身國際商業共同體的成員，並為中國打開通往世界貿易的大門。北京寄望世貿組織能成為推動中國經濟快速發展的跳板，使中國在國際貿易社會中被視為一個得體、可敬和可信的合作夥伴。中國政府確實曾在入會前承諾，將遵守有關市場競爭、貿易自由與知識產權等各項規範。美國政府當時以善意的眼光看待這一承諾，天真地認為這是中國邁向開放的重要一步。早在二〇〇〇年三月，中國正式入會在即之際，當時的美國總統柯林頓說：「中國加入世貿組織之後，不僅是同意進口更多的美國商品；也同意引進民主最珍貴的價值觀之一：經濟自由。」他還補充：「中國的經濟愈自由化，人民的潛力——主動積極、想像力及了不起的進取精神——就愈能夠充分解放。當一個人不僅有能力作夢，還能夠實現夢想時，就會要求更大的發言權。」然而，近四分之一世紀過去，人們的幻想完全破滅。中國政權不但未能履行世界貿易組織的規則，反而不斷地規避或忽視這些規則，而在政治上，中國也從未離民主如此遙遠。

中國再次背信，西方則再度誤判。中國是一個以「不惜一切代價維繫政權生存」為核心驅動力的政權，中國的政治運作方式被比爾．柯林頓以及眾多西方領袖，嚴重低估與誤解。時至今日，仍有西方領導人深信他們有能力說服中國政權改變其本質。這樣的天真，不只令人驚心，更令人痛心。

沉浮長年擔任法國領導人訪華時的隨行口譯。他回憶道：「二〇〇五年九月，我國最高級別機構的一位主席應邀訪華，邀請方是名義上的『對等官員』，也就是中國全國兩會之一的主席賈先生。當時中法雙邊關係如日中天。為了慶祝『法中文化年』（在中國的官方網站上則名為『中法文化年』）圓滿成功，中方特意安排在萬里長城上舉行一場盛大的午宴。是日天氣晴朗，氣氛溫馨而輕鬆，重巒疊嶂一覽無遺，景色壯麗美不勝收。在蜿蜒如龍的城牆上，一處地勢較為平坦的區域，擺設了一張長長的主桌。賈主席與他的隨行翻譯坐在一側，而法方貴賓與我則坐在他們對面。席間笑語盈盈，寒暄致意不絕於耳，大家紛紛讚美晴朗的天氣與絕美的景致。沒多久，那位原本性格開朗、能言善道的法國貴賓突然詞窮沉默。是疲償所致？血糖偏低？抑或時差反應？於是我們的話題便又回到那些陳詞濫調的客套寒暄。突然之間，他忽然彷彿靈光一閃，語氣堅定地對那位早已被他魅力打動的對方說道：『主席先生，無論我們兩國距離多麼遙遠，文化存在多麼大的差異，但我們都能輕易理解對方。我深信，自由、平等、博愛的價值觀，也同樣是貴國所珍視的。』這是我第一次為這位法國政要擔任口譯。他是法國政壇中最舉足輕重的人物之一。儘管過去的十年當中，我以近乎冷靜自若的姿態翻譯過無數關於中法友誼的空洞言詞，但這次是壓垮駱駝的星星之火，或是大火燎原的最後一根稻草，隨便你們怎麼想。我簡直崩潰到極點。一位代表我國的高層人物為了取悅對方，竟說出如此荒謬之語！這是我的良知首次挺身而出，拒絕傳譯這種荒誕無稽的話語。我轉向他，帶著一絲無奈的笑容說道：『主席先生，不好意思，但我不確定這樣的比喻是否貼切。自由絕非這個政權的特質。至於平等，也許在一九四九年毛澤東剛掌權、國家百廢待興之時短暫存在過一兩年，但如今早已蕩然無存。現在的中國，恐怕是不平等最為嚴重的國家之一。至於博愛，自從一九八〇年實施一胎化政策以來，他們甚至已經不知道什麼是兄弟了。』他聽後略感驚訝，沉默片刻，隨即溫和地拍了拍我的前臂，笑著說：『你說得對！』他話鋒倏然一轉，毫不費力地轉換了話題，對賈主席說：『主席先生，您知道嗎，冬天我喜歡獵白鷓鴣。但牠在雪地裡實在很難被發現，所以我發明了一個妙招……我有個口哨，可以模仿雄鶺鴒的叫聲。只要一吹，母鳥就會站起來，因為牠腹部的顏色比身體其他部分還要深，我們就能清楚看見——然後，砰！[10]』誠然，想到那些英年早逝的可憐鶺鴒，我心中不免哀傷；但那一天，讓我真正感到欣慰的，是我堅守了自己的良知，也沒有背叛作為口譯員的榮譽。這份堅持，讓我感到無比驕傲與快樂。對於想知道這位法國訪客名字的人，恐怕並不難找到答案。」

中國另一次失信，是關於減少中國溫室氣體（GHG）排放量的承諾。中國獨占全球溫室氣體總排放量的百分之三十三，其中二氧化碳排放量高達全球的百分之二十七，超過所有已開發國家的總排放量。根據國際權威機構的預測，自工業革命以來，中國的二氧化碳累計排放量將在二〇三九年超過整個歐洲，並在二〇五〇年超過美國。屆時中國將成為地球上有史以來最大的污染國[11]。二〇二〇年九月二十二日，習近平在紐約聯合國大會上隆重宣布，中國的目標是在二〇六〇年之前實現碳中和。同年十二月十二日，他在全球虛擬氣候高峰會上進一步強調，中國「承諾做出更大貢獻，以實現《巴黎協定》的目標，到二〇三〇年，中國二氧化碳排放密集度將比二〇〇五年下降百分之六十五以上」。他還補充說，中國承諾未來十年「非化石能源占一次能源消費比重將達到百分之二十五左右，森林蓄積量將比二〇〇五年增加六十億立方米，風電、太陽能發電總裝機容量將達到十二億千瓦以上」。在這些天花亂墜的宣告之後，中國官方新華社表示中國的新承諾反映了「一個負責任大國的雄心與決心」。當時的中國外交部發言人華春瑩則宣布，中國將「將信守承諾」，「為應對氣候變化做出更大貢獻」。然而，這位擁有至高權力的國家元首所領導的國家，仍是全球最大污染者。他們的承諾可以當真嗎？

中國深知作為全球大國，肩負氣候責任的重大使命，於是在二〇一五年十二月十二日簽署了《巴黎協定》。儘管中國當局自此之後確實付出了一定努力，但整體來看，這些措施距離承諾的目標仍有相當差距，尤其是在煤炭發電的領域。經歷短暫停頓後，中國以史無前例的速度在國內興建煤電廠，在二〇二三年一月至九月間新建數量達三百座，且持續批准中國企業在新興國家興建煤電設施。光是中國的煤炭消耗量就占全球的百分之五十點六，是美國的四倍，日本的十八倍，德國的二十四倍，法國的一百二十八倍[12]。中國目前擁有約一千四百座燃煤發電廠（美國有六百四十七座），每年向大氣排放約三億七千五百噸煤灰，相當於每兩分半鐘就排放一個奧林匹克標準游泳池體積的煤灰量！自二〇二〇年以來，已有三十個國家加入承諾停止新建燃煤電廠的聯盟。除了中國和印度外，全球興建燃煤發電站的數量正在減少。中國將不會履行其承諾，這是日益明顯的事實，尤其在電力短缺進一步拖累經濟成長的背景下。

中國的新目標：全球南方

除了在中東地區取得外交進展外，北京正卯足全力爭取南方國家的支持，強調中國始終站在貧困與新興國家一方。這種團結聲援雖然只是表面功夫，對於那些疑美甚至公開敵視美國的政府來說，不無吸引力，因為他們認為美國是西方帝國主義的核心。中國與金磚五國（BRICS）關係尤其活躍，該組織由巴西、俄羅斯、印度、中國和南非五國組成。在中國的推動下，金磚五國於二〇二三年八月二十四日在約翰尼斯堡舉行最新峰會，同意接納六個新成員：伊朗、阿根廷、埃及、衣索比亞、沙烏地阿拉伯和阿拉伯聯合大公國，並於二〇二四年一月一日生效。其中有些新成員是主要的「流氓國家」，尤以俄羅斯與伊朗為代表。對北京而言，此舉旨在藉由金磚集團打造一個抗衡美國影響力的新平台。倫敦亞非學院中國研究院院長曾銳生指出：「中國提供了一種替代的國際秩序，在這種秩序中，專制政權得以在本國高枕無憂。」他補充說，「這些國家能在不受美國和歐洲等民主大國條件限制下，尋求另一種發展道路。[13]」對於試圖擺脫外交孤立的伊朗而言，加入金磚國家集團是一項成就。易卜拉欣・萊希總統的政治顧問詹施迪形容這是「歷史性事件」，習近平也曾使用同一說詞。約四十個國家申請加入或表達加入意願。根據「金磚五國俱樂部」領導人的說法，該集團生產全球四分之一的財富，並聚集了全球百分之四十二的人口，這股熱潮彰顯了新興國家在國際舞台上日益增強的影響力。

第十五屆金磚國家峰會的首要議題聚焦於集團擴張問題。金磚五國是一個地理分布廣泛且經濟發展不均衡的異質聯盟，因此在選擇新成員時必須達成戰略共識。中國的國內生產總值約占該集團的百分之七十，是該集團的重量級國家，為擴大影響力已努力數月。然而，另一大經濟引擎印度，對中國的區域野心保持警惕，態度明顯保留。印度總理莫迪曾提醒，必須就擴張的具體方式達成「共識」。事實上，金磚國家的決策須獲得全體一致同意。巴西則擔憂集團擴大可能「稀釋」其在全球及集團內的影響力。在烏克蘭衝突加劇全球分歧之際，金磚五國在峰會上重申「不結盟」的立場。美國方面謹慎回應，表示金磚國家不會是未來的「地緣政治競爭對手」，並希望與巴西、印度和南非維持「穩固的關係」。白宮國家安全顧問傑克・蘇利文也針對此次峰會做出回應，他指出，由於成員國在多項重大議題上存在分歧，他不認為金磚國家正「成為美國或任何其他國家的地緣政治競爭對手」。華盛頓昆西國家事務研究所南方議程主任薩蘭・希多爾則表示，六個新增成員國中，無一被視為反美國家。他表示：「金磚是一個多元化的國家集合體，當中無一是美國的親密盟友，亦無正式盟友，其中兩三個國家可能與美國存在競爭關係。但整體而言，這並非一個反美的國家集團。當前世界已非美國能單方面制定規範或主導的局面。這是非常清楚的事情。那有人取而代之嗎？倒沒有！與其說美國將被取代，不如說是相輔相成。[14]」如果沙烏地阿拉伯確定在二〇二四年一月加入，將成為改變局勢的關鍵。事實上，該國統治者穆罕默德・賓・沙爾曼視此為重返國際舞台的機會，沙烏地阿拉伯也將仰仗堆積如山的石油美元，在迄今為止影響力有限的地區擴大自身勢力。這將成為北京又一次重大的外交勝利。隨著沙烏地阿拉伯、阿拉伯聯合大公國以及伊朗的加入，新的金磚國家集團將控制全球百分之八十的石油產量。同時這些新成員的國內生產總值也將快速成長，達到全球的百分之三十。

7 為何中國無法成為世界第一的經濟體？

Pourquoi la Chine ne sera sans doute jamais la première économie du monde

「巴別塔不斷重建。始終不及雲之巔。」

——馬歇・梅隆松，魁北克科學家和哲學家

年輕人失業率創下歷史新高，國內生產總值成長率跌至四十五年來最低，人口數量也急劇下降，加上新冠清零政策所釀成的種種災難，中國正面臨一波接一波的經濟與社會危機。即使沒有任何中國觀察者認真預測中國共產黨會在短時間內垮台，但目前幾乎可以確定，在可預見的未來，中國不會成為世界第一大經濟體。這個曾經被奉為圭臬的神話，如今也終於跌下神壇。

中國經濟奇蹟的終結

一九七八年，鄧小平推動舉世矚目的經濟改革開放計畫，開啟了「紅色資本主義」的道路：農村實行去集體化，私營部門也隨之誕生。「社會主義市場經濟」的全新概念橫空出世，並於一九九三年被寫入憲法。這項改革政策與「四個現代化」（工業、農業、國防、科學技術）相互呼應，激發了全體中國人的勞動熱情。中國的經濟迅速崛起，國內生產總值連續三十多年保持兩位數的增長，勢如破竹，震驚全球。這個在文革結束時仍是經濟侏儒的國家卻在不到四十年的時間裡一舉躍升為全球第二大經濟體。鄧小平的非凡遠見，在於他向人民許諾：只要勤奮勞動，就能迅速致富，擺脫貧困，並且徹底告別毛澤東那套導致經濟崩潰的「大鍋飯」教條。這些過時的意識形態早已證明對發展毫無助益，反而成為國家進步的絆腳石。

鄧小平憑藉其引領國家發展的卓越遠見，必將名留青史。他所推動的改革開放政策，使中國在二〇二三年的國內生產總值達到一九七八年的四十三倍！過去十年來，中國貢獻了全球經濟增長的百分之四十一，幾乎是美國貢獻的兩倍，與歐盟二十七國的百分之九貢獻相比，更是成就斐然。換言之，在過去十年當中，在全球經濟年均成長率為百分之二點六的背景下，中國獨自貢獻了一點一個百分點，美國與歐盟則僅分別貢獻零點六和零點二個百分點。這些數據不言自明：十年來，中國一直是全球經濟成長的主要引擎。鑒於這些耀眼表現，許多經濟學家輕率地預言中國即將在二〇二七年成為全球第一大經濟體。一些知名學者也紛紛宣稱，繼二十世紀成為「美國世紀」之後，世界將迎來「中國世紀」。甚至有人聲稱，中國拯救了岌岌可危的世界經濟。如今這些預言已被拋諸腦後。那個曾被習近平視為己任的中國夢，如今已然化為泡影。因為中國經濟的運作機制早已失靈，且這一停滯恐將持續良久。幾位研究中國的經濟學者語帶詼諧指出，中國經濟似乎患上了「長新冠」，這場病灶是因為政治對經濟領域的干預日益加劇，效率普遍不彰的國有部門重新被賦予優先地位，而本應成為成長動力的私營部門卻被邊緣化。也因此人民更傾向於儲蓄，這是一種深植於儒家傳統的本能反應，所謂的未雨綢繆。

我們需要一份冷靜而精確的診斷書。雖然中國已經成為世界第二大經濟強國，但事實是，現在占全球人口百分之四的美國，所創造的國內生產總值約占全球的百分之二十五，而中國人口則占全球人口的百分之十八，其國內生產總值同樣是全球的百分之二十五。然而，中國的人均年收入僅約一萬三千美元，居世界第六十四位，而美國則高達七萬六千美元。在人口結構方面，法國數學家奧古斯特・孔德曾以一句話點明關鍵：「人口決定命運。」二〇二三年四月，中國人口已被印度超越。中國也正以驚人的速度邁入高齡化社會。一九七九年北京推行一胎化政策時，中國人民的平均年齡為二十歲。到了二〇二四年，這一數字已上升至四十歲。而根據目前的預測，到二〇五〇年，中國將有多達百分之三十九的人口超過法定退休年齡。

在軍事領域上，雖然多年來中國人民解放軍已躍升世界第二大軍隊，但中國的軍事開支約占全球總額的百分之十三，遠低於美國的百分之三十九。在二〇二三年時，美國的國防預算總額達到八千六百八十億美元，相當於全球其他國家軍事預算的總和。至於高科技領域，兩者的差距同樣可觀：過去四十年間，中國經濟的迅速崛起始終依賴低廉的勞動力成本。如今面對越南和印度等國家的激烈競爭，中國原有的成本優勢正逐步喪失，未來的經濟成長將更取決於科技創新與技術進步。然而在該關鍵領域，中國的發展正受到嚴重掣肘，美國對中國及其盟友的企業祭出嚴格的限制措施，涵蓋半導體、機器人、資訊科技和人工智慧等敏感領域，使中國的科技發展面臨重重挑戰。

中國經濟自二〇一九年以來直線下墜，一方面是官員施政輕率的後果，他們仍然沉醉於昔日經濟風馳電掣般起飛的年代，另一方面則是因為習近平自二〇一三年之後將「安全」與「穩定」置於經濟發展之上所致。此外，習近平自上台以來推行的極權政治路線，尤其自二〇二二年十月中共二十大以來愈發強化，也對經濟造成深遠影響。在習近平最親近的決策圈內，經濟專家寥寥無幾。許多權威經濟學者不是被排擠，就是因為年事已高而淡出政壇。例如曾擔任副總理、長期擔綱中美經貿談判主角的資深經濟學家劉鶴，如今已不見蹤影。英國《經濟學人》週刊毫不留情地批評習近平治下的中國：「中國政府為何一錯再錯？原因之一是中共已不再將短期經濟成長視為優先目標。種種跡象表明，習近平認為中國必須做好萬全準備，以因應可持續發展的經濟模式以及與美國的潛在軍事衝突。因此，他如今將焦點放在國家偉大復興、安全與韌性上。中國不惜犧牲物質利益以實現此目標。」《經濟學人》在一篇題為〈習近平模式的失靈——為何中國經濟無法修復〉的文章中進一步指出：「因此，這一連串接連發生的失誤，與其說是再次為國家安全犧牲經濟的結果，不如說更深層地反映出決策機制失靈。這些錯誤與習近平所推行的權力高度集中，以及用親信擔任高層職務並取代技術官僚的做法密切相關。[1]」《經濟學人》週刊進一步指出：「中國問題的根源來自最高層，這意味著這些問題將會持續存在。」「自由派對中國的種種預測，往往只是他們的一廂情願。二○○○年代，西方領導人曾誤以為貿易、市場和經濟成長將會促進中國走向民主與個人自由。但現在，中國正在親自驗證相反的命題：更強的專制是否會損害經濟？愈來愈多的證據顯示，答案是肯定的。在歷經四十年的快速增長之後，中國正步入一個令人失望的時期。」《經濟學人》如此總結。

美國經濟學家亞當．珀森[2]認為：「造成中國『經濟上的長新冠』的主要原因並不是病毒：而是公眾對極端干預主義的反應，導致經濟活力顯著減弱。」他指出，「在疫情爆發之前，絕大多數的中國家庭與小型私營企業都信奉一九九〇年代初期就形成的潛規則，也就是『不談政治就沒事』。中國共產黨雖然實行絕對掌控，但只要人民遠離政治，黨就不會介入他們的經濟生活。」只是習近平上台之後，這個潛規則就徹底瓦解了。「如今廣泛流傳一種恐懼，是自毛澤東時代以來前所未有的，人們害怕在毫無預警且無從追索的情況下，自己辛苦積累的財產和生活水準會被暫時或永久剝奪。」珀森最後總結道：「後果就是『經濟上的長新冠』不僅拖累經濟成長，也可能會長年累月地腐蝕中國的經濟根基。」

某些盎格魯－撒克遜經濟學家預測，中國未來數年的國內生產總值增長將停滯在約百分之二，與美國的增長率持平。英國《衛報》的經濟學編輯拉里．艾略特評論說：「中國的經濟奇蹟已成過去。」自二〇二三年秋季以來，中國人民幣貶值、零售價格下跌、房地產行業困境頻現，「這些都是更深層次的弊病跡象，迫使中國共產黨必須推動經濟改革，放鬆過於僵化的經濟管控。」他還警告說：「中國遲早會走上蘇聯的老路。」但中國並非昔日的蘇聯，因為中國領導階層已從蘇聯解體中吸取教訓，加上中國經濟深度融入全球體系，仍保有一定的實力[3]。儘管如此，中國的經濟奇蹟確實一去不復返，取而代之的是陷入困境的經濟體，恐怕難以重回觀察家所習慣看到的高速成長軌道。有觀察家指出，中國國內生產總值增長的巔峰期正值習近平上台之際，然後大約從二〇一五年開始下滑，並在此後明顯加速。另有經濟學者認為，中國可能正面臨首次大規模金融危機。大型評級機構惠譽信評的前分析師朱夏蓮認為，「自七十年代改革開放以來，總體經濟形勢從未像現在這樣糟糕。問題不僅限於房地產崩盤，我們正面臨一場結構性與週期性並存的危機，出口疲弱、信心不足，加上地方政府負債累累。」最嚴重的當屬信心問題：「我們已經很久沒有見過這種規模的危機了。」這位華裔專家表示，中國所面臨的這場危機超越了二〇〇〇年代日本的經濟困境：「這的確是一場危機，而且具有濃厚的中國特色。中國國土更廣大，收入水準遠低於當時的日本，人口結構惡化速度更快。我們預期未來十年將會非常艱難，除非政府當局推出極具力度的結構性改革方案。[4]」

美國《華爾街日報》記者魏靈玲和謝一凡解釋說：「幾十年來，中國不斷投資公司企業、摩天大樓和道路，成功推動經濟發展。這種模式締造了舉世矚目的成長奇蹟，使中國脫離貧困，躍升為全球出口強國，中國商品行銷全球。當中國努力追趕世界的腳步時，這種發展邏輯曾經奏效；但在今天，處於債務纏身、基礎設施過剩的現實下，這種模式已難以為繼。中國一些地區的橋樑和機場處於閒置狀態，數百萬套住房無人居住。投資回報率大幅崩跌。」

那麼中國經濟發展的前景如何呢?根據國際貨幣基金會(IMF)的預測,未來幾年的中國國內生產總值年增率將低於百分之四。倫敦的凱投宏觀研究中心更預估,到二〇三〇年增長率可能降至僅約百分之二。這些預測認為,習近平提出要在二〇三五年前將中國經濟規模翻倍的目標,恐怕難以實現。根據魏靈玲和謝一凡這兩位《華爾街日報》記者的分析,這「可能意味著,中國永遠無法超越美國,成為全球第一大經濟體」。經濟困境之嚴峻,已使得中國當局也不得不公開承認這些問題。二〇二三年七月,中共高層在赴河北避暑勝地北戴河前,舉行一年一度的政治局會議,會後透過官方媒體新華社發布罕見聲明,坦言:「當前經濟運行面臨新的困難挑戰,主要是國內需求不足,一些企業經營困難,重點領域風險隱患較多,外部環境複雜嚴峻。」對於能理解中共弦外之音的人來說,這一聲明的意義非同小可。

二〇二三年八月十七日是中國經濟史上關鍵的一天:就在這一天,中國房地產巨頭恆大集團在美國申請破產保護。面對高達一千一百三十億美元的債務,恆大無力自救,最終選擇依據美國《破產法》第十五章,尋求境外破產保護,該機制專為處理跨國企業的破產與債務重組而設。恆大從昔日盛極一時的房地產巨擘,淪為中國房地產私營部門危機的象徵。這場危機早在二〇二一年便已初現端倪,當時恆大因債務高築至三千億美元而陷入財務危機,中國政府決定收緊對房地產行業的監管,進一步引發整個產業鏈的劇烈動盪。恆大驟然崩塌,從天堂掉到地獄，引發了人們對其全面崩潰的擔憂，也加深了外界對中國經濟可能遭受牽連的恐懼。中國房地產泡沫的形成，主要源自一九七八年經濟改革開放以來，大批農村人口湧入城市，激起對住宅的龐大需求，更引發長期的投機熱潮。如今情況正在逆轉。由於超大都會城市的生活成本飆升，大量退休人口選擇返回鄉村定居。此外，最有購屋能力的勞動人口也正以每年約七百萬人的速度快速減少，這是人口老化所帶來的直接衝擊，進一步削弱了房市的需求基本盤。

恆大破產，無疑宣告中國一本萬利的賺錢模式已經走到盡頭。恆大集團成立於一九九六年，搭上中國快速城市化的契機，趁勢風生水起。該集團雄心萬丈，押注房價將持續上揚，在全國各地大興土木，並累積了十九億七千萬元人民幣（約二千六百億歐元）的天文數字債務。自二〇二〇年中開始，恆大接二連三陷入困境：為了籌措資金，該集團不得不拋售旗下預售房，導致二〇二一年第一季度的利潤暴跌百分之二十九，而其股價更自年初以來慘跌九成。到了同年九月十三日，該公司坦承面臨「巨大的財務壓力」之後，引發投資者、遭倒帳的供應商和預售屋買家的不滿，紛紛在全國多座城市的恆大辦公室前抗議。這場風暴也讓恆大集團創辦人許家印成為外界關注的焦點。這位出身鋼鐵公司員工的企業家，目前仍持有恆大集團百分之七十一的股份。他在二〇一七年以高達四百五十億美元（約三百八十四億歐元）

的資產，摘下當年中國首富的頭銜。多年來，他大舉擴張業務版圖，涉足礦泉水、旅遊、保險、金融、畜牧業，甚至還打造中國頂尖的足球隊——廣州恆大（二〇二一年更名為廣州足球俱樂部）。二〇一九年時，許家印投資二百億歐元跨足電動車產業，至今卻連一輛也未生產。這家擁有二十萬員工的集團雖曾試圖出售旗下子公司以籌募資金，但最後仍在二〇二五年遭到港交所除牌下市。然而，恆大並非個案，其破產聲告引發了外界對整體中國房地產市場的嚴重關切。過去二十年來，由於投機炒房甚為猖狂，房地產價格一路飆升。地方政府也刻意維持這種漲幅，以便出售土地來籌集資金。

這個問題非同小可，因為房地產行業約占中國國內生產總值百分之三十。對於中國人民來說，茲事體大：許多購屋者傾盡畢生積蓄，只盼能從中獲利，以確保晚年生活無虞。然而，即便到了二〇二一年，房市泡沫仍未真正破裂。法國外貿銀行（Natixis）亞太區首席經濟學家艾西亞．加西亞．埃雷羅指出：「即使債務持續上升，中國家庭的儲蓄總額仍高於債務。由於可投資選項有限，大多數存款都流向房地產市場。最初是因為需求強勁，如今卻成為供過於求的局面。房價之所以沒有崩盤，是因為仍有剛性需求，而且政府當局持續祭出精準干預政策。事實上，至少從二〇一五年開始，中國民眾的可支配所得早已追不上房價的漲幅。」根據二〇一九年的數據顯示，在中國的一線城市，購買一套公寓平均需要二十五年的工資，而全國平均也需十三年之久。與此同時，其他產業也同樣亮紅燈。二〇二〇年底，中國企業債務總額相當於全國國內生產總值的百分之一百六十，而美國企業的這一比例僅約為百分之八十。

這一惡性循環的背後隱藏著一個龐大的危機：早在二〇二一年，中國的公私部門總債務就已超過國內生產總值的百分之二百五十。據知情人士透露，到二〇二三年中期，這個比例早已突破百分之三百。根據國際清算銀行（BIS）的資料，中國非金融部門的債務已從二〇一三年的十七兆美元上升至二〇二二年的五十二兆一千億美元。過去十多年來，由於投機炒房推波助瀾，房地產泡沫不斷持續膨脹。萬一破裂，勢必引發一場劇烈的衝擊。根據高盛集團的分析師指出，中國地方政府的實際債務總額高達八兆二千億美元，而習近平政府則極力掩蓋相關數據。這個數字肯定低於實際情況。根據同一份分析，中國地方政府在二〇二〇年時的「有毒」投資為五十三兆人民幣（六兆八千億歐元），遠高於二〇一三年的十六兆元人民幣（約二兆八百億歐元），相當於中國國內生產總值的百分之五十二，已經遠遠超過風險警戒線。換句話說，恆大三千億美元債務，與整個國家堆積如山的債務相比，根本微不足道。這種系統性的風險正在削弱國際社會對中國經濟的信心，也正壓制著中國的經濟成長，使中國跌入自一九七八年改革開放以來的成長谷底。

然而，近兩年來，中國經濟已顯露出令人憂心的疲態跡象。經歷了長達三十年的高速成長期，年年繳出雙位數成績單後，二〇二二年的經濟成長率卻已跌破百分之六。其實，中國的房地產泡沫並非新鮮事。二〇一七年時，房地產和建築業所得約占中國國內生產總值的百分之十五。而就在前一年，房地產巨頭萬達集團董事長王健林便率先示警，成為最早對市場發出「深切憂慮」聲音的人之一。他直言，這個市場在投資人貪得無厭的欲望追逐之下，已經變得「難以控制」，畢竟其收益遠勝股市與銀行存款。他坦言：「我看不出有什麼好的解決辦法。政府雖然祭出各類限制購買和信貸的措施，但全數失靈。」今天，這場泡沫與瘋狂投機，是否已成為中國、乃至全球的一顆定時炸彈？中國多家大型房地產企業也同樣焦頭爛額。根據一些業界專家的看法，全國高達三成以上的房屋閒置待售，遲遲無人問津。在網路社群廣泛流傳的影片中也可以看到，在多個中國大城市，數以百計的住宅樓因無法脫手，便被用炸藥強制爆破拆除。

新冠「清零政策」造成中國經濟的浩劫。不僅讓供應鏈癱瘓了好幾個月，還迫使成千上萬的工廠暫時停工停產。結果造成經濟成長急劇下滑，青年人的失業率也節節攀升。官方公布的數據令人背脊發涼。根據中國當局的統計，截至二〇二三年六月，幾乎有四分之一的中國年輕人處於失業狀態。然而，北京大學的一位經濟學者指出，十六至二十四歲年輕人的實際失業率可能是官方數字的兩倍。二〇二三年七月十七日，中國政府公布了六月份十六至二十四歲青年失業率為百分之二十一點三。而北京大學經濟學副教授張丹丹在同一天於中國《財新》雜誌發文駁斥。她指出，早在三月份，該年齡層的實際失業率就已高達百分之四十六點五，遠遠超過當時官方公布的百分之十九點七。一位來自浙江的年輕經濟研究員，在匿名接受自由亞洲電台訪問時坦言，在這個政府資訊極度不透明的國家，官方數據難以令人信服。他表示：「這些統計數字其實是中國政府操控社會的工具。宣傳與現實之間的差距極其懸殊。如果中國當局公布真實數據，將會在投資人之間引發恐慌。不僅讓當前危機雪上加霜，甚至可能危及整個政權的穩定。」

根據中國國家統計局的數字，截至二〇二三年三月，中國大都會地區共有九千六百萬名年齡介於十六到二十四歲的年輕人。其中三千二百萬人屬於可用的勞動力，而其餘六千四百萬人則處於非就業狀態。在這三千二百萬勞動人口中，有二千五百七十萬人就業，六百三十萬人失業。至於六千四百萬名未參與就業市場的年輕人之中，有一千六百萬人既未在學，也未工作，其中多數選擇依賴父母過活，或成為所謂的「全職子女」，即由父母出資聘雇，專職照料雙親。如果將這一千六百萬名未就學未就業的青年也納入失業統計，那麼三月份中國青少年失業率就是百分之四十六點五。顯然，當局深知若公布這一數字恐引發極大衝擊，因此於二〇二三年八月十五日宣布暫停公布青年失業率。國家統計局發言人付凌暉表示，此舉是為了「調整」相關就業統計方法。這也再次證明，在中國，當資訊變得過於敏感或不利當局時，最簡單的處理方式就是讓它消失。有網民在微博上嘲諷道：「就好像不公布失業率，瞬間就沒有失業問題，問題就迎刃而解似的！」這條留言當然與其他批評聲音一樣，很快就被審查機制刪除。

根據《亞洲週刊》分析：「長達三年的新冠清零政策已重創中國經濟。各地普遍出現對未來喪失信心的現象。年輕人的失業率居高不下。……整體經濟形勢依然看不到曙光。在這種情況下，私人投資者普遍採取觀望態度，甚至陷入全面停滯。」根據美國經濟學家亞當．珀森的說法，是習近平親手了結中國的經濟奇蹟。二〇二二年秋天，中國當局突如其來地宣布結束「清零政策」。「一開始，一些產業確實彷彿春回大地：被壓抑許久的內需得以釋放，國內旅遊、旅店業和零售服務需求促進了一波短暫復甦。二〇二三年最初幾個月，出口也出現成長。就連陷入低迷的房地產市場似乎都觸底反彈。然而，在第二季度末，國內生產總值數據卻揭示了截然不同的現實：整體經濟增長疲軟，甚至呈現下滑趨勢。外國投資者仍持觀望態度，而財政拮据的地方政府也無力乘勢而上。」珀森指出：「這一逆轉現象甚為嚴重，不只是預測過於樂觀然後失準那麼簡單而已。耐久財（durable good）的消費持續萎縮，私營部門投資意願低迷，僅剩疫情前水準的一小部分。此外，中國家庭愈來愈傾向將資產轉為銀行存款。這些變化反映出一種深層的不安：無論是個人還是企業，似乎都在擔憂未來失去對財產的掌控權，因而優先考慮短期流動資金而非長期投資。最令人擔憂的是，這些經濟指標至今仍未恢復至疫情前的正常水準，更遑論像美國其他國家般，在疫情結束後迎來消費熱潮。這正說明，中國經濟潛藏著深層次的結構問題。」珀森總結道。

珀森指出：「如今已可明確看出，新冠疫情爆發之初的二〇二〇年第一季度，成為中國經濟一個無法回頭的轉捩點。其實早在二〇一五年，當中國政府開始加強經濟干預時，這一轉變就已初現端倪。自那時起，銀行存款占國內生產總值的比例上升了百分之五十，並始終居高不下。」他接著分析道：「不論是金融市場，甚至很可能連中國政府本身，都低估了這些結構性弱點的嚴重性，而這些弱點恐將在未來數年內拖累經濟增長。這就是所謂的『長新冠經濟』：如同感染這種慢性病的病患，即便急性症狀已排除，身體依然虛弱不振，中國經歷三年極端嚴苛且高成本的清零封控，經濟市場迄今仍未恢復元氣，持續陷於低迷與遲滯。這場疾病是全面性的，唯一真正有效的療方，是讓民眾與企業相信政府會切實減少對經濟生活的過度干預。然而，這樣的保證在現實中卻根本難以兌現。[5]」二〇二三年八月二十五日，列克星敦研究所資深研究員洛倫・湯普森於美國《富比世》雜誌「航太與國防」專欄撰文指出：「最符合現實的判斷是，中國大概永遠無法追上美國的實力，更遑論超越。」長駐香港的亞洲事務與經濟學家戴維．巴維雷斯則認為：「西方若寄望中國推出經濟刺激方案，無異於緣木求魚，這種做法只能緩解週期性的問題，而無法解決當前這場深層的資產負債危機。中國現在面對的是結構性難題，其影響深遠且難以快速消除，未來的政策調整勢必引發劇烈震盪。」他補充道：「中國目前似乎正朝全面重塑經濟體系的方向前進，轉向類似戰時經濟的模式——即加強生產控制與追求經濟自給自足。在這樣的政策路線下，無效的『清零政策』已被『零生產力』的方針取而代之。」

戴維．巴維雷斯進一步表示：「在未來幾年內，中國這項新政策可能將其經濟發展局限在少數被視為具有戰略前景的製造與出口產業。這些領域或將在全球市場中脫穎而出，成為中國通縮壓力與西方通膨回升浪潮下的最大受益者。」無論如何，對於那些堅信中國將勢如破竹地取代美國，成為主導世界的「超級強權」的觀點，中國當前的經濟走勢無疑對他們是一記當頭棒喝。新加坡學者馬凱碩是此類觀點的代表人物之一，他曾在二〇二〇年出版《中國贏了嗎？挑戰美國的強權領導》（天下文化）一書。然而，中國仍有一定的經濟實力基礎。貿然斷言中國將陷入長期停滯，亦未免武斷。事實上，過去三十年來，所謂的「中國經濟崩潰論」幾乎年年老調重彈，但至今都未能成真，總是與事實相悖[6]。

這個問題與其說是經濟議題，其實更是政治問題，而且自二〇二〇年以來，始終是北京權力決策圈內激烈辯論的議題。中國自二〇〇一年加入世界貿易組織以來的經濟發展路徑已被證實行之有效，實際上也構成全國人民之間心照不宣但至關重要的社會契約，而愈來愈多的觀察結果顯示，習近平所強調的政治與意識形態優先，正對這一模式構成威脅。

斷崖式崩跌的人口危機

截至二〇二四年四月，中國不再是全球人口最多的國家，這一地位已被印度取代。這一象徵性轉變具有重大意義，對中國及其政權的未來構成了極為現實且嚴峻的挑戰。二〇二二年，中國出現了六十年來前所未見的人口急劇下滑。當年死亡人數首次超過出生人數，這是自一九六二年以來從未出現的情況，並預示著這一趨勢在未來幾年恐將持續，並對中國社會與經濟帶來深遠影響。根據國家統計局的數據，二〇二二年登記出生的新生兒共有九百五十六萬，而死亡人數則高達一千零四十一萬。傳統中國社會崇尚多子多孫，在一九四九年毛澤東執政後，曾積極鼓勵婦女多多生育。所以中國人口在一九六〇年代之後迅速倍增，如今突破十四億。而鄧小平出於對資源與經濟無法支撐快速人口成長的憂慮，於是在一九七六年決定推行一胎化政策，而這項政策也深刻塑造了今日中國的人口結構與社會面貌。如今，一場前所未有的人口變局呼之欲出，根據聯合國的統計，印度已於二〇二三年四月超越中國，成為世界上人口最多的國家。

更何況，中國的官方統計數據並不十分可靠：一些西方人口學家估計，中國人口的轉折點早在二〇一八年便已出現。北京之所以選擇對此保持低調，主要是不欲影響外國投資者的信心。對許多外資而言，中國出生率下降將直接導致中產階級規模萎縮，而中國這個直到近期仍被視為消費市場「黃金國度」的地位，也將因而動搖。這場人口崩跌看起來方興未艾，根據人口學家的看法，或許會持續到本世紀末。這一趨勢勢必嚴重影響中國的經濟和退休制度，雖然退休制度目前幾乎不存在，但其必要性更甚以往，只是中國政權仍缺乏足夠的財政能力加以支援。人口減少，特別是勞動力的萎縮，再加上日益加劇的老齡化問題，預料將在未來數十年間對中國經濟帶來深遠衝擊。勞動成本勢必上升，削弱中國原有的勞動力優勢；與此同時，龐大且持續擴張的老年人口，對醫療資源與社會福利的需求也將迅速攀升，進一步加重在職人口的照護與經濟負擔。

但矛盾的是，儘管中國近年來逐步放寬生育限制，人口仍然呈現下降趨勢。十年前，中國家庭仍受到嚴格的一胎化政策約束，從二〇一六年之後，政策調整為允許生育兩胎，到了二〇二一年，更進一步開放三胎。但是為時已晚，各項鼓勵中國年輕家庭生兒育女的獎勵措施收效甚微。時代已經大不同，年輕的中國女性往往對生育不再感興趣：不只因為養育子女的費用高昂，也因為現代女性更重視職業發展。選擇不婚不育的人甚至不在少數。以幾項具體政策為例：中國南部的大都市深圳，自二〇二三年初起提供高達一萬元人民幣的生育獎金，育兒津貼可發放至孩子三歲為止；北部的山東省則從第一胎起即給予一百五十八天產假，比全國標準多出六十天。儘管官方頻頻出招，但上海社會科學院一項預測仍相當悲觀，若現況持續，中國人口到二一〇〇年時可能銳減至僅剩五億八千七百萬人。聯合國的最新預測亦指出，到二〇五〇年，中國人口將減少約一億九百萬人，是二〇一九年預測值的三倍。澳洲維多利亞大學中國人口問題專家彭秀健指出，「數十年的一胎化政策，已讓人們習慣了小家庭結構。」新一代生兒育女的意願也顯著減弱。中國人口問題學者何亞福則補充指出，「二〇一六至二〇二一年間，適齡育齡女性人數每年減少約五百萬人，這一趨勢也嚴重壓縮了中國未來的生育潛能。」

這場人口下滑的速度比中國當局所預期的還要迅速。二〇一九年，聯合國仍預估中國的人口高峰將落在二〇三一至二〇三二年間。然而，中國生育率在二〇二一年驟降，每名婦女的平均生育子女數僅為一點一五，遠低於維持世代更替所需的二點一。相比之下，法國在二〇二〇年的生育率仍有一點八。二〇二二年十二月七日，中國宣布放棄「清零政策」，重新開放國門，廣大中國民眾如釋重負。但隨之而來的疫情感染激增與大量死亡，使社會前景蒙上陰影。根據科學期刊《自然》二〇二二年十二月十九日的報導，未來幾個月內死亡人數可能高達一百萬人。而英國健康數據分析公司Airfinity於二〇二三年一月十九日估計，自二〇二二年十二月初以來，中國已有約六十七萬四千人死於新冠病毒，並預測在農曆新年假期高峰期間，單日死亡人數可能高達三萬六千人。到頭來，這場政策急轉彎恐怕適得其反，對中國經濟造成負面影響，一方面，供應鏈運作受到嚴重干擾；另一方面，部分勞動力因病缺席或流失，造成生產人力短缺，進一步削弱經濟復甦的動能。

法國國家人口研究所（INED）的人口學家暨漢學家伊莎貝爾．亞塔尼指出，「當前的挑戰，是如何重新提振生育率，同時重建政府在人民心中的公信力。我們可以肯定的是：中國已興起一股反思與抗拒的潮流，尤其是在年輕女性之中，她們開始質疑自身被當作生育工具的處境。女性在一胎化政策時，被要求少生甚至不生，但今天又因不願生育而遭到責難。抗議與質疑的聲音已然浮現，顯示這些鼓勵生育的措施並不一定會被中國年輕人接受。」自一九五〇年代初人口政策實施以來，中國出生率已降至歷史新低點，而死亡率則創下自文化大革命以來的最高紀錄。威斯康辛大學麥迪遜分校的人口學家易富賢評論說：「中國人口下降的速度比政府當局所預期的提前了九到十年。這是一場歷史性的轉折。二〇二二年的新生兒總數首次跌破一千萬，這是史無前例的情況，甚至已低於印度。這代表地緣政治與經濟格局的重大變化。這場超出想像的人口危機，將深刻改變中國的政治、經濟、國防與外交方向。」

中國共產黨在二〇二二年十月的第二十次全國代表大會上，信誓旦旦地推出一系列新獎勵措施，以鼓勵家庭生育，其中包括針對子女教育的財政補助。此外，二〇二〇至二〇二五年的五年經濟規畫也提出延後退休年齡：男性至六十五歲，女性至六十歲。但經濟學人資訊社的中國首席經濟學家蘇月則認為，「許多城市所推出的三孩政策，其實效果極其有限。因為這些政策並不是為了處理出生率下降這個關鍵問題而設計的。」他進一步解釋：「近年來，由於結婚年齡普遍延後，第一胎的出生率大幅下降。這股趨勢在疫情過後恐將持續，甚至進一步惡化。年輕人失業率居高不下，家庭可支配收入也必然下降，勢必讓結婚與生育的時間點不斷延後。」

找不到工作的應屆畢業生比比皆是。許多人在中國的社群媒體上發布自己躺在長椅或地上一動也不動的照片，以這種被稱為「躺平」的姿勢，來表達他們的挫折和沮喪。

《華盛頓郵報》記者蔣曜宇（Vic Chiang）、楊麗蓮（音譯，Lilian Yang）和郭莉莉（Lily Kuo）寫道：「今年，已看不到那些笑容燦爛的畢業生高舉畢業證書、把學士帽拋向天空的畢業照，也沒有一臉驕傲的父母站在身邊。取而代之的，是二〇二三年一整屆的畢業生拍下自己垂頭喪氣的樣子，他們躺平在地，遮住面孔，或是身體癱軟地掛在欄杆上，雙手無力下垂。」這些社群媒體照片通常會標上「殭屍風格」、「躺平」等標籤。據新加坡中文媒體《聯合早報》報導，一名應屆畢業生簡文昕（音譯）不想徒勞無功地去尋找一份學以致用的工作，而決定在上海住家附近的星巴克咖啡連鎖店上班，讓他的同學跌破眼鏡！這一年，中國的應屆大學畢業生多達一千一百六十萬，就業競爭異常激烈。《聯合早報》指出，像簡文昕這樣的學生，「剛走出長達三年的新冠疫情陰霾，卻迎來中國多年來最嚴峻的就業寒冬。」這批應屆畢業生不只人數創新高，還必須與因疫情延宕求職的前幾屆畢業生競爭，使得就業市場競爭異常激烈，甚至連來自頂尖高校的學生也感受到前所未有的壓力。二十一歲的南京大學畢業生布蘭達．陸在接受《華盛頓郵報》採訪時表示，「『躺平』，代表我想選擇自己的生活方式。並不是我什麼都不做，而是我不在乎其他人在這個我無法認同的環境中做些什麼。」對她而言，這是一種對社會期待以及僵化教育體系的無聲抗議。她說：「在疫情的三年裡，我的同學們被困在宿舍上網課，彷彿被囚禁在監獄一樣。許多人幾乎失去了所有社交生活，如今正絕望地尋找出路。今年的求職潮，只能用『悲慘』兩字來形容。」

二十二歲的徐瑞（音譯）畢業於中國東部的杭州理工大學，她很肯定地表示：裝出一副意志消沉的樣子在公園躺平，是一種表達內心絕望的方式，「這正反映了當前中國大學生的心理狀態。」她在尋找數位藝術相關工作的待業期間，無奈地接受了一份祕書實習工作。她說，「有人被裁員，薪資也一再下調。」她還有朋友甚至接受了月薪約三百歐元的工作。「杭州的房租那麼貴。你靠這個薪水要怎麼過活？」二十二歲的德克斯特．楊是廣東省佛山科學技術學院的學生，他也毫不避諱地表示，三年的疫情讓他們同儕對未來充滿了迷惘與不安。「我認為當前的現象正說明了疫情對人們造成的巨大衝擊。」他在接受《華盛頓郵報》採訪時，躺在大學校園的地上，臉上蓋著學士帽。

訊息再明確不過：就業市場令人沮喪。「對於應屆畢業生而言，這無疑重挫了我們的信心，尤其當我們看到大型企業接連裁員的情況。」對於《國際信使報》的華裔記者張竹林來說，情況短期內恐怕不會好轉。許多中國人開始質疑官方公布的失業數據，渴望知道實情。北京改革與發展研究中心研究員王敏遠在微信（相當於中國版的推特）上批評「虛假的官方失業率統計」，並表示自新冠疫情以來，就業情勢已大幅惡化。張竹林在《費加洛報》上發文指出，「中國經濟界，尤其是政府高層，一直寄望在歷經三年嚴苛防疫政策後，經濟能迅速復甦，然而這場復甦至今仍未真正出現。」這位《中國造的監控社會》一書的作者進一步指出，那些無法「從令人絕望的失業泥沼中掙脫出來的年輕人，歷經被裁員以及屢次求職被拒的過程，多為修習哲學、法律、文學和歷史等人文科學的應屆畢業生，他們坦言已經放棄知識型職業，轉而從事體力勞動的工作」。中國的領導階層則希望說服他們接受這樣一個「不同的現實」。

五月四日是中國的青年節，國家主席習近平在這一天呼籲中國青年要懂得「吃苦」，並以自己在文化大革命期間下鄉勞動的經歷為例。當年，毛澤東號召全國超過一千六百萬青年下放至農村，從事艱苦的體力勞動[7]。而如今，其他沒有文憑又找不到穩定工作的人，最後往往只能加入無數快遞員或網約車司機的行列，這些工作薪資微薄，勞動強度極高，工時冗長，僅是無奈之下的替代選擇。根據《國際信使報》援引的一項官方調查，截至二〇二三年底，中國已有多達八千四百萬人從事網約車或外送配送等行業。中國社會的「優步化」（uberisation）突顯出中國勞動市場日益脆弱的現實，而勞動市場本應是支撐中國社會穩定的基石之一。至於年紀稍長的勞工，處境更顯艱難：對於年過三十五歲的失業者而言，想要重返職場幾乎難如登天。《紐約時報》曾報導一位史恩．梁的經歷，他在三十歲時就開始憂心所謂的「三十五歲魔咒」，這是在中國廣泛流傳的說法，認為一旦跨過三十五歲這個年齡門檻，職場生涯便會趨於不穩定。他坦言：「我因為喜歡運動，看起來比實際年齡年輕一些。但在這個社會眼中，像我這樣的人，已經不具競爭力了。」

米婭．范接受《南華早報》採訪時表示，她在杭州從事金融業管理職，但已被公司裁員。為了不讓公婆察覺自己失業的事實，她每天早上仍假裝去上班。她一出門就去星巴克咖啡待著，並在那裏上網寄送求職履歷。「我不想讓他們擔心。而且如果我整天待在家裡什麼都不做，會在女兒心中留下不好的印象。」她已經在各種求職網站上投遞了七十多個職缺，但都沒有滿意的下文。有些公司甚至直接回覆，表示只考慮三十五歲以下的應徵者。香港報章引述一位獵頭顧問王晨旭（音譯）的說法，解釋這個三十五歲「魔咒」的原委：「除非中年求職者有極為出色的履歷，否則企業往往會優先選擇年輕人，因為他們更容易培養，也能更快適應成長與變動。」

青年失業率的飆升格外令人憂慮，因為它對整體社會造成深遠衝擊。畢竟年輕人肩負著扶養退休長輩的責任，因為中國的退休制度還不太健全，遠遠不能與西方國家相提並論。在中國，員工和雇主需共同繳納醫療保險費，保費比例依地區與產業而異。其中一部分資金存入個人帳戶，另一部分則納入統籌基金。然而，中國的人口老化速度飛快，預計在未來二十年內，達到退休年齡的中國人將超過整個美國的總人口。到二〇四〇年時，六十歲以上的中國人將達到約四億兩百萬人，占總人口的百分之二十八。這也導致中國陷入「未富先老」的困境，在一個債台高築的國家裡，財政吃緊的政府幾乎無力應對這場急劇加速的人口變化。

美國《外交政策》雜誌最近指出：「這一趨勢不僅代表中國失去了廉價且技術嫻熟的勞動力優勢，也預示著另一項令人焦慮的挑戰正迅速逼近——那就是，如何為日益龐大的高齡人口提供充分且妥善的照護。」

讓外國商界心驚膽戰的新間諜法

出於對國家安全的高度重視，中國加強了對境內外國從業人員的管控。《反間諜法》修訂案自二〇二三年七月一日生效以來，賦予當局更大的執法空間，以應對他們認定的國家安全威脅。根據這項新法，未經授權取得「與關係國家安全和利益的檔案、數據、資料、物品」的話，即可被視為從事情蒐活動。中國政權強調，世界各國均有類似法律，中國有權「保護國家安全」，並承諾會同時恪守法治原則。然而，外資商界對中國經濟前景本已信心不足，如今更因這部新法而惶惶不安。美國審計公司美思明智和戰略管理諮詢公司貝恩的中國辦事處遭突擊搜查，員工亦被扣留訊問，已經在外資企業圈引發一波恐慌情緒。美國耶魯大學蔡中曾中國中心的高級研究員唐哲向法新社表示：「正如中國常見的情況一樣，間諜和國家安全的模糊定義給予當局更大操作空間，與外國人和外國組織接觸的中國公民可能產生寒蟬效應。」

美中貿易全國委員會（USCBC）會長克雷格．艾倫指出，這些改變「難免引起人們對某些例行商業活動的擔憂，這些活動如今都有可能被視為間諜行為。諸如討論商業機密、資料共享、市場調查、招聘流程和收集商業資訊，都可能落入新反間諜法的範圍。尤其該法並未明確界定哪些類型的數據、檔案和資料涉及國家安全」。除了美國之外，其他外國政府目前尚未公開表達對本國公民在華風險的關切。《日經亞洲》引述北京歐洲商會會長彥辭的評論說：「我們許多尋常的工作領域都被政治化了。在某種程度上，中國政府將國安和意識形態的政治化，視為可以互換的工具。」中國的美國商會會長何邁可也發表了類似看法：「我們聽說中國希望吸引外國投資，但同時我們也聽到這些被（警方）突襲的公司發生的事情。」根據歐洲商會最近公布的一項調查，近三分之二的受訪歐洲企業認為，如今在中國經商的難度之高，為近十年來所僅見。

二〇二三年六月，中國通過了一項新的《對外關係法》，勢必讓外資企業在中國更如坐針氈。該法為習近平提供了一個極為完備的立法架構，用以因應外國的經濟制裁，並打擊北京眼中的「西方霸權」。這項新法共分為六章，自七月一日起生效，成為這個全球第二大經濟強權對外政策的總體法律依據。耶魯大學法學專家魯德華接受法國《回聲報》採訪時表示：「這部法律將中國外交政策的優先事項明確入法，並為涉及對外關係的其他法律提供指導和依據的基礎。」因此，根據北京政府的說法，該法整合了過往有關外資管理、應對國際制裁和規範境外非政府組織的各項法規，並填補了中國在回應外部報復性行動時的法律空白。除了釐清各政府機構的職權分工之外，《對外關係法》也明確規定，中國的對外事務決策權從此屬於黨的領導之下，也就是由習近平一手掌控，這位最高領導人持續擴大對國家治理的掌控。全國人民代表大會常務委員會委員長趙樂際，負責傳達行政機關的指令，他評論道：「《對外關係法》對保衛國家和支持中華民族偉大復興具有重要意義。」這番話呼應了習近平所強調的「鬥爭」，即透過抹去一九四九年前外國勢力加諸中國的百年屈辱，重建國家的榮耀與強盛地位。

《對外關係法》雖未提出具體細則，也未明確點名任何特定國家為打擊對象。但明確聲稱，北京如今有權對危害中國主權、安全與發展利益，或違反「國際關係基本準則」的行為，採取「反制措施與限制性手段」。專家認為，這項法律可能成為中國對外資企業展開報復行動的法律依據，尤其當這些企業的母國採取被中國視為敵對的措施，或在經濟乃至地緣政治議題上發表被視為不友善的言論時。新加坡管理大學的法學教授高樹超在推特上發表的長篇分析文章中指出：「與《國家安全法》相比，這部法律更進一步強調捍衛『國家尊嚴與榮譽』等難以捉摸的概念。」這位法學家擔心該法將引發更多國際商業爭端，他警告說：「根據過往的慣例，我想現在每一家中國企業都有義務在商業往來中提出抗議，只要外國合作對象稱台灣為國家，或就新疆、香港局勢發表評論。」此外，作為這些法律的配套措施之一，中共現在要求所有即將赴海外留學的學生，出國前須接受一項「實習訓練」，謹防被境外情報機關滲透與招募。二〇二三年九月，擁有約三千二百萬人口的重慶市被選為試點城市，預計未來將在全國推行。

疑雲籠罩中國社會：走向政治與社會的寒冬

香港企業家劉夢熊，曾任中國石油巨頭東方明珠石油有限公司的副主席，長期以來是香港親中立場的堅定擁護者。然而，隨著時局演變，他漸漸與中共拉開距離，甚至成為異議分子，並因此鋃鐺入獄。如今他已與中共徹底決裂。作為曾深度參與中國權力核心運作的一員，劉夢熊無疑是最能深入解析當前中國何以陷入危機的人之一。二〇二三年八月二十一日，他在新加坡《聯合早報》上發表了一篇文章，詳細說明中國今日困局的多重成因。該報在北京高層決策圈中具有廣泛影響，其編輯方針一向與中共主流觀點一致。以下是該文中幾段發人深省的重要節錄：

「中國經濟上升期主因是大陸政府政治上中止階級鬥爭為綱，堅持經濟建設為中心，因而解放了生產力。近年經濟惡化，主因是政治上強化意識形態，堅持『馬克思是對的』、消滅私有制，強調鬥爭哲學，濫用國家安全、反間諜概念，對投資者和專業人士造成動輒誤觸法網的心理威脅，導致外商和遊客對中國裹足不前……第二，經濟上升期是在認識上堅持市場在資源配置方面的決定性作用，在政策上鼓勵私營企業發展，保護『傻子瓜子』年廣久一類民營企業家的合法權益和人身安全。但近年經濟滑坡重要原因之一是『國進民退』的惡果：在認知上片面強調『黨領導一切』，與大陸政府十三大報告『黨政分開，政企分開』改革方向背道而馳，在私企、外企設立黨委、黨支部，令國務院頒布的《公司法》《物權法》規定的企業自主權形同虛設，私企因此擔心隨時會發生『第二次公私合營』。此外，在輿論上『消滅私有制』、『私營經濟退場論』、『私企職工共管共用論』此起彼伏，令投資者人心惶惶。……第三，經濟上升期重要原因，是大陸政府在思想上強調『實踐是檢驗真理的唯一標準』，提倡『實事求是，解放思想』，令整個社會形成允許獨立思考、敢於探索，有利於激發原創動力的良好氛圍，故此人才輩出，萬眾創業，明星企業大量湧現，促進生產力發展。但近年經濟倒退的重要背景之一，正是有人違反大陸政府中央第二份歷史決議關於『禁止任何形式的個人崇拜』規定，鼓吹『忠誠不絕對，絕對不忠誠』，宣揚『定於一尊，一錘定音』，把個人崇拜推向新的高峰。……第四，經濟上升期重要動力之一，是中國在外交上將中美友好關係放到重中之重地位。正是二〇〇一年九一一事件發生後，中國第一時間表態支持美國反恐，美國遂投桃報李支持中國加入世界貿易組織，讓中國獲得最大紅利。但近年中國經濟下挫，卻與戰狼（對西方國家採取攻擊態度的外交官）外交有直接關連。」這是一個傲慢的時代。

「君不見前幾年國內一片『厲害了，我的國！』自嗨，狂言『中國已在經濟上、科技上、綜合國力上全面超越美國』。如今外交上親俄反美的實質表现，理所當然令中國逐漸失去美國西方資金、技術、市場，實際上終結改革開放，重回閉關鎖國，中國經濟大幅萎縮、失業壓力山大、廣大民眾重新返貧是必然趨勢！常言：『經濟是基礎，政治是經濟的集中表現。』中國前總理溫家寶在（二〇一三年）任內最後一次記者招待會上，曾語重心長地警告：『如果不進行政治體制改革，經濟體制改革的成果就會得而復失，類似文化大革命那樣的歷史悲劇，也有可能重演！』須知不受監督、制約、制衡的絕對權力才是最大的絕對的腐敗！且是各領域、各行業腐敗包括官場腐敗、軍隊腐敗、司法腐敗、外援撒幣腐敗、醫療藥業腐敗、教育腐敗、工程腐敗的總根子！藥方：政治體制改革包括實行憲政民主、普選制、官員財產申報公示、司法獨立、保障言論新聞自由進行輿論監督……是保障經濟高速優質發展必由之路。」

習近平呼籲這些茫然若失的年輕人要「克服困難」、「自找苦吃」。這樣的口號讓人聯想到文化大革命，對於那些經歷過毛澤東時代的人來說，這樣的言詞聽起來格外刺耳，對當今的中國年輕人而言更難以引起共鳴。即便中國社會仍處於高壓監控與言論審查之中，時代的脈動早已悄然轉變。根據官方統計，自二〇二三年夏季以來，中國十六至二十四歲年輕族群的失業率已超過百分之二十，在經濟放緩與就業困境的雙重夾擊下，青年人對現行體制的迷惘與懷疑與日俱增。如資深漢學家弗朗索瓦．丹如所指出，直到最近，為了對抗官方無所不在的「正能量」敘事，一股象徵性地表達消極抵抗的風潮悄然興起——也就是「躺平」運動。這股潮流凝聚了一批既「不想跪著」，又「不能站著」，「只好躺」的人。而如今，即便這種虛無心態仍未退場，一種更加悲觀與消極的新標語已在社群平台上迅速擴散，反映出一代年輕人對未來的深切失望與焦慮——這便是所謂的「四不青年」：不戀愛、不結婚、不買房、不生育。另一個流行詞彙則是「擺爛」。這股沮喪情緒如同一場蔓延的流行病，首當其衝的是受過高等教育的城市青年。這一代人深陷於殘酷的競爭體系之中，普遍感到自身在社會與經濟層面皆陷入死胡同。他們對未來幾乎失去信心，普遍認為，憑自身經濟能力，恐怕終其一生也難以購屋成家。在高度競爭與應試導向的教育制度下，他們承受著巨大的社會與經濟壓力，而這些壓力又往往以房價飆漲為象徵。與此同時，他們也逐漸發展出批判性的眼光，觀察並質疑貪腐現象的延續與政權日益專制化的趨勢，進而形成潛在的政治不滿。這位專家還指出，早在二〇一八年，網路上已經可以看到一些經典分析，探討受過教育的中產階級在官方持續壓制之下，對自由主義訴求日益增長的現象：「中產階級成為社會中堅後，必然要求政治權利。所以，為了維護專制政權，必須定期割韭菜，以維繫中產階級與貧困階層之間的仇恨。」社會學研究顯示，中國人的初婚年齡不斷延後。一九九〇年時，二十至二十四歲的年輕人中，單身比例為百分之六十二點五，如今已超過百分之八十五。離婚率也顯著上升，目前全國離異的夫妻超過兩成（城市地區接近三成），而一九九七年時這一比例僅為百分之十三。多數離婚起因於丈夫外遇，另一個導致離婚激增的重要原因，是自一九八〇年代起實施並於二〇〇三年修訂完善的「協議離婚」制度，加上離婚逐漸擺脫過去的社會污名[8]。

任何在過去幾十年曾密切觀察中國的人，都很難忽視一股新興的國民心態，中國人稱之為「內卷」，法文為involution，意思是生命轉向內部發展而缺乏實質進展的狀態。其背後蘊含著深刻的哲學意涵，寓意一個體系在理性邏輯走到極限後逐漸耗竭的局面。這個詞如今在精神醫學領域尤其流行，用以形容一種既無法穩定又無法轉型的系統，只能逐漸僵化，並不斷滋生侵蝕自身的問題與弊病。「內卷」的具體表現，是對競爭精神的過度推崇，使原本健康正向的良性競爭演變為同儕間的惡性內耗。這場競爭本始於積極的動力，卻因過激行為而忘記了初衷，過分強調手段而忽略意義與目標，造成人力資源的浪費，也使付出與回報之間的比例日益失衡。

受過高等教育的都會青年，早已對這場毫無意義的競爭遊戲感到厭倦，開始自創一套生存哲學，以對抗長期失業所帶來的焦慮與壓力。這套與積極正向的主流價值觀背道而馳的生活態度，被稱為「糊弄學」。主要是試圖轉移想法、自我解嘲或節省時間，因而形成「馬虎隨便」、「異想天開」或「胡說瞎吹」的行事風格[9]。媒體《虎嗅》近日刊出一篇報導，記錄了八位奉行「糊弄學」哲學的年輕人如何將其貫穿於生活各個層面：有些人對父母撒謊，讓父母相信自己積極參加「相親大會」尋找對象；有些人聲稱在加班，實際上卻在辦公室「摸魚」睡覺，也就是所謂的摸魚式加班；還有一些人謊稱經常光顧高級美髮沙龍，實則自己在家動手剪髮；甚至有人高談闊論精心規畫的長途旅行，卻從未打算真正踏上旅程。

「失業年輕人失業的情況勢必重創整個中國社會的士氣。經濟學家亞當．珀森[10]指出，「失業率已高得令人憂心，尤其受過高等教育的年輕勞動人口情況更為嚴峻。如果中國共產黨持續壓縮民眾的長期發展空間，對執政黨的不滿將與日俱增。而這種不滿已初現端倪。面對前景未卜的不安全感，不少中國人正將他們的儲蓄轉往海外，將企業生產線與投資項目外移，甚至舉家移民到風險較低的市場。久而久之，這些原本屬於少數人的選擇，正逐步成為更多階層的現實考量。」由於資金外逃涉及高度敏感的政治議題，中國官方多年來未曾發布相關統計。但許多專家認為，自二〇二三年以來，隨著經濟危機加劇，資本外流的現象已大幅增加。據悉，澳洲、加拿大、英國、美國、越南，特別是新加坡，已成為中國民眾最嚮往的資金轉移與移居目的地，而這些資產移轉多半是透過非法途徑完成的。

「資金外移的規模龐大。你們應該已經注意到新加坡近期展開罕見的打擊洗錢行動[11]。而這波行動的時機，恰巧緊接著中國外交高層王毅訪問該國之後。兩者之間是否相關，目前仍屬猜測。但可以確定的是，新加坡政府欣然接受來自中國大陸及香港的大量資金。這波資金湧入所帶來的直接效應之一，是新加坡貨幣在國外金融市場上大幅升值。這些資金有很大一部分來自透過貪腐致富的香港富豪，他們通常透過家族名下的空殼公司，輕而易舉地在新加坡完成洗錢。」對中國政經動向長期保持敏銳觀察的香港政治學者林和立如此評論。

林和立補充說：「隨著中國的資金外移，新加坡目前的經濟形勢可說令人眼花撩亂。中國政府自去年起，已制定極為嚴格的規定，嚴禁資本出走，對象不僅限於富豪階層，連中產階級也無法倖免。」他進一步指出：「除非與中央委員會的成員有特殊關係，否則在今天的中國，要將資金轉往海外，幾乎難如登天。理論上，在疫情爆發之前，每戶每年最多可以兌換五萬美元的外幣。但如今早已行不通。如今的情況是中產階級連從銀行帳戶提取人民幣現金都困難重重。有些銀行甚至在每天早晨設定當日現金提取額度。這種情況，與黎巴嫩幾無二致。[12]」

當今中國由習近平及其親信構建的全面監控體系，其深遠影響之一，是整體社會正逐步陷入一種放棄與冬眠的集體狀態，而且這種狀態可能會持續相當長的時間。美國外交關係協會資深研究員張彥在美國雙月刊《外交事務》中寫道：「中國政府打造了自己的行動應用與數位軟體系統，這的確是一項驚人的成就，但背後的目的卻是讓中國人與外界隔絕，而不是與之連結。」他接著寫道：「如今，在習近平治下的中國，『內卷』現象已深植於生活的每一層面，使這個國家變得前所未見地孤立，自鄧小平在一九七〇年代末推動改革開放以來，中國從未陷入如此低迷的狀態。」張彥指出：「對許多生活在『內卷』時代的人來說，最令人關注的是這種狀態究竟還會持續多久？」他強調，在過去，當中國經濟蓬勃發展，民眾能親眼見證生活改善時，中共相對容易贏得民心；但如今，隨著經濟壓力加劇，日常生活失去光彩，政權要維繫信任則愈發艱難。

張彥將當代中國與冷戰期間的東德相提並論，後者於一九六一年起興建柏林圍牆，以切斷與西方鄰國的聯繫。這堵由混凝土、有刺鐵絲網和瞭望塔建構而成的圍牆，使東德政權得以延續三十年，直到最終垮台。他指出：「中國的領導人似乎正在建造並升級他們的二十一世紀版本柏林圍牆。雖然成千上萬的中國公民因言論立場遭到監禁或拘留，但嚴格來說，這道牆並非是實體的存在，透過國家權力日益強化的言論審查與監控體系，築起一堵無形之牆，全面掌控社會。」他進一步說道：「如同東德所經歷的，中國如今建構的這道圍牆，是為了應對一場深層次的生存危機。在過去四十五年經濟持續高速增長的時期，人民得以暫時擱置對黨國的異議，政權維繫相對輕鬆。」但是今天的中國經濟處於半停滯狀態，當權者面臨的挑戰將更加艱鉅[13]。

揮霍無度又好大喜功

自一九七〇年代末期以來，中國的經濟增長令人咋舌，民眾的日常生活也獲得實質改善，這無疑成為中國人引以為傲的成就。這波改革開放也帶動中產階級的崛起，他們正享受著中國史無前例的繁榮昌盛。二〇二〇年時，共產黨宣布了一個轟動全國的消息：中國已無人餓死！這是執政黨治國有方的象徵。從表面上看來，這確實是一項空前的成就。只是，中共卻刻意迴避了一段不堪回首的歷史——一九五八至一九六二年間「大躍進」運動所引發的大饑荒，當時數千萬人因此喪生。中國的富強讓人民歡欣鼓舞，卻也陷入一股狂熱的建設風潮，但這場舉國規模的大興土木，如今卻留下無數閒置的基礎設施與數以百萬計的空屋。根據二〇一八年中國官方估計，全國都會地區有五分之一公寓處於空置狀態，建築開發商如今焦頭爛額，至少還有一億三千萬套住宅苦無買家[14]。此外，中國還在短短二十年內興建超過三萬六千公里長的高速鐵路，超級現代化的高鐵列車往返中國東部主要城市，有些時速甚至超過三百六十公里。這項鐵路奇蹟，若與美國相比便更見高下。美國至今仍然沒有高鐵，汽車與飛機幾乎仍是美國人出行的唯一選擇。然而，這場堪稱史詩級的鐵路成就背後，卻是中國國鐵背負的沉重債務與過度擴張的交通網。以海南省為例，當地媒體報導指出，該島南部的中型城鎮儋州，斥資約五百五十萬美元建造一座高鐵車站，但由於客流量不足，從未開放使用。地方政府坦言，若強行營運，將帶來「巨額虧損」[15]。

中國西部的貴州省是全國最貧困的地區之一，二〇二二年的人均國內生產總值為七千二百美元，但該省擁有一千七百多座橋樑和十一個機場，機場數量甚至超過中國四大城市的總和。截至二〇二二年底，貴州的未償還債務估計已高達三千八百八十億元。二〇二三年四月，貴州不得不向中央政府求助，以挽救岌岌可危的財政狀況。同樣位於中國西南的雲南省，基礎建設支出同樣呈現失控狀態，且多項工程規模龐大、與實際需求脫節。當地政府砸下數千億美元資金，興建亞洲最高的吊橋以及長達九千多公里的高速公路，還有數量過剩的機場，規模甚至超越其他交通需求更高的省分。儘管雲南曾享有數年高速成長的黃金時期，現在卻陷入幾乎停滯的零成長。根據聯合資信評估公司的資料顯示，該省在二〇二一年的債務與收入比為百分之一百五十一，遠高於二〇一九年的百分之一百零八，已達到國際貨幣基金組織認定的警戒紅線。

如果說這場揮霍無度的建設浪潮如今正逐步進入「軟著陸」階段，那麼它所留下的後遺症，仍將長期壓在中國經濟的肩頭。早在二〇二二年，習近平便已拉響警報，於一次黨內幹部會議上坦言，中國過去數十年所倚賴的經濟發展模式已走到極限。「有的急功近利、好大喜功，以為發展就是上專案、搞投資、擴規模。但在新形勢下發展不能穿新鞋走老路。」他說。

哈佛大學經濟學教授肯尼斯．羅格夫指出，中國當初的規畫過於龐大，如今陷入騎虎難下的局面，大量基礎設施既無實際用途，維護成本卻極為高昂。他表示：「中國眼下面臨的主要問題，是所興建的一切，回報率都在持續下滑。任何發展終究都有其極限。」由於過度建設導致營運成本大幅攀升，加上整體投資報酬率逐年下降，如今中國必須投入約九美元的資本，才能換得一美元的國內生產總值。相比之下，十年前僅需五美元，而在一九九〇年代更只需三美元。

在這場好大喜功的建設狂熱之中，許多地方政府的解決方案就是大肆舉債。根據瑞士巴塞爾國際結算銀行的資料，中國在二〇二二年時，中央與地方政府的總債務已接近國內生產總值的百分之三百，不僅超越美國，亦遠高於二〇一二年時不足百分之二百的水準。這些貸款多半建立在過於樂觀的經濟預期之上，導致不少地方政府如今連償還利息都力有未逮。紐約智庫榮鼎集團分析指出，目前中國地方政府為推動基建項目而成立的融資平台中，僅有約百分之二十的機構擁有足夠的儲備金來應付短期債務，主要是償還中國和外國儲蓄者持有的債券利息。

中國經濟如今陷入一道棘手的方程式：一方面支出急劇攀升；另一方面則由於當前的不確定性，家庭消費保持穩定，甚至有下滑趨勢。中國人習慣重儲蓄而少消費，以備未來不時之需。根據世界銀行的資料，家庭消費占中國國內生產總值的百分之三十八，這一比例長期保持不變，遠低於美國的百分之六十八。但眾所周知，習近平所倚重的核心幕僚多數缺乏紮實的經濟專業能力。研究中國經濟的專家表示，這些幕僚對於推動中國轉型為類似西方的消費導向型經濟模式，始終抱持懷疑態度，更傾向於維持傳統的「重生產、重國企」模式。當前中國工業發展的優先重點仍然是半導體以及人工智慧領域，中國在半導體這一領域明顯落後於西方。

8

中國商業黃金國度的海市蜃樓：一個逐漸消逝的神話
Le mirage d'une Chine Eldorado pour les affaires : ce mythe qui s'efface

「在所有發現的源頭，總存在著一個黃金國、一條通往神祕印度的航道、一顆點石成金的賢者之石、一個窮究天理的大哉問，以及一段唯有先知能從容述說而不懼嘲諷的神話。」

——羅蘭・歐姆內斯，法國物理學家與量子力學專家

幾十年來，飛往中國的飛機塞滿了商界人士，他們沉醉於這個嶄新黃金國度的無限商機。然而現在情勢已然改變，在中國輕鬆獲利的時代早已一去不復返。政治和經濟的高度不確定性，正為商業環境籠罩上陰影。對於外國投資者來說，風險與收益的比率已轉為負值。相較之下，新加坡、越南與印度脫穎而出，成為這場轉變中的最大贏家。昔日對中國的幻想，如今正逐步被幻滅取代。

各國外交部門著手「降低中國風險」

歷經四十年的沉迷與憧憬，西方投資者對中國的幻想面臨破滅的時刻。由於西方經濟不可能與中國完全脫鈎，如今各國政府所採取的新策略是「降低風險」(de-risking)，而非美國所倡議的「脫鈎」(decoupling)，後者意在切斷彼此所有經濟上的相互依賴關係。最早提出「降低風險」一詞的是歐盟執委會主席烏爾蘇拉・馮德萊恩，這個新外交語彙的含義清晰而直接：從今爾後，與中國簽署任何協議之前，務必先對潛在風險進行全面審慎的評估。該筆交易是否將進一步加深對中國的依賴？是否可能使中國取得具備「軍民兩用」的敏感技術，進而應用於軍事領域？即便是曾大力倡導在最敏感領域與中國「脫鉤」的美國，也開始採納這種思維。畢竟，西方國家深知與中國經濟完全脫鉤幾乎不可能，但自從俄羅斯入侵烏克蘭以來，西方國家也意識到依賴俄羅斯的危險。尤其是德國，在被迫切斷對俄羅斯石油與天然氣的依賴後，更深刻體會到高度依賴的代價與潛在災難

二〇二〇年春天，隨著首波新冠疫情攻城掠地，歐盟才恍然發現自己對中國和印度的依賴程度遠超乎想像，甚至在如阿斯匹靈這類基本藥品的供應上亦是如此。歐盟執委會委員蒂埃里・布雷東早已多次發出警告，但是直到二〇二二年二月二十四日，歐洲各國政府才明白，

這一問題對歐洲的未來與其產業主權構成了重大的戰略挑戰。歷經這場震撼教育之後，歐洲經濟體的重整啟動了一段艱辛卻勢在必行的蛻變之路。「降低風險」這個詞，已成為西方各國領導圈中耳熟能詳的口頭禪。這場集體的深層反思，才正拉開序幕。

外國企業不如歸去

在中國的外資商界情緒持續惡化，許多在華的西方企業負責人選擇離開這個曾被視為充滿商機的市場。二〇二三年六月二十一日，北京歐洲商會會長彥辭坦言，歐洲企業對中國市場的信心已跌至歷史新低。他對媒體表示：「信心水平幾乎降至有紀錄以來的最低點。」「沒有人期待未來五年內的商業環境會真正改善。」他補充說，「我們的會員對情勢好轉並不抱太大希望。」根據歐洲商會的報告，在該會註冊的五百七十家歐洲企業當中，三分之二認為當前的經營環境比以往更加複雜，相較於二〇一九年底疫情爆發前不到五成的數據，比例大幅上升。而五分之二的企業認為，中國的商業環境正變得日益「政治化」。

另一方面，根據該報告，已有十分之一的歐洲企業決定從中國撤資，另有五分之一的企業正在考慮跟進，或已暫緩相關決策。該報告還發現，在這些選擇轉移投資的企業中，最熱門的遷移目的地是新加坡（占百分之四十三），其次是馬來西亞，只有百分之九抽身離開的企業領袖將目標轉向香港。在中國設廠的美國企業，前景同樣黯淡。根據北京美國商會在二〇二三年三月發表的一份研究報告，二十五年來，首次有大多數美國企業不再將中國列為「前三大投資優先市場」之一。雖然絕大多數公司尚未打算完全撤出中國，但受訪企業大多表示已開始重新評估在中國的投資規畫，多數傾向縮減規模，最佳情況則是維持現狀。商會會長華剛林表示：「去年，也就是二〇二二年，對本商會會員來說，格外具有挑戰性，除了面對中國經濟放緩與嚴格的疫情管控措施外，還得投入大量精力，應對層出不窮的新法規。」此外，百分之六十六的會員企業將中美關係日益緊張視為經營挑戰之一。另有百分之六十五的企業坦言對中國是否將進一步向外資開放，抱持「不確定」的態度。而近半數受訪的美國企業更直言，相較於前一年，他們感到自己在中國「不再那麼受歡迎」。

最終的結果，就是大型外國企業紛紛表態有意撤出中國，將生產基地遷往他國。這些企業不乏世界領先的品牌，包括美國消費性電子巨擘蘋果（二〇二二年宣告）、日本汽車製造商馬自達、法國汽車集團斯泰蘭蒂斯、美國科技龍頭微軟（部分產線）、日本電玩遊戲大廠任天堂、美國消費性電子產品製造商戴爾與惠普、日本電子業者索尼（部分產線）、韓國大企業三星以及美國知名電商巨擘亞馬遜（部分產線）等。其他國際品牌也可能陸續跟進。這波產業遷移潮的兩大受益者是印度與越南。中國原本妄想有朝一日能成為世界實驗室，但如今反而面臨失去「世界工廠」地位的風險。大量外資撤離，影響深遠，對內將衝擊就業市場，對外則進一步損害中國的國際形象。而導致商業環境惡化的原因，正是因為外企在中國經營日益困難。凡是希望在中國成立合資企業的外國公司，從一開始就不得不接受一項現實條件：中方夥伴必須持有至少百分之五十一的股份，並因此在董事會中擁有決定性投票權。久而久之，外企所面對的法規不僅數量驟增，也愈加複雜繁瑣。最後，許多外國企業的中國子公司往往還要面對另一層壓力——愈來愈多公開代表中國共產黨利益的勢力滲入企業內部，實質介入其日常運營與決策。

咄咄逼人為失友之道：一落千丈的中國形象

中國試圖展現自信強勢的國家形象，然而此其局限性正日益顯現。「戰狼外交」的強硬作風，不但未能實現原先設定的外交目標，反而適得其反，導致中國國際形象每況愈下。況且中國的軟實力在西方也已失靈，國際輿論對其觀感持續惡化。美國皮尤研究中心每年針對全球主要國家進行大規模民調，根據其二〇二三年發布的調查報告，這一現象有明確數據佐證：在來自二十四個國家的三萬名受訪者中，有百分之六十七的人對中國持負面看法，僅百分之二十八的人對中國持正面評價，這是該機構自二〇〇二年開始進行相關調查以來的最低支持比例。對中國抱持負面觀感的比例如下：澳洲和日本高達八十七％（後者在二〇〇二年為四十二％）、瑞典八十五％（二〇〇七年為四十％）、美國八十三％（二〇二〇年為七十九％）、加拿大七十九％（二〇〇五年為二十七％）、韓國七十七％（二〇〇二年為三十一％）、德國七十六％（二〇〇五年為三十七％）、英國六十九％（二〇〇五年為十六％）、法國七十二％（二〇〇五年為四十二％）、印度六十七％（二〇一四年為三十九％）。

這些數字反映出「中國夢」在國際間的光環正在迅速消退。但是在多數新興國家中，中國仍維持一定程度的正面形象，因此整體觀感下降的幅度沒有那麼驚人：例如巴西對中國持負面看法的比例為四十八％（二〇一七年為二十五％）、南非四十％（二〇一四年為四十％）、阿根廷三十四％（二〇一四年為二十二％）、墨西哥三十三％（二〇一七年為二十三％）、印尼二十五％（二〇一三年為二十四％）、肯亞為二十三％（二〇〇九年為十％）、奈及利亞十五％（二〇一三年為十一％）。另外，該調查也發現，平均有高達百分之七十一的受訪者認為中國對世界和平貢獻甚少或毫無貢獻，僅有百分之二十三表示認同其和平形象。這無疑凸顯出北京多年來致力塑造的「熱愛和平大國」形象宣傳，實際上收效甚微。此外，有高達百分之五十七的人認為中國干涉他國內政，僅百分之三十五的人持相反看法。在領導人形象方面，習近平主席亦未能贏得國際社會的信賴。在亞洲及西方的二十四個受訪國家中，半數以上的民眾對其毫無信心。只有印尼、奈及利亞和南非的民眾多數對他抱持信任。經濟實力方面，中國不再被普遍視為全球首屈一指的經濟強權，僅有百分之三十三的受訪者認為中國仍居世界經濟領先地位，而百分之四十六的受訪者則持相反看法。值得一提的是，在多數新興國家中，人民仍普遍認為與中國的經濟往來為本國帶來實質利益：例如在奈及利亞、肯亞與南非，這一比例高達百分之七十。至於美國人民，當他們被問及哪個國家對美國構成最大威脅時，他們幾乎一致認為是中國，俄羅斯則居次[1]。整體而言，這些結果發人深省：習近平推動強硬、咄咄逼人的外交政策，結果卻適得其反，以致現在被視為國際舞台上的麻煩製造者。

對於香港，人們的評價也如出一轍，這座曾被譽為東方之珠的國際都會，在北京當局強勢「收回控制權」之後，國際形象迅速惡化，幾乎喪失作為世界金融中心的地位。這座擁有七百五十萬人口的城市，如今面臨外籍人士大舉撤離的局面。根據美國駐港總領事梅儒瑞的說法，二〇二二年和二〇二三年之間，曾在領事館登記的美國人已有百分之二十離開，目前僅剩約七萬人留港。歐盟在二〇二三年八月二十五日發表的一份報告也指出，中國對香港與鄰近的澳門實施日益嚴格的嚴格控管，正在逐步削弱這些城市對歐洲人的吸引力。這份報告並強調：「這些發展正逐漸侵蝕香港的法治，而法治曾是香港經濟成功的基石。」旅居香港的法國女企業家瑪麗．勒布朗表示，過去三年來，居住在香港的法國人紛紛離去。「主要原因與防疫期間的嚴苛限制和《國家安全法》有關。這座城市的變化既劇烈又迅速，幾乎令人措手不及。」香港顧問大衛．梁指出，香港不再是西方年輕人尋求職涯發展的首選地點。「香港目前所呈現出的負面形象，對於那些原本希望到海外闖蕩並前往陌生國度探索、找工作的人，不無影響。歐洲和北美年輕人曾將香港視為夢想中的目的地，但現在一切都變了。」[2]

前往中國的外國旅客人數日漸稀少，而中國曾經是最受西方遊客青睞的旅遊目的地之一。根據北京市統計局的資料，二〇二三年一月至六月，前往中國首都旅遊的外國人只有四十萬七千九百人，僅相當於二〇一九年全年旅客總數的百分之十一。至於中國旅遊樞紐之一的上海，情況也不容樂觀：二〇二三年上半年，僅有一百二十萬名外國旅客前往上海，人數是二〇一九年的百分之十三點八。根據中國文化和旅遊部的報告，中國各地的旅行社在二〇二三年第一季僅接待了五萬二千名外國旅客，而在疫情之前，二〇一九年第一季所接待的外國旅客高達三百七十萬人。

9

「中國夢」的終結：末日將近的政權？

La fin du « rêve chinois » : un régime en bout de course ?

「帝國崩潰在即，其法愈發離奇。」

——西賽羅

被中共視為異議人士的中國天體物理學家方勵之早在一九八〇年代就曾指出，「每過十年，這種將真實歷史從中國社會記憶中完全抹掉的事總是一再發生。」四十年後，事實證明他是對的。城市遭到破壞、過度水泥化、自然環境被肆意破壞、污染失控、房地產業岌岌可危、公共債務高築、歷史被任意篡改、藝術與文學淪為政權的工具——儘管中國共產政權仍舊堅實穩固，但它正一步步成為自己歷史的掘墓人。這個政權正在自欺欺人，背叛它曾宣稱的信仰與使命。

粉飾太平的藝術

中國共產黨自一九二一年創黨以來，始終奉行一項一以貫之的政策，就是在官方敘事中抹去所有歷史的黑暗篇章，只留下鋪天蓋地的豐功偉績供人民傳誦。以一九五八年至一九六二年間發動的「大躍進」為例，所造成的深重災難，在中國人能接觸到的文獻中幾乎隻字未提。不但未見那場造成約四千萬人餓死的悲劇，更不可能紀錄那一幕幕令人髮指的食人事件。當時中國人為了活下去，不得不吞食親人的屍體，這種慘況在二十世紀的人類歷史中，幾乎是獨一無二。一九五九年到一九六一年，是災情最為慘烈的三年，農村地區的民眾窮困至極，只能啃樹皮或鞋皮果腹。各方對死亡人數的估算雖然有所出入，但遠遠高於官方數據。新華社駐河南省信陽市的記者魯保國，後來才向作家楊繼繩吐露他從未敢公開的真相：「一九五九年底，我從信陽坐公共汽車到羅山和固始，走了很長的路。透過車窗，我可以看到溝渠裡的屍體。車上沒有人敢談論死亡。在光山縣，每三個人中就有一個死了。雖然到處都在死人，但當地的領導們卻在享受美食和美酒……親眼看到說真話的人受到那麼多的摧殘，我哪敢寫？」

一九五九年至一九六〇年間，擔任信陽市專員張樹藩之祕書的余德鴻說：「回到離我家五公里的防胡兩邊死人一片，一百多具屍體在野外沒人埋，走到河塘兩邊的葦塘裡，又看到一百多具屍體。外面傳說屍體被狗吃了，還說狗吃人吃紅了眼。這是不符合事實的，狗早被人吃完了，那時哪有狗？」這類駭人聽聞的親身見證，在外國學者的研究文獻中屢見不鮮，然而在中國的官方宣傳資料中卻絲毫不見記載。根據目擊者的描述，楊繼繩寫道：「在田間偷吃莊稼的人被打死。人吃人的現象因饑荒再度大規模出現，易子而食，有的在晚上把屍體剖開吃。反抗者會被打死。」一九八一年以前，中共官方將這段歷史稱為「三年自然災害」。自一九八一年六月起，則改用語氣更含蓄的「三年困難時期」。

對於那段災難性的「文化大革命」時期，中國官方同樣採取瞞天過海的掩蓋手法。這場原名為「無產階級文化大革命」的運動，起初是毛澤東在黨內地位受到挑戰時所發動的政治鬥爭。根據《人民日報》於二〇一一年出版的《交鋒：當代中國三次思想解放實錄》一書記載，中國人民解放軍十大將領之一葉劍英，曾於一九七八年至一九八三年先後擔任黨的第一副主席和國家主席，在一九七八年十二月十三日的黨中央工作會議上聲稱：「中央經過兩年零七個月的全面調查，文化大革命死了二千萬人，受政治迫害人數超過一億人，占全國人口的九分之一，浪費了八千億人民幣。」法國漢學家杜明認為這場運動導致的死亡人數達數百萬。即便是中國現任領導人習近平的父親習仲勳，也曾被扣上「反黨分子」的帽子，遭受公開批鬥與嚴厲的自我檢討。

二〇一六年五月十七日，《人民日報》罕見打破長久以來的沉默，在一篇社論中對文革做出明確表態：「歷史已充分證明，文化大革命在理論和實踐上是完全錯誤的，它不是也不可能是任何意義上的革命或社會進步。」一九七八年十二月，鄧小平成為中國最高領導人。三年後的一九八一年，中共正式指出，文化大革命「使黨、國家和人民遭到建國以來最嚴重的挫折和損失」。然而，這些承認歷史真相的語句，如今已難以在中國的官方媒體或宣傳報導中再見蹤影。

同樣地，中共政權在其官方歷史敘述中，對於獨裁者毛澤東的作為仍保有相當正面的評價，即使他對數千萬中國人死亡負有直接責任。一九七六年毛澤東去世後，其極端的意識形態政策一度在黨內受到公開批判，終結他一手造就的個人信仰和偶像崇拜，但官方宣傳從未公開清楚地交代其政策錯誤及所造成的具體後果。在他死後不久，包括其遺孀江青在內的「四人幫」迅速受到審判，這場透過電視轉播的審判，讓全國人民第一次看到毛路線徹底被打入冷宮。關於文化大革命造成的人命損失，官方始終避而不談。歷史學家的說法即使各有不同，但都一致認為數以千萬計的中國人曾在這場浩劫中遭受程度不一的迫害。一九八一年，中共中央在《關於建國以來黨的若干歷史問題的決議》中，指出毛澤東應對文化大革命負責：「一九六六年五月至一九七六年十月的『文化大革命』，使黨、國家和人民遭到建國以來最嚴重的挫折和損失。這場『文化大革命』是毛澤東同志發動和領導的。」在今天的中國，如果有人希望在官方媒體上找到這句話，恐怕只是白費力氣。同樣被刻意封存的，還有一九八九年震驚世界的天安門大屠殺。除了少數高層官員外，幾乎無人可以取得這段歷史的真實紀錄。一般稱此事件為「六四運動」，或簡稱為「六四」，政府使用的官方術語是「一九八九年春夏之交的政治風波」。那一天，中國人民解放軍調派了二十二個師進入北京市中心，共計二十萬名士兵。根據一些證詞指出，部分部隊曾於行動前被施打藥物，使士兵失去自制能力，毫不留情地向民眾開槍。有些民眾則被坦克輾壓而亡。官方公開的死亡人數，包括士兵在內，是二百四十一人。而且大內宣聲稱大部分的示威者都是罪犯和暴徒，與學生毫無關係，軍隊是為了「拯救中國的社會主義」才採取鎮壓行動。西方媒體估計死亡人數最可能的估計為二千人，最高甚至達到一萬人。

在這場重塑中國歷史的浩大工程中，習近平自詡為五千年前一統天下的秦始皇[1]的當然繼承人。而這樣的歷史敘述，也成為今日中國社會唯一被允許存在的官方版本。這場宛如進行「思想前額葉切除術」般的意識形態改造從未停歇，絕大多數民眾早已內化這種單一視角，甚至喪失了懷疑與追問的意願。在比爾·海頓[2]看來，「中國人將自身的起源追溯至五千年前的黃帝，這其實是在二十世紀初才出現的概念，其主要目的是創造一種以漢族為中心的身分認同。」他進一步表示：「十年前，人們尚能接觸不同觀點、對歷史進行多元詮釋。但如今，一場打著反對『歷史虛無主義』旗號的大規模政治批鬥正如火如荼地進行，凡是質疑官方史觀的聲音都被打壓，獨立學者再也不能進行批判性思考，外國研究者無法接觸國家檔案文獻，中國與世界在歷史記憶上的鴻溝，正日益加深。」

比爾．海頓指出，「在中國的學校所教授的國史版本是親近、簡單、實用且容易內化的。對於一個中國人而言，若要質疑這套敘事，往往需要付出極大心力。因為這套歷史觀已經深入人心，人人引以為傲。至於文化大革命的歷史，家家都有自己的親身經歷。但人們不再提及這些，也沒有人再主動傳承給年輕一代。這種集體三緘其口的情況更有助於中共強行灌輸其官方版本的歷史。」他接著說：「當中國學生在西方國家遇到談論西藏、香港或南海問題的人時，往往無法與對方建立任何共識。若談及一九八九年的天安門示威，他們則會理所當然地認為西方版本才是錯誤的，而我們之所以相信這種觀點，是因為被西方的宣傳誤導了。在抵禦『西方歷史觀病毒』方面，中共對中國人民的思維進行『預防接種』，的確做得非常成功。」當談到中華民族這一概念的界定時，也同樣受到黨的意識形態支配。「黨國主張的是一種『封閉疆界』的民族觀，凡生活於疆域之內者，皆被視為同一個民族。習近平的政策目標之一，就是徹底消除一切差異與多元認同。當前中國的官方意識形態是民族主義與社會主義的結合，也就是一種『國家社會主義』。這雖與納粹主義不同，但當民族主義與社會主義兩股力量朝同一方向推進時，其合力極為驚人。」在今天的中國，一些歷史事實都被一筆抹煞了。「如果您指出馬克思主義源自歐洲，與您進行討論的中國人很可能會堅決矢口否認。」[3]

在湮沒真相的諸多行動中，最明目張膽的例子之一，是中國共產黨精心策畫的大規模隱瞞疫情行動。二〇一九年秋天，新冠病毒在中國武漢首次現蹤後，中共立刻全面封鎖資訊，試圖拖延全球對疫情真相的認知與反應。中國官方宣傳機器全力動員，阻撓世界衛生組織深入調查病毒來源。同時，政權也不遺餘力讓第一時間發出警訊的吹哨者噤聲。這些最早向同儕與當局發出警告、提醒這種未知病毒危險性的醫生，在社群媒體上被潑髒水，有些人甚至被迫簽下悔過書，以免遭受牢獄之災。來自武漢的眼科醫師李文亮就是其中一人。他被公安約談，受到嚴厲警告，並被迫在一份訓誡書上簽字，承認自己「發表不實言論」，「嚴重擾亂社會秩序」。他後來告訴媒體：「公安認為……我在散布謠言。他們要求我承認犯錯。我感到自己受到了不公正對待，但我不得不接受。」二〇二〇年二月七日，這位醫生病逝於醫院病床，武漢街頭和社群媒體上瞬間陷入震驚與悲憤：他被視為民間英雄。當天，「#李文亮去世」的主題標籤瀏覽量達六億七千萬次，而「#IwantFreedomOfSpeech」則一度登上微博熱門標籤榜首：「我們知道他們在說謊，他們也知道他們在說謊，他們知道我們知道他們在說謊，我們也知道他們知道我們知道他們在說謊，但是他們依然在說謊。」

包括張展與方方在內的多位中國記者、律師與作家，曾在疫情爆發地試圖進行調查，卻遭當局逮捕，其中部分人士至今仍身陷囹圄。如今真相已逐漸明朗，在疫情初期的幾週內，中共當局三緘其口並費盡心思隱瞞尚未擴大的疫情，不僅錯失防控契機，更助長疫情迅速蔓延至全球。該政權遲遲不與國際社會共享關鍵資訊，無疑造成數十萬人喪生，甚至可能導致數百萬條生命的消逝。

根據南安普敦大學研究團隊於二〇二〇年三月發表的一項研究顯示，如果北京當時能提前三週對外公布疫情真相，新冠確診病例本可減少高達百分之九十五，病毒在全球的傳播規模也將以相同比例大幅降低。到了二〇二〇年四月，疫情已經波及數十個國家，感染人數約達二百五十萬，死亡人數則超過十七萬七千五百人。密西根大學公共衛生學院教授霍華．馬克爾二〇二〇年三月在《自然》期刊中表示：「中國延誤採取行動，很可能是這場全球性災難的主要原因。」二〇二〇年四月二十三日，澳洲總理史考特．莫里森率先公開呼籲，應對病毒的起源進行國際調查，並要求世界衛生組織獲准前往中國展開實地調查。他在坎培拉舉行的記者會上表示：「我們需要對那裡發生的事情進行國際調查。我們希望全世界在面對這些病毒時更加安全。我也希望所有國家，無論是中國還是其他國家，都能贊成這個目標。」北京立即勃然大怒，中國外交部發言人耿爽嚴詞回應：「澳洲提出的所謂獨立調查其實是一種政治操縱……我們奉勸澳方放棄意識形態偏見。」

中國隨後對澳洲進行大規模貿易報復，澳洲外交部長痛批此舉構成「經濟威脅」。中國禁止進口澳洲肉類，並對大麥、糖、龍蝦、煤炭、銅、棉花和澳洲葡萄酒徵收高達百分之八十的關稅。到二〇二〇年底，這些報復性措施已對澳洲造成一百九十億美元的經濟損失。至於病毒的起源，恐怕我們永遠無法獲得完整真相。中國始終拒絕讓真相水落石出，這種刻意壓制與遮蔽的態度不免令人懷疑，其背後是否潛藏著某種不堪揭露的內情。目前關於病毒來源的說法依然莫衷一是。其中一種最具可信度的說法是實驗室失誤和／或外洩事故。另一種雖然帶有陰謀論色彩、卻尚未被完全排除可能性的說法是：中國人民解放軍的研究人員當時正致力於研發一種極具殺傷力的生化武器。

中國共產黨如何成為中國文化認同的掘墓人

中國共產黨成立於一九二一年，初衷是帶領中國擺脫貧困、打擊貪腐，並依循鄧小平所倡導的「實事求是」理念，不斷推動國家進步。但時至今日，這一切還剩下什麼？

如今，中共自上而下皆被貪腐侵蝕，早已蛻變為一台高度意識形態化的機器，幾乎只為習近平一個人服務。中國共產黨已背棄了創黨時的理想與信念。

中共政權是否已成為中國文化認同的掘墓人？

這不僅是值得深思的疑問，更已成為不可迴避的現實。目睹中國過去引以為傲的豐富文化正逐步消逝，著實令人黯然神傷：地方語言的豐富性遭到壓制、精緻藝術逐漸凋零、數世紀以來受世人景仰的文明表現力日益消退、宗教信仰與民間傳統在官方的刻意打壓下日漸式微、文學與電影等文化創作也淪為黨的宣傳工具而逐漸僵化。取而代之的，是一個建立在物質主義與消費主義上的社會。

人類學家郭於華以其不妥協的批判立場聞名，她在接受記者張彥訪問時談到：「中國共產黨對中國歷史及其傳統儀式的強行扭曲，是對集體記憶的全面占領。整個社會如今圍繞著政治與革命儀式建構，而這些儀式已經取代了原本屬於人民的文化實踐。」她補充說：「學生比以前更天真。能考進北京大學或清華大學的，當然不是笨蛋，在科學領域往往表現出色，但一談到意識形態，他們的思維卻像小孩子一樣。你要知道，他們從很小的時候就已經被『洗腦』了。[4]」在北京中國人民大學任教的梁鴻則指出，今日的校園已淪為「集體失憶」的實驗室：「當前中國的生活已成為一場真正的悲劇。傳統正逐步消亡，人們遺忘了一切，失去了對過去的記憶。八字命理、五行、八卦（道教文化的根基），如今對大多數人而言早已毫無意義。整個文化傳承都已失落殆盡。[5]」法國人類學家范華畢生致力於中國道教研究，現與中國籍妻子定居北京，他回憶起故友李克曼[6]於一九七二年訪華，親身踏入那個正深陷文化大革命狂潮的中國社會時，所感受到的震驚與恐懼。「他一向是喬治．歐威爾的忠實讀者，也跟歐威爾一樣對政治深惡痛絕，但偏偏這個題材讓他聲名大噪。我大概是最早讀到《毛主席的新裝》的人之一，這本書由魏延年（René Viénet）編輯出版。正是透過這本書，我才認識這號特立獨行的怪傑，竟有人膽敢寫出與《世界報》、《新觀察家報》以及左派知識分子們歌功頌德的文章背道而馳的內容。毛澤東主義的馬屁精被這個無名小卒所寫的書驚呆了，第一時間都認為他不是精神有問題就是中情局的特務。直到後來，人們才逐漸認清，那場迷信與盲從，正是法國知識界的一段集體失誤。然而，關於法國知識分子的這一頁歷史，至今仍未受到應有的反思與檢討。[7]」

作為對上述觀點的佐證，他另補充說，在中華民國時期（一九一二－一九四九），亦即共產黨尚未掌權之前，北京城內曾有近三千座廟宇，而如今仍在運作的只剩下寥寥十餘座。「年復一年，水泥與瓷磚讓我們的城市與鄉村變得醜陋不堪，」但他仍願意相信：「即便中國深受無節制的工業化所蹂躪，資源被恣意揮霍，廣大腹地更急劇陷入第三世界般的困境，它仍保有充滿節慶與生命力的空間。[8]」在陝西蒲城這個小鎮，「脫離共產主義？沒有人想過。過去半世紀的歷史至今尚未真正被書寫或集體反思。我們仍處於歷史遭到封閉的狀態之中，伴隨而來的是否認與遺忘。而毛澤東的神格化現象，以各種形式繼續存在：他既是計程車司機的守護神、故鄉的土地神、同祖先與地方神明共祀的保護靈、甚至被視為文殊菩薩的轉世、或天帝再臨，這一切不過是『見樹不見林』，用來掩蓋更深層真相的偽象罷了！蒲城只是官方與非官方中國對抗的眾多縮影之一。黨執劍，農民持盾，兩種武器皆堅不可摧。誰也無法徹底擊垮對方。」

宗教在中國依然占有一席之地，雖然表現得較為隱晦，但「不同於歐洲的民主國家傾向於將宗教納入制度架構中，中共政權選擇將其限制在狹小的活動空間，待時機成熟時徹底根除。[9]」他接著說：「今日的中國人似乎早已與過去切割。在任何一間公寓裡，你幾乎看不出這裡是中國。找不到任何中國元素，無論是家具、畫作、骨董！所有陳設皆是西方風格的複製品。只有打開抽屜才可能發現幾雙筷子或幾包中藥。全世界恐怕找不到第二個如此徹底將自身歷史封閉遺忘的例子。我認為這是文化大革命所造成的創傷後遺，那場浩劫將所有傳統藝術和文化都付之一炬。紅衛兵的幽靈，或許還會再次回來糾纏他們。」范華這番話，正道出許多觀察家對中國自二〇一二年以來日益激進的政權走向所引發的普遍擔憂——那正是毛主義陰影可能捲土重來的恐懼[10]。

當談及北京傳統民居持續遭到拆除的情況時，他沉痛地說道：「我懷著揪心的情緒，眼睜睜看著北京一點點被摧毀。在這片歷史如此深厚的土地上，一座屹立了五百年的古寺竟被夷為平地，這無疑證明文化大革命並未真正結束。」我自己也曾親眼見證那些低矮平房被一步一步拆除，這些老宅正是北京迷人風貌的靈魂所在。當時我在法新社北京分社任職，那些年邁居民充滿無助的眼神與潸然淚下的面容，至今仍讓我耿耿於懷。開發商承諾會將他們安置到「全新舒適」的公寓，但那些地方卻遠在城郊五十公里之外。如今，北京僅剩下為數不多的幾片胡同倖免於難，或是為迎合渴望獵奇的觀光客而重新修建，成了廉價異國風情的展示區。

為什麼如此執著於掩埋自己的過去和歷史？為什麼如此眾多的中國人選擇背棄曾經締造國家輝煌的文明？李克曼在他的隨筆〈中國人對於過去的態度〉[11]中提供了一種解釋：在注重培養古代道德及精神價值體系的同時，中國往往又對物質文化遺產秉持著讓人難以理解的忽略與漠視。在他看來，對於精神的珍視和物質的破壞，這兩種現象在中國歷史上相伴平行。「中國文明中的永恆，並不依附在建築文物上。」或許吧！但正如范華所指出的：「這永遠無法成為摧毀北京的藉口，北京會是蒙古征服者的古都，也是明清兩代帝王的京師。它本來應該是世界上最美麗的城市之一。」他接著說：「每當有機會，我總愛問中國朋友一個問題：你們認為共產主義會在什麼時候結束？出奇地，似乎從來沒有人想過這個問題。在帝制時代也是一樣：即便是最激進的思想家，也從未質疑君主制的正當性和皇帝的天子地位。[12]」

未來，人們將如何評價習近平所主導的這場專制統治？

他憑藉一己之力，親手將中國引向一條日益滑向極權主義、甚至帶有法西斯色彩的道路。在他的統治下，中國政治環境日益僵化，將意識形態與國家安全凌駕於一切之上，逐步與世界隔絕。這一趨勢在二〇二二年十月舉行的中共二十大之後尤為明顯，習近平在這次會議中鞏固了個人權力，打破慣例取得第三任國家主席任期，這在毛澤東一九七六年逝世後的中國政壇尚屬首次。他也成功肅清所有公開或潛在的政敵。身兼中華人民共和國主席、中國共產黨總書記和中央軍事委員會主席，他將忠於自己的親信安插在權力核心。乍看之下，他已然成為當今中國共產政權下無可挑戰的最高領袖，甚至可能也是當今全球最具權勢的政治人物，僅次於美國總統川普。他選擇走毛澤東的舊路，復興個人崇拜，構築起自一九七六年毛澤東逝世以來中國前所未見的專制體系。與之相伴的，是一場對習近平個人的造神運動，極盡荒謬，與毛澤東時期相比毫不遜色，而國家對於社會的掌控程度也趨於極致。政治討論在黨內早已消聲匿跡，與之俱亡的，還有黨內高層原本應有的集體決策機制。這一點同樣史無前例，因為自一九七六年以來，中共中央政治局原本能參與討論國家重大戰略決策。

最能佐證這一現象的事例，莫過於中共二十大期間，前國家主席胡錦濤在全球媒體鏡頭前所遭受的公開羞辱。他在兩名警衛攙扶下被強行帶離人民大會堂，而他手中那本紅色資料夾，也在眾目睽睽之下被奪走。這不尋常的一幕迅速傳遍了全世界。這是否僅僅是一場羞辱胡錦濤的政治表演？是否意在向全世界宣告：習近平現在已獨攬中國大權？敏銳的中國觀察家無不注意到一個關鍵細節：為什麼當權者的打手在第一時間奪走胡錦濤的資料夾？這個謎團或許永遠無法被解開。一種說法認為，資料夾裡裝的是胡錦濤準備發表的演講稿，其內容可能對習近平日益專橫的統治方式提出批評，而習近平察覺後就先發制人。如果此說屬實，那就證明這位專制者再也無法容忍任何偏離其政治路線的聲音，他已逐步蛻變為一位不容異議的極權者，將國家一步步導向法西斯化的深淵。另一種假設則推翻前述說法，認為資料夾裡只有中央委員會、政治局和常務委員會的成員名單，胡錦濤翻閱後驚覺自己昔日的親信悉數出局，這與習近平先前的保證大相逕庭，遂當場質疑，而習近平與身旁其他高層試圖安撫未果，只能指示警衛將其帶離會場。無論真相為何，習近平對於「安全」的執念、對潛在或假想政敵的肅清，無不暴露了他內心深處的不安與脆弱。他至今從未指定接班人，這與毛澤東生前的態度如出一轍，反映出對權位遭挑戰的極端恐懼。自一九七六年毛澤東去世之後，習近平治下的中國進入了一個前所未有的政治寒冬，沒人知道還會持續多久。可以確定的是，當今這一局面，正是習近平一手造成的，他的種種誤判與決策，正在一步步顯現其對國家的長遠損害與災難性後果。中國是否會有那麼一天，出現能夠阻止習近平的人物？在這個愈來愈密不透風的政權中，沒人能說得準。如果一直不停地擰緊壓力鍋的螺絲，總有一天會爆炸的。

中國社會正陷入一場漫無邊際的意識形態箝制之中。其最新例證，莫過於中國立法機構於二〇二三年九月提出的一項法律草案，擬禁止民眾穿著「有損中華民族精神」的服飾，但並未對這一措施做出具體定義，引發輿論譁然。當法案進入公眾諮詢階段時，罕見地激起了部分民眾的強烈反彈。這項具爭議性的法案擬對任何穿戴、展示可能「傷害中華民族感情」的服裝或標誌者施以處罰。一旦通過，凡是被認定穿著「有損中華民族精神和民族感情」的服裝或標誌的現行犯，將面臨最高兩週的拘留，或數百美元的罰款。這樣的提案是否反映出中共對於意識形態的掌控已經過度失衡了？在人們鮮少敢於公開發聲的中國，此次民間的抗議實屬罕見。問題的根源，在於沒有人知道「損害中華民族感情」這一概念的具體定義。《紐約時報》引述維羅納國際安全研究小組的中國問題專家何廷洪的說法：「中國法律向來習慣使用模糊措詞，這種不確定性正是制度特色之一：這種不確定性為當局保留廣泛的自由裁量空間，可根據情勢任意解釋與執法。」而對時尚服飾開鍘的狀況，在中國幾十年來幾乎是前所未聞。

何廷洪也警告說，中國立法者這次的矛頭，直指「中國人日常生活中一個極為基本的層面」。在社群媒體上，批評聲浪也紛至沓來。一位中國律師在微博上感嘆道：「小心，道德警察要來了。如果這種法案真的落實，我們還有什麼立場嘲笑伊朗或阿富汗的極端做法？」何廷洪指出，這項措施之所以格外不當，是因為「自一九八〇年代以來，一直存在一種不成文的默契：國家不干涉個人的穿著選擇」。當時正值中國改革開放初期，中國人開始對牛仔褲和各種象徵西方生活方式的服飾心生嚮往。而人們的不安，並非空穴來風。早在二〇二二年八月，一名女子前往參加動漫角色扮演活動時，因為穿著日本和服而被以「擾亂公共秩序」罪名逮捕。這起事件在社群媒體上引起激烈爭論。一些人認為警方執法過當，而其他人則批評該女子的穿著是在美化過去的殖民侵略者。二〇二三年八月，一段網路瘋傳影片再次引爆輿論，一名男子因身著武士裝扮，被保安拒絕進入商場。這種對服裝的敏感與打壓，並不僅僅觸及日本這一中國民族主義傳統宿敵的文化符號。二〇二三年夏天，甚至還有民眾被擋在演唱會場館之外，只因保安覺得其穿著過於「浮誇」。某些西方觀察家從這一事件中，嗅到中國政權在文化與生活層面愈加偏執的管控趨勢，以及愈發高漲的民族主義情緒。

中國壓力鍋：一場不斷加壓的冒進風險

二〇二三年一月十四日，荷蘭作家及亞洲問題專家馬毅仁（Ian Buruma，又譯伊恩・布魯瑪）在加拿大《新聞報》的專欄中寫道：「中國這套一黨專政的體制，今日更演變為一人集權的政權，儘管披著共產主義或民族主義的外衣，實則深植於法西斯主義的理論基礎之中。」二〇二二年一月三十一日，美籍華裔記者陳嘉韻（Melissa Chan）在《華盛頓郵報》也曾直言：「習近平這位將自己地位拔高至毛澤東等級的領導人，以自己為中心建立了個人崇拜，無論在公共或私人空間，他的肖像無處不在。這一宣傳體系一方面頌揚中國的輝煌歷史，另一方面則醜化西方帝國列強對中國的所做所為，讓北京可以藉此大打民族主義與受害者情緒的雙重牌。作為一名曾派駐北京、現定居柏林的記者，我很難不去注意，今天的中國與過去的德國之間，竟有如此驚人的相似之處。」那麼，習近平究竟犯下了哪些錯誤？這些在中國媒體中自然絕口不提的政策災難，至少有四項。

第一項錯誤，是中國領導層在國際舞台上採取盛氣凌人的對外政策，以惡名昭彰的「戰狼」外交為例，這些駐巴黎、華盛頓或倫敦的中國外交官，動輒大言不慚地教訓外國政府與民眾輿論，其言論之離譜讓人瞠目結舌，也顯示出中國共產黨的真面目。第二項錯誤，是自二〇一五年起，在新疆地區對維吾爾族人展開的鐵腕鎮壓，這片昔日稱為東突厥斯坦的土地，居住著約一千萬名穆斯林少數民族，如今他們的語言、宗教與文化正遭遇前所未有的系統性摧殘，現在都是有據可查且不容置疑的事實。根據流出至西方的中國官方內部文件顯示，這場打壓行動的總指揮正是習近平本人，甚至連最細微的環節都由他親自策畫。至少有一百萬名維吾爾族男女分別被關押在數百個集中營，中國宣傳機構巧言令色地稱之「職業培訓中心」，營內不乏對女性的集體性暴力與強制絕育等駭人聽聞的行徑。凡被認定為「帶頭分子」者，往往在草率的審判下遭判重刑。北京以應對維吾爾激進分子的恐怖襲擊為由，試圖將這場高壓政策合理化。習近平原本希望這場行動能在國際視野之外悄然進行，未料卻被西方媒體廣泛揭露，也讓中國的國際形象蒙受重創。

第三項錯誤，是中國在二〇一九年底於武漢爆發首批新冠病例後推行的「清零政策」。現今已可確定，這場曠日持久且代價高昂的政策，從頭到尾皆由習近平親策畫與主導。造成中國境內的中外工廠供應鏈陷入癱瘓、經濟增長急轉直下、失業率（尤其青年失業率）大幅飆升，社會長期處於封控狀態，最終激起了廣泛而深層的不滿情緒。二〇二二年九月，數萬名中國民眾在二十多個城市進行示威，成千上萬的年輕人更是冒著極大風險，在攝影機前高喊「打倒習近平，打倒共產黨」。就一個全面禁止示威抗議的國家而言，這是令人匪夷所思的景象，也讓人想起一九八九年六月天安門廣場上，學生群體呼籲自由改革，直至軍隊開火鎮壓，釀成至少兩千人死亡的世紀慘劇。這場遍地開花的抗爭，迫使中共當局一夜之間全面取消清零措施。突如其來的政策大轉彎不僅令人錯愕，也顯示這個向來小心翼翼的政權，內部出現不尋常的緊張和不安跡象。雖然解封決策讓中國社會得以迅速恢復近乎正常的生活，但其代價是慘重的，在疫苗接種率偏低的情況下，感染人數暴增，死亡數字也直線上升。儘管中國官方始終未公布任何可信的統計數據，但多數專家一致認為，死亡人數極可能早已超過三十萬人。

第四項錯誤是對香港的強硬鎮壓，這個前英國殖民地在一九九七年一月移交給中國，當時北京承諾，根據「一國兩制」原則，香港可在未來五十年內保有原有的生活方式與自由制度。這一構想由鄧小平在一九八四年提出，與時任英國首相的柴契爾夫人達成協議，作為香港主權交接的基礎條件。相較於幅員廣袤的中國，這個小島只是彈丸之地。然而這一承諾在二〇二〇年六月被北京視為無物，強行對香港實施《國家安全法》，該法規定，凡被認定為「分裂國家」或「勾結外國勢力」者，最高可判無期徒刑。在香港街頭發生大規模示威之後，北京才決定頒布這部法律，自此，所有不符合中共官方意識形態的政治言論與行動被全面封殺，讓香港的言論自由與法治精神名存實亡。此舉也為「一國兩制」簽下了死亡證明書，中共原本還打算以此作為說服台灣（昔稱福爾摩沙）接受「統一談判」的誘因。習近平這個最新決策再次以徹底失敗收場：台灣的二千四百萬居民比以往更堅決地拒絕這種「統一」，更何況，「統一」這個詞是名不正言不順的誤導說法，因為自一九四九年中共建政以來，從未統治過台灣。如今各項民調都顯示，在台灣的成年人口中，絕大多數都認為自己是「台灣人」而非「中國人」。

中國不斷對台灣進行恐嚇行動，反而促使一個以美國為核心的聯盟日益穩固成形。這個聯盟囊括了日本、韓國、澳洲，並在一定程度上獲得紐西蘭、菲律賓、印度與印尼等國的響應與支持。

中國在全球棋局上仍然握有關鍵籌碼，這一點不可忽視。近年來，北京在中東的外交突破尤為引人注目，在其斡旋下，沙烏地阿拉伯和伊朗這對宿敵決定一泯舊日恩怨，拉近彼此關係。在這片地緣戰略要地，美國影響力正逐漸式微。中國外交官則深諳其中盤勢，中東當地諸多威權政權認為與中國靠攏較有利，而非美國。中國的影響力在拉丁美洲也歷久不衰，從巴西總統魯拉．達席爾瓦於二〇二三年四月訪問北京可見端倪，他發表的言論對中國好聲好氣，但對美國則痛下針砭。但事實上，今日的中國在西方世界所面臨的孤立程度，恐怕是前所未見。在此背景下，我們可以預見中國與俄羅斯的關係會更親密，這步棋也充滿風險，畢竟俄羅斯在二〇二二年二月二十四日對烏克蘭挑起血腥戰爭。二〇二二年二月四日，中俄兩國領導人在長達四小時的會談後，宣布兩國將展開「無上限」的戰略合作，無疑對外釋放了清晰訊號。二〇二三年三月，習近平訪問莫斯科，進一步強化兩國的合作基礎，不過，習近平此次刻意避免重提「無上限」一詞，顯示他對這一戰略聯盟所蘊藏的風險心知肚明，那有可能會導致歐盟這個全球最大貿易體對中國立場更趨強硬，也會令部分原本對中國持友善態度的國家轉趨保留。實際上，中俄關係並非「無上限」，並且無法真正無限延伸。

上述種種跡象，似乎顯示習近平正帶領中國踏上一條高度冒險的進退失據之路，如今中國真正的盟友似乎只剩下伊朗、北韓與白俄羅斯這類被視為「流氓國家」的政權。北京正一步步踏入一個曖昧模糊的灰色地帶，最終甚至可能淪為國際社會眼中的「賤民國家」（État paria）。一旦中國決定向俄羅斯提供武器，這樣的局面恐將成為現實。不可否認的是，習近平與普丁在對西方的強烈敵意上立場一致。更值得關注的是，如果俄軍在烏克蘭戰場上最終潰敗，中國將失去這個重要的地緣政治盟友，在國際上的孤立處境也將愈加嚴峻。

進退維谷的習近平，將會如何抉擇？

他當然不可能在軍事、意識形態和政治層面上屈服於西方世界的要求，因為一旦讓步，將從根本上帶來國內政治轉型的高度風險。但是他也不可能徹底疏遠西方國家。在中國共產黨第二十次全國代表大會開幕式上，習近平向二千三百名中共代表發表了長達九十分鐘的談話，其中提到「安全」七十三次（五年前的上一次代表大會上為五十五次），而「經濟」和「改革」只有十六次（五年前為七十次）。可見國家安全已成為他治國的核心與執念，反映出他對中國當前處境的觀感——一座被圍困的孤城。習近平走上了極權主義的道路，他的國家也許正往法西斯主義傾斜，他猶如在分水嶺上走鋼索，所有不再天真地相信這個強權的人，都可以看到今天的共產主義中國正在變成大家耳熟能詳的「紙老虎」，這原本是毛澤東最喜歡用來嘲笑美國強權的譏諷之語。不同於俄羅斯總統普丁在烏克蘭問題上的魯莽與冒進，習近平明顯更為理性與深謀遠慮，他厭惡克里姆林宮主人的冒險心態。不過，日益加深的體制脆弱性，將不斷削弱其追求全球野心的能力。而且他勢必會面臨一連串艱難的抉擇，其中之一，恐怕就是必須對西方做出某種讓步。

中國：一顆定時炸彈？

從當前的地緣政治形勢來看，世界正邁入一個潛藏重重風險的危險地區。如果說普丁有可能鋌而走險、採取孤注一擲的行動，那麼也不能排除類似情景發生在習近平身上。對這兩人來說，關鍵時刻正步步逼近。他們都清楚地面臨一個無可迴避的現實：除非俄羅斯在烏克蘭戰事告捷，以及／或者川普在二〇二四年十一月五日舉行的美國總統大選中獲勝，否則時間對他們相當不利。因此，在無可奈何的情況下，他們可能會選擇非理性行動。如果不幸成真，世界將陷入難以預測的混亂之中。那麼，中國是否已成為一顆正在倒數的定時炸彈？以下是幾位備受推崇的專家對這個令人焦慮又揮之不去的問題所提出的深刻見解。

- **中國已成為定時炸彈？以下是一些知名專家的看法。**

《外交政策》雜誌編輯暨外交關係委員會中國研究資深研究員劉宗媛（Zongyuan Zoe Liu）形容說：「過去三十年來，中國經濟就像一幅印象派油畫：遠觀美如畫，近看亂如麻。[13]」她指出：「這顆經濟定時炸彈的引信一觸即發。」為什麼？「在經濟領域上，習近平行事猶如闖入瓷器店的大象，讓意識形態凌駕於國家經濟治理之上。」「老實說，中國的結構性困境並不是習近平造成的。然而，由於這位中國領導人以政治控制經濟，改革開放政策在不知不覺中逐漸走向終結。」她舉例指出，自二〇一七年起，中國要求國有和私營企業，甚至包括中外合資企業，都必須讓員工在工作場所學習習近平思想，所有這些企業都被強制安插黨部人員，黨的書記也因此擁有日常管理的監督權。「這些失誤所造成的財務代價還不是最糟糕的。到目前為止，『習通膨』（Xi-flation）造成的損失更深遠，國內外對中國經濟的信心前所未有地全面潰散。」她解釋道。

她說，「這種信心的流失對數以億計的中國家庭造成影響。」這些中國人逐漸失去了昔日推動他們消費、投資並勇於冒險的內在動力[14]。這種驅動力自一九七八年以來，始終是中國經濟蓬勃發展的心理基石，如今卻徹底失效。北京歐洲商會榮譽會長伍德克對於中國問題的見解備受推崇，他對此觀點也頗為認同。他表示，中國的經濟危機恐將持續，因為沒有人能說服習近平改變其極端政策。他解釋：「我看不出國外有誰能影響他，因為他已決定親自做出所有決策。」因此，「中國勢必得接受經濟大幅放緩的現實。這個領導層準備為了意識形態而犧牲經濟成長。」這位經驗豐富的企業家補充說：「中國過去的發展公式是全力追求經濟增長。但現在，維繫黨的執政權的是超過百分之百的嚴密控制……中國現在所做的一切都有明確目的，但我們愈來愈難以理解，因為這並不利於重建信心……我不確定這對全球而言，是否真的是好消息。[15]」許多資深中國問題觀察家也持類似看法。

美國外交關係協會的研究員張彥表示：「中國政府追求全面掌控，讓國家走上了經濟成長放緩的道路，並在多個領域埋下不滿的隱憂。」《華盛頓郵報》專欄作家大衛．林奇表示：「目前成長放緩的中國經濟，突顯了中國整體形象的變化。」張彥認為：「政治僵化與意識形態日益強硬的趨勢是更廣泛的背景，而經濟問題僅是其中一部分。」約翰霍普金斯大學副教授陳淩指出：「迄今為止，還沒有人能夠在政治上與習近平相抗衡。」劍橋大學研究中國發展的專家威廉．赫斯特則提出警告說：「事情常在緩慢惡化後突然爆發，」他認為中國有發生金融危機的風險，可能會帶來重大的社會和政治代價。「最終，必然會有人被追責。[16]」

中國如今正處於一個關鍵轉折點。面臨兩種明確的選擇：要嘛中國共產黨同意重新將經濟置於優先核心地位，不然就繼續以維護安全與穩定為最高目標，不惜一切代價。前者有助於中國的經濟發展重回正軌，並減少損失。後者則預示著中國將更加封閉自守。

• 習近平對中國經濟成長下滑應負多大責任？

根據法國漢學家顧德明的分析：「三十年來高速增長的中國經濟，已被一種顯著放緩的趨勢所取代，尤其在新冠疫情期間更為明顯。部分中國經濟學家自己也承認，中國如今已邁入發展成熟的經濟體。事實上，它是一種『雙重結構』的經濟體：一方面是極為先進且能對外與全球強國爭鋒的發達部門；另一方面則是由農民工構成的相對落後部門，實際上與新興市場經濟體的水準相當。」他進一步指出：「正是這種經濟雙重性構成了中國轉型的核心難題。而另一項轉型挑戰則來自人口結構。除了戰爭或中國大躍進時期造成的大饑荒以外，過去三年當中，中國出生率的急劇下滑是極為罕見的現象，在南歐甚至東亞其他國家也未曾見過。與此同時，中國勞動力仍然嚴重過剩，從青年失業率和大量進城的農民工的情況便可窺見一斑。在高度發展的地區，勞動力短缺現象早已出現，但目前仍可透過內部移民予以調節。真正的衝擊，預計大約二十年後才會全面爆發。目前，仍有一部分人口尚未具備適應現代經濟體系所需的教育水平。因此，確實可以說存在人口危機，但其嚴重程度未必如坊間所傳那般誇張。事實上，早在二〇一三年前後，就曾有過類似預測，當時的勞動人口與總人口的比例首次開始下降，也正是在那個時期，所謂的人口轉折點初現端倪。然而，出生率下降對勞動市場的實質影響，往往要等二十年後才會真正浮現。」那麼，在這一經濟增長趨勢明顯下滑的背景下，習近平主席究竟應承擔多大的責任？

顧德明認為：「雖然在某種程度上，中國當前的經濟增長放緩確實與意識形態封閉、經濟治理倒退、中央過度集權、過度優惠國有企業、對創新抱持狹隘視角、打壓海外留學和私立教育等因素有關，但經濟增長放緩的真正原因，實則在於中國經濟模式轉型的困難，以及邁向消費和服務主導型經濟所面臨的挑戰。中國當前的工業化程度過高，僅憑一國之力就生產了全球百分之四十的工業製品。過去幾年，推動中國經濟成長的主要動力是出口，而非基礎建設投資，因為後者早已趨於飽和，且邊際生產力逐漸遞減；也不是消費，因為不僅疫情期間抑制了消費力，即使在疫情過後，消費的復甦依然遲緩無力。問題的癥結在於經濟轉型。這在某種程度上確實牽涉政治層面。但即使那些並非由共產黨統治的國家，也有所謂的『中等收入陷阱』。所以這是一個雙重因素並存的問題。另一方面，無所不在的意識形態、階級鬥爭、國際危機與衝突風險的升高、以及高層決策中的任意性與政策不確定性，正在醞釀一場深層的信心危機。而這種信心的流失，很可能是導致內需疲軟與私人投資不足的關鍵因素之一。至於這些因素究竟占據多大的比重，就很難說了。」

- 青年失業為社會帶來什麼後果？

顧德明表示：「我雖然講得很嚴重，但其實是想讓大家用比較的角度來看這個問題。雖然百分之二十二或百分之二十三的失業率看起來很糟糕，但我們不要忘了，印度、西班牙和義大利的失業率都比這個要高。這樣的比較有助於從國際視角更全面地看待問題。另一方面，在中國計畫經濟時期，國家確實為每個人提供了工作機會。雖然有些工作生產力低下、薪資微薄，但至少人人都有工作，這是歷史性的第一個轉折點。第二個轉折點是過去那套『讓一部分人先富起來』的機制如今失靈了。年輕人似乎矗立著一堵高牆，特別是在房地產領域，而在婚姻與各類社會生活層面，同樣也有一堵牆。造成年輕一代面對雙重困境：一方面，工作機會減少，尤其是高薪工作；其次是自一九九五年以來，透過買房累積財富經濟和提升社會地位的模式再也難以為繼。因此，這確實是一個可能引發政治層面反響的社會現象。接下來的一切都取決於整個體系是否有能力擴大失業保險覆蓋範圍，並推動更有效的收入再分配。但就目前而言，從習近平的言論及其所體現的意識形態來看，當局對於『付錢讓人民無所事事』的做法，從思想上根深蒂固的反對。習近平曾表示，此舉將『鼓勵懶惰』，並像西方制度一樣走向衰退。他寧可把財政資源集中在創新和產業升級。從這個觀點來看，政策中確實存在一種內在矛盾，這也是爭議的一部分，因為經濟復甦有賴於提振消費，但前提必須讓個人收入在國內生產總值中的占比進一步提高。」

• 是否可以將此視為中國共產黨與人民之間的社會契約中止？

顧德明回答：「過去曾有兩種先後出現的社會契約。第一種是：『這是一個獨裁國家，你們將被全面控制，但我們保證讓你們有飯吃。』對於大部分人口來說，這個契約已然破裂。第二種社會契約則是一種過渡性的調整：『讓一部分人先富起來。』這是鄧小平時代的口號。但對當今的部分群體而言，已經是不可能的事情了。習近平本人在談及美國及其他西方國家時也曾表示：『你們所有的批評都沒問題，但我們要的是填飽肚子。』所以問題是存在的。但要明確指出社會契約的破口在哪裡，仍然非常困難。此外，如今籠罩在中國社會中的信任危機與集體焦慮，未必無解。若能採取堅決而務實的政策，逐步回歸一種較為寬鬆、去中心化、較少強制色彩的治理方式，也許仍有機會重建社會信任。」

• 外界對中國的看法也在改變。我們可以從大量外資撤離、資本外流的現象中看出端倪。這將對中國民眾產生哪些影響？又會如何動搖中國曾被視為「黃金樂土」的形象？

顧德明指出，「媒體、輿論以及眾多企業對中國的共識出現了急劇轉變，這一現象實在令人嘖嘖稱奇！有些人過去曾極力讚美中國，甚至過度押注，如今卻反過來過度唱衰。確實沒錯，當前我們看到跨國企業普遍在進行投資多元化與分散風險。也有一些工業界人士，尤其是德國企業，我敢說他們選擇『加碼押注』中國市場，在當地建立起完整的價值鏈（chaine de valeurs）。他們認為，這樣可以避開國際風險，甚至還可能受到中國共產黨政權的庇蔭。但我認為，這是一場風險極高的賭局。但目前還沒有人找到可以取代中國的國家，因為中國在物流的卓越發展、人力成本的優勢、以及整體商業便利性方面，仍是其他發展中或新興經濟體無法望其項背的。相比之下，其他潛在替代國家的投資行政程序更為繁瑣，制度障礙也更高。因此，這也解釋了為何資本撤離中國的過程顯得相對緩慢和漸進。另一方面，從金融角度來看，情況確實相對明顯，當美國利率升至百分之六或百分之七，歐洲利率升至百分之四或百分之五，金融投資的吸引力，尤其是短期國債與現金管理工具，確實就沒那麼吸引人，這一點對中國資本市場也一樣。資金開始尋求更高回報，自然出現了外流。但我們必須記得，在整個夏季期間，中國每月的貿易順差仍高達八百至九百億美元。全年依然維持在一兆美元的盈餘。即使出口放緩，整體經濟增長略有減緩，進口也隨之減少，但中國眼下仍保有一定的緩衝空間。」

- **該如何看待黨政系統內部接連不斷的高層人事撤換？**

「這是一個很大的未知數。至今仍是一樁謎團。為什麼習近平不親自出席金磚峰會發表講話？為什麼他缺席G20？為什麼秦剛消失了？這些問題或許有多種解釋。我們可以一一列舉，但仍然難以斷定哪個才是真正的原因。不確定性太高了。現在又有關於國防部長為什麼失蹤的傳言。從我個人小小的觀察視角來看，我注意到近期中國社會中似乎出現了一些低調而謹慎的討論回潮：不帶指責、不點名習近平，但圍繞經濟政策的辯論重新浮現。尤其是在口頭交流中，我甚至能聽到一些溫和的批評，比如『其實我們還可以做得更好』。辯論重新開始了，但這究竟是經濟學家和技術官僚之間關於經濟刺激方案的辯論？還是說，它其實隱含了某種高層權力鬥爭的暗流，而我們外界根本無從得知其中的來龍去脈？我們都豎起耳朵，密切注意每一絲動靜。但我不願意陷入那些陰謀論的說法。」

- **當前局勢是否能被視為一種意識形態的僵化，同時伴隨民族主義的高漲？**

顧德明回答：「民族主義一直都存在。而意識形態的僵化，在中共二十大期間完全成為關注焦點。從二〇二三年一月到二月發生的事情，就是這種強硬態度延伸至經濟領域，導致經濟路線進一步收緊。多年來，政府內部一直存在兩種聲音：一派主張採取靈活政策與刺激措施；另一派則與習近平立場更為接近，堅持走既定路線，認為『安全』必須優先於快速成長。」

- **如果我們放眼未來幾年的前景，雖然對於像北京這樣不透明的政權來說著實不易，但中國是否仍有可能繼續走在發展的道路上？是否有可能重建社會信任？**

「你們可以看到中國在創新和技術領域持續取得突破，並在多個方面連續獲得卓越成就。雖然中國在許多領域表現出色，但並非無往不利。歐洲人在汽車工業的現狀足以說明問題。我們一方面在談論中國的經濟危機，另一方面卻不得不防範中國汽車工業的迅速崛起，這是十年前難以想像的。至於半導體領域，唯有美國能對中國形成有效限制。但即使如此，也並非十拿九穩。在太陽能板領域，中國已經全面勝出。風力發電也大勢已定。運輸物流、貨輪、港口設備、火車和巴士，中國都已取得領先地位。因此，中國現在是經濟巨人，也仍然會是經濟巨人，持續征服一個又一個市場。對它來說，真正的問題是這種擴張可能引發的阻力。」

「若中國掌控了全球百分之九十的工業領域，其他國家想要在這樣的基礎上穩固發展，似乎很困難。但這種情況不太可能真正發生，無論是在經濟還是政治方面，都勢必會遭遇強烈阻力。這也再次凸顯了中國內部經濟的瓶頸。此外，這些發展成果未必能真正惠及逐漸邁入退休階段、亟需社會保障的人口……這正是當前政治問題的核心所在。」

• 那麼，中國會成為全球第一經濟大國嗎？

「我認為不會，無論是從政治還是經濟角度來看皆是如此。中國政權的威權本質、對合作夥伴施加的威脅，以及其意圖行使的強制權力，勢必引發新型態的抗議，這些反對聲浪不止於要求中國轉型為市場經濟，更關乎雙方合作中的不對等關係。美國霸權在南美或面對某些政權時有時顯得專橫，但多數情況下仍具有一定的靈活性；而中國則複雜得多，且在許多場合難以被視為可靠夥伴。與中國簽署合作協議的國家也正陸續察覺這一現實。這實質上反映出中國統戰政策的表裡不一與虛假承諾。因此，中國遇到的障礙，主要來自政治層面。經濟上，我認為中國仍有許多值得我們學習的地方。[17]」

• 但問題或許更為深遠，根源深植於中國的歷史之中。中國與日本不同，從未真正確立屬於自身的現代性概念，也未能以此作為發展的基礎。現代性對中國來說只是遙不可及的幻影，因為這與當今政權的政治選擇背道而馳。如今，中國明顯背離了現代性的主流方向（不要與「進步」的概念混淆，因為「進步」往往等同於經濟至上），正走上一條陰暗且在某些方面甚至絕望的道路。

資深外交官郁白[18]曾任歐盟駐北京大使，他認為：「中國面臨兩類挑戰。一是作為二十一世紀的中國所特有的挑戰，二是全球性的挑戰。這兩者不盡相同。當然，中國和所有國家一樣，都面臨全球性挑戰，但他同時承擔著自身獨特的挑戰。中國面臨的第一個挑戰並不新奇，而是：『如何走向現代化？』為何中國錯過了屬於自己的『明治維新』？自一八九〇年康有為[19]率先推動改革，到梁啟超[20]等歷代中國知識分子，都不斷在思索這個問題：為何中國錯失了通往現代化的大門？這其中充滿矛盾，因為中國在一九八〇年代末到一九九〇年代確實抓住了全球化的機遇。中國已全球化，卻未真正現代化，矛盾就在於此。因此，中國的當務之急是完成自己的現代化進程。而鄧小平在一九八〇年代開啟的改革開放之路，卻在二〇一二年被習近平硬生生關閉。政策改弦易轍，背後可能有諸多原因，但其實是因為今天的中國正處於黑暗隧道之中。中國曾瞥見隧道盡頭的『中國夢』曙光乍現，原本可以成為一個現代、富裕、強大的中國，重返國際舞台並奪回因鴉片戰爭而失去的世界第一大國地位。但今天，世人普遍認為隧道盡頭的光明愈來愈遙不可及。因此，這將是所有中國領導人必須面對的第一個挑戰。」

「第二個挑戰涉及社會層面。我個人稱之為中國社會契約的終結，新冠疫情這場突發的戲劇性事件讓這個問題更加突顯。整體而言，中國的年輕一代（當然，一概而論總有過於簡化的風險）明顯發生了轉變：我們看到今天的中國年輕人普遍面臨失業問題。官方數據顯示，青年失業率高達百分之二十，而這一數字指的是城市青年，不包括農村地區。當今世界，有哪個主要國家有如此高的青年失業率？除了中國，沒有其他國家了。這已導致政治合法性的危機，因為中國共產黨的合法性，一直建基於『沒有共產黨，就沒有新中國』的論述，也就是整個中國社會要持續向上發展。這是一個社會整體向上流動的過程，一部『今天好，明天更好』的社會電梯。但如今，這部電梯已經停擺了。這一代年輕人抗拒新冠封控的嚴苛，直言：『反正我們是最後一代。』他們對中國公安說：『你們拿我沒辦法，因為如果我不生孩子，你們的政權就完了。我們就是最後一代。』這話一語雙關，表示『我們是最後一代，我們不會再生孩子』，也是在說『我們是最後一代被你們這樣對待的人』。」

「此外，中國還有第三個挑戰，那當然就是中國能否真正轉型為一個現代意義上的民族國家。中國雖從帝制過渡到政黨體制，但至今仍未能建構出一個具備現代國家內涵的『國家』（État）。它所建立的，是一個愈加『漢化』的民族共同體（nation），這一點我們有目共睹。但國家本身在哪裡？中國共產黨的存在，反而阻礙了真正國家機制的形成。鄧小平曾洞察這個問題，並主張黨政分開。然而，習近平卻逆勢而行，宣稱『黨領導一切』，而他本人則是『一切的主席』。在這樣的治理模式下，國家的缺位使整個社會失去了自主發聲與參與的空間。當黨成為社會唯一的中介力量，那我們所面對的，就是一個新型極權主義的生成，一個歐威爾式的系統。在這個系統中，所謂的『社會信用』制度，讓黨能夠根據每位公民的行為進行評分，甚至透過演算法預測其未來行為，這種機制取代了啟蒙運動所倡導的理性精神、集體智慧，以及社會自我組織與形成公共領域的能力。這正是整體中國社會所面臨的深層危機，潛藏著極高的風險。」

「所有這一切，自然而然會讓人思考十五億人口在地緣政治、經濟和政治方面的發展軌跡。從政治層面來看，簡單地說，今日無論是在中國境內，抑或在海外的華人社群中，幾乎已不可能對中國共產黨提出真正的挑戰。黨牢牢掌握著一切權力，並擁有隨時動用鎮壓機器的能力。成為異議者的代價，如今已高得驚人。這在某種程度上，這也是異議人士本身的局限與選擇所致。他們多數選擇了流亡，特別是前往美國，卻未能提出一套可行的替代方案。我上次去中國的時候，接觸了許多活躍的知識分子、人權捍衛者、以及自二〇一五年以來受到打壓的律師，我深刻地感受到他們內心的無力與迷惘，對無法形成替代的力量感到遺憾。孫中山在二十世紀初尚能依靠海外華僑的力量推動革命，這樣的空間與可能性已被現行體制徹底封閉。而今，我們看不到任何類似的情況，也沒有任何替代方案。這不禁令人思考，在外部路徑行不通的情況下，唯一的出路是否只存在於體制內部？也許，答案潛藏於省與中央的微妙關係之中。畢竟，當你是四川人或廣東人時，與北京的連結究竟為何？實際上，這種關係是相當薄弱的。這種省與中央之間的治理關係，歷來是中國政治結構的核心所在，也許正是潛在的另類表達空間。更何況，現任中國總理正是前上海市委書記，這並非偶然。習近平面對的結構現實，是他別無選擇，必須在中央與地方之間尋求某種妥協與協調。另一種可能的政治發展路徑，則或許來自於黨內，也就是來自新生一代的力量。」郁白補充道。

「目前掌權的一代，其實是迷失的一代。他們是經歷過文化大革命的『知青』，肩上的政治包袱非常沉重。我見過很多這樣的人，但是如今進入中共黨內的人中，有不少是現年四、五十歲的這一代，他們並不認同上一代，多半會在海外受過教育，所擁有的世界觀與文革時期的『知青』截然不同。對他們來說，『中國夢』的意涵，是一個融入國際秩序的中國，是一個正當發展和政治民主的中國。當然，這裡的『民主』是根植於中國歷史與文化的民主。最後說到地緣政治這一點：我始終認為，在現行的國際秩序中，一種『具有中國特色的社會主義』秩序，也就是今天習近平治下的中國政治表達方式，其存在本身仰賴於對外的侵略性。這樣的中國，對其周邊國家，如台灣、日本、韓國、越南等都是一種威脅，甚至對其自身的未來也是一種風險。這個自詡能代表『全球南方』發聲的中國，其地緣政治野心深具危險性。從中國對烏克蘭問題的立場上，我們已經可以看出端倪。但是黨內的知識分子幾乎都不認同這種立場，對他們來說，與俄羅斯建立『無上限』夥伴關係根本是一派胡言，他們認為中國的現代化首先應建立在與美國的理解與合作之上，尤其是從與美國的華人社群著手。此外，中國確實在發展中國家中扮演著重要角色，但那應該更接近『七十七國集團』（G-77）的合作邏輯，而不是習近平試圖建立的那種挑戰既有國際秩序的架構。即使中國外交官對此百般辯解，但現實就是如此。」

• 那麼，這種民族主義的傾向會對台灣構成實質威脅嗎？

「若從理性角度出發，台灣對中國共產黨而言，確實是一種真實且根本性的威脅。因為台灣的存在本身，就證明了另一種中國的可能，也就是另一種截然不同的政治選項。作為共產黨攣生兄弟的國民黨，也不得不在輸掉選舉後交出政權。如果有朝一日中國舉行選舉，中共也可能會失去政權。民進黨固然被視為『獨立派』，但若深入觀察其內部主要路線，這一點其實仍有討論空間。但更重要的是它是真正的民主政黨，預示著民主中國的某種現實形態。而正是這一點，對中共政權構成了生存性威脅。中共一向聲稱『沒有中國共產黨，就沒有新中國』，以此來鞏固統治合法性，然而台灣的存在卻恰恰顯示，即使沒有中國共產黨，中國依然可以存在，而且是一個新的中國。」

「這是第一個重點。而第二點是，如果我們從國際政治史的角度來看收復失土的問題，無需追溯至中世紀，但至少從民族國家的誕生，也就是從《威斯特伐利亞條約》以後，可以說，中華世界的統一具有一定正當性。中文語境中，恰好存在一個在西方語言中難以準確翻譯，卻值得所有人努力理解的重要區別，那就是『中國』以及『中華』世界。尤其當我們談論的是不受中國共產黨控制的語境時，這個區別更加重要。儘管如此，中華人民共和國這個名稱本身就包含了『中華』這個詞。因此，我們其實面對的是兩個不同層面的詞彙。『中華』所指的是一種文明，而非一種政治體制。因此『中華人民共和國』不應譯為『République populaire de Chine』，而應譯為『République Populaire du Monde Chinois』（中華世界的人民共和國）。當中國共產黨提到『一個中國』，也就是中華世界統一的原則時，他們心中所謂的『統一』，其實等同於中國共產黨對整個『中國』的控制——因為，如前所述，『黨領導一切』。對台灣來說，這種說法自然是無法接受的，因為應當統一的是『中華』。或許，對當前在『一中政策』議題上陷入模糊與矛盾的各方——無論是美國、歐洲還是日本——有必要進一步釐清這一政策的內涵：所謂的『一個中國』，並不代表中國共產黨的壟斷統治。它更應該被理解為中華民族之間深厚的歷史文化連結，包括台灣在內，正如過去德意志民族雖長期分裂，卻仍擁有統一的潛在正當性與文化共鳴。中國的未來會是重返帝制的中央集權體制嗎？這是一個值得嚴肅思考的問題。還是說，它將走向一種由數十個『中國』組成的邦聯形式？或是一個中華聯邦？畢竟，德國就是一個成功的聯邦制國家，而法國人往往難以理解的是德國的邦（Länder）是真正具有政治實體地位的。同理可證，四川作為一個獨立國家存在的正當性，並不亞於台灣或上海。在中國共產黨內部，統一的議題確實被視為國族層面的核心問題。台灣就像是被日本和美國奪走的阿爾薩斯及洛林，是二戰遺留下來的一道歷史創傷，正滋養出一股日益極端的中國民族主義情緒。但我真正想強調的是：我們必須重新思考『一個中國』的含義，它的核心應是『一個中華民族』，而不必然是『一個國家』，更絕非『一個政黨』。」

「第三個重點是：在習近平時代，中國共產黨和人民解放軍是否真的具備實施其威脅的能力？我今天的答案是否定的。目前每天都有大量軍事演習模擬在進行，而所有結果都顯示，中方尚無法付諸實行。這就是為什麼中華人民共和國目前正在測試各種軍事手段，無論是兩棲登陸還是空中作戰能力。在我看來，烏克蘭戰爭已經充分證明這條路行不通。如果中國共產黨走上這條路，那將是一種瘋狂的舉動。目前這一切還只是傳聞，但據說中國軍隊高層遭到整肅，其實與台灣有關。因為習近平意識到，許多中國將領不想與台灣開戰。所以他正在肅清軍隊高層。這是否代表將來可能出現非理性的決策？的確，無論是美國、歐洲，還是中國的鄰國，雖不一定公開表態，但私下都在對北京強調：若採取軍事行動，那就太瘋狂了。我認為這些訊息，北京是聽進去了，所以我們才看到人民解放軍內部目前的緊張情勢。

而實際上，台灣問題的關鍵，有很大一部分就掌握在台灣自己手中。正因如此，蔡英文總統在任內的表現格外令人矚目。大家都知道台灣多年來在國際舞台上逐漸被邊緣化，失去許多外交支持。然而，近年來國際社會對台灣的關注卻達到了前所未有的高度。這本身就是一項幾乎不可能完成的成就，而蔡總統成功地做到了。也因此，台灣在整個地緣政治格局中的角色變得至關重要。台灣愈能夠維持這樣的國際關注，這場局勢的主動權就愈可能掌握在台北手中。所以，當前更需要格外謹慎，避免讓中國共產黨找到可以訴諸軍事行動的藉口。換句話說，我們絕不能主動為其出兵提供理由。在這一點上，蔡英文總統已極力避免挑釁與誤判；相較之下，裴洛西女士的訪台行動則起到了相反的效果。台灣真正的優勢，來自於其堅實的民主制度、繁榮的經濟、卓越的創新能力，以及在東亞地區的戰略地位，而弱點則是受控於美國。事實上，未來真正的衝突，並非中國與台灣之間的衝突，而是中美之間的博弈。對我們來說，中國不是敵人，除非我們把它變成敵人。我們不該先入為主地對中國抱有敵意。如今，決策與發牌的關鍵，握在北京與台北的手中。但可以肯定的是，凡是有助於促進台海和平的努力，台灣都將繼續獲得來自歐洲、日本及其他友好國家的支持。[21]」

- 許多可以自由發聲的中國思想者認為，唯有堅持普世價值，才能讓中國在國際社會中找到自己的地位，並實現可持續的長遠發展。如今，這場辯論在中國國內的公共空間幾乎已不復存在。然而，它仍然在海外華人社群中，以緩慢而堅定的步伐持續醞釀。這場思想交鋒是否產生具體答案，將取決於中國知識分子能否共同構思出一套切實可行的政治與社會替代方案，為明日的中國提供真正的出路。

維吾爾族異議人士吾爾開希・多萊特[22]就是這樣一位思想者，他是一九八九年五至六月間在天安門廣場帶領數萬名中國示威者的主要領袖之一。他直言，正是西方世界長期對共產中國懷抱天真幻想，才讓中國逐步壯大為今日這個足以動搖國際秩序的龐然巨獸。吾爾開希曾在一九八九年五月與時任中國國務院總理李鵬會面，並在全國電視直播鏡頭前當面質問：「時間很緊，我們在這坐得舒服，但外邊的同學在挨餓，所以我很抱歉打斷你的話。我想，還是儘快進入實質性的談話，總理先生。」他也指出今天全球輿論風向已在轉變，甚至已延伸至西方各國的主流決策圈。

• 這場幻象正是北京刻意經營的結果？

「完全正確。您用了『幻象』這個詞，我也有一個相近的用法，就是『迷思』。這是一種西方世界三十多年來對中國所懷抱的深層誤解。這場迷思的成因雖然複雜，但其中三個核心觀念才是最成問題的。首先，以美國為首的民主國家堅信，透過所謂的經濟介入，也就是刻意忽略政治議題，只專注於經貿往來，將會自然而然地催生出中國的中產階級，進而促進公民社會的興起，最終走向民主。至於西方是否真的相信這一點，可能還值得商榷。但至少他們在為其對中政策辯護，並選擇忽略中國的政治現實、人權問題與民主倒退時，確實是這麼說的。當西方說『我們喜歡中國』的時候，有些決策者是真心相信透過經濟交流，最終會孕育出中國的民主。然而，這樣的幻象，說得好聽點，是過於天真了。」

「第二個迷思是，當我們說『中國是一個侵犯人權的極權政體』時，卻誤以為只要從外遏制中國，相關影響就能被限制在國境之內。那些決策者聲稱：『中國人民會因此受苦，但從長遠來看，身處中國之外的我們將從這種對華政策中受益。』我認為這種錯覺充其量只是自私。第三個迷思則是，我們以為繼續以自己的方式與中國共產政權打交道的話，就便能使其逐漸變得像我們一樣，成為國際社會真正的成員。這樣一來，他們或許會遵循我們長久以來建立的國際法則，也就是民主和資本主義。對於這個迷思，我只能用『愚蠢』二字形容。無論這些迷思多麼天真、自私或愚蠢，它們終將被證明是錯誤的。經濟介入並未催生出民主制度。而縱容一個侵犯人權的政權，其影響也遠超中國邊界之外。這是西方世界最初出於自私所犯下的根本錯誤。事實上，中國正在輸出意識形態。看看香港就知道了，它曾經是我們世界的一部分，但現在已經不是了。另一個錯誤則是認為我們能使中國在我們制定的遊戲規則下變得更加負責。這有如身陷一段糟糕婚姻：你不斷與伴侶溝通，期待對方終有一天能變得通情達理。而我們也不斷與中國共產黨對話，明知那是一個殘酷的政權，背後藏著世人皆知的可怕歷史。」

「世界各國終於開始改變看法了。三件重大事件相繼發生：香港、維吾爾族問題和新冠疫情。如今，美國政策已經改弦易轍。香港人民展現出的勇氣，以及他們在街頭持續不懈的抗爭，激起了全球的共鳴。天安門大屠殺曾震驚西方各界，但由於事件發生在中國本土，對西方而言仍顯得遙遠陌生。香港的抗爭運動則截然不同，因為對西方人來說，香港從來不是陌生的世界。西方人一直視香港為西方城市之一。對法國人而言，失去香港猶如失去里昂或馬賽；對美國民眾來說，更像是失去舊金山。這正是震撼全球的原因。至於維吾爾人的問題，在過去三、四十年來，以美國為首的西方民主國家透過貿易和市場等管道與中國互動，但中國政府卻仍將百萬維吾爾族人關押於集中營中！再次衝擊全世界。在最初的兩年裡，衝擊如此之大，以至於全世界採取否認的態度，人們驚呼：『難以置信！』」

「然而，說『難以置信』，言下之意就是『無法容忍』。兩年後，到了二〇一八、二〇一九年，針對維吾爾人的暴行仍在繼續，這向世界昭示，在二十一世紀，依照西方普遍認可的道德標準，絕對無法容忍此類行徑。人們憑藉良知投下選票，促使他們的領導人正視這些問題。從這個角度來看，維吾爾人的犧牲絕非徒然。若這場悲劇發生在五十年前，恐怕不會引起如此關注。新冠疫情則是第三件重大事件，中國領導人利用疫情加強監控，並將其作為外交工具。此外，他們還散布假訊息，欺瞞全世界，至今依然故我。這一切促使人們反思：『面對眼前的局勢，我們做了什麼？』『這幾年，我們跟中國打交道時，有做了什麼嗎？』當然，華盛頓特區仍有季辛吉之流會說：『不、不、不，中國不是我們的敵人，我們應該與它為友。』……美國政策如今改弦易轍，而以美國馬首是瞻的民主國家也別無選擇，只能跟進。歐盟、日本、韓國和澳洲紛紛採取新的對華策略，試圖在不造成過大損失的前提下，逐步與中國脫鉤。那些曾相信中國攻無不克的華盛頓人士，現在都閉嘴了。終於！世界正在改變，一場截然不同的博弈已然就位。[23]」

• 但中國距離那些異議人士所夢寐以求的民主未來，仍然遙不可及，因為中國共產黨自一九二一年成立以來即表現出百折不撓的韌性，也從蘇聯解體中汲取了教訓。它根深本固，鎮壓機制強大，也不存在權力更替，或至少從未公開可見。因此，預測中共即將倒台，純屬妄想。

著名漢學家高敬文認為，中國共產黨有足夠的實力來應對當前的各種挑戰：「我相信中華人民共和國以前曾歷經多次嚴峻考驗，而且也成功克服，就算並未解決所有問題。憑藉黨國的強大力量、龐大的政黨組織，以及中國經濟的活力和巨大規模（Critical mass）等優勢，我們有理由相信未來也將如此。當然，中國社會必須適應較緩慢的經濟增長步伐，因此改善財富分配變得勢在必行。習近平已提出『共同富裕』的口號，正面回應這一需求。這並不代表貧富差距會大幅縮小，但針對最弱勢族群的社會保障機制肯定會更為完善，且很可能如以往般，在各地以多樣化的方式推行：經濟較富裕的省分將具備更多資源，而貧困的省分則相對有限。人口老化確實是棘手難題，但其他國家，尤其是東亞，都已提供可借鑑之處。對中國來說，如果算是好消息的話，那就是國家在退休金財務上的負擔較輕，而且未來將保持在可控範圍內。這表示政府和社會將更依賴家族內部的互助與支持，這一點在中國會比其他國家更為明顯。」

「中美之間的冷戰預計將會持續。不過，蘇聯當年也在類似的國際環境中生存了多年。而中國更具優勢，能依賴與全球南方國家的關係，進一步削弱可能被西方孤立的壓力。至於熱戰，我認為發生的可能性較低，因為無論是北京還是華盛頓，都將付出沉重代價。真正的問題在於，這場冷戰是否可能推動中國出現政治變革，甚至導致政權更迭？從中期來看，不太可能；但從長遠來看，也許有機會。」他如此表示。

• 那民族主義呢？

「自一九八九年以來，中國的民族主義傾向方興未艾，自習近平上台之後更是愈演愈烈。然而，我不認為這樣的民族主義最終會引發一場牽涉美國的戰爭，無論是在台灣周圍還是在南海。因為中國社會與當權者在這個問題上其實存在諸多分歧。許多中國人認為，為了不確定的利益付出太多代價，是得不償失。民族主義的主要作用，首先是凝聚社會，使其以政權為中心團結一致，甚至號召動員，煽動與西方國家作對，尤其提高對美國人的敵意，以此鞏固共產黨和政權的合法性。與此同時，中國人真正在意的還是美國，既把美國視為繁榮的象徵，也是中國局勢不穩時可逃往的避難所。因此，中國的民族主義之所以強盛，是因為它暫時還不用付出太大的代價。[24]」

• 在當前情勢下，應如何看待台灣，以及那場可能引發美國及其盟友介入的武裝衝突風險？儘管這種風險無法完全排除，卻無疑值得高度關注。

「由於解放軍日益頻繁地挑釁，台灣海峽發生擦槍走火、甚至爆發軍事危機的風險正日益升高。問題在於，這樣的危機是否會演變進一步升級為全面戰爭或大規模武裝衝突？我傾向於相反的假設：一旦危機真的發生，北京、華盛頓與台北都會盡力管控局勢，避免擴大衝突。當然，北京也可能蓄意挑起軍事危機，以圖謀政治利益，例如迫使民進黨[25]接受『九二共識』[26]。但首先，這樣的策略並不保證奏效；其次，更難以撼動目前的基本格局，也就是台灣海峽的兩岸分別存在兩個實質獨立、相互對立的華人政權。對台灣而言，『中華民國』的存在是不容抹滅的。因此，唯一可行的解方，或許是在彼此平等的基礎上，由兩個實質獨立、地位對等的華人政權組成邦聯，作為過渡安排，靜待未來可能出現的其他方案。但北京能接受這樣的安排嗎？除非中華人民共和國發生深層的政治變革吧。」高敬文直言。

• 那麼，鑑於目前的情勢，中國在未來十到二十年間最有可能出現哪些情況？

「習近平終將卸任或去世。我不認為他的同志會有能力逼他下台，就像一九六四年赫魯雪夫的遭遇。屆時，中共將進入一場接班危機，雖然過程可能複雜，但未必會拖得太久。接任者可能會是一位較具改革傾向的領導人，致力於修正其前任所造成的偏差。但若說中國會出現重大政治轉變，尤其是真正走向民主化，我認為這種可能性依然十分渺茫。[27]」

- 在中國當前的經濟困境中，可預料的後果之一，是人才加速外流和創新能力的停滯。雖然中國在全球高科技領域市場占有相當重要的一席之地，但其他主要科技強國正積極布局，企圖遏止中國成為未來科技的核心樞紐。中國作為「世界工廠」的地位已毋庸置疑，但若要實現中共政權所嚮往的「全球實驗室」之夢，仍有一段漫長的路要走。在此背景之下，若與台灣爆發戰爭，所帶來的風險將是極其巨大的。

巴黎政治學院教授迪蒙柳，同時也是法國亞洲研究中心主任，根據他的說法，習近平治下的中國尚未準備好對台灣發動「熱戰」，而習近平本人個性冷靜、心思縝密，不太可能輕率做出冒險決策：「中國的民族主義日益抬頭，這一點無庸置疑。『收復失土』的夢想依然未熄，這也是事實。不過，我不認為習近平會採取行動對台灣發動戰爭。其實，當前局勢令人憂心的真正原因，在於中國所面臨的人口困境，特別是快速老化所帶來的沉重壓力。」

「那麼，不妨設想一種情境：中國進入更加節約自守的時代，價值觀逐漸轉向新興國家所注重的內部團結與自給自足。在這樣的脈絡下，來自『全球南方』的發展模式將與以美國為首的超級強權呈現出根本性的分歧。」他接著指出：「在這個背景下，我們可以觀察香港與台灣的處境。香港正逐漸被全面整合，自主性也日漸削弱。但如果我們順著這個邏輯走到底，假設北京最終決定廢除港幣，徹底剝奪這座城市的金融中心地位，讓它完全變成一個普通的中國省分，那麼香港僅存的最後一點『呼吸空間』也將隨之煙消雲散。中國全面走向節約自守，回歸『全球南方』定位的圖景，與北半球強權對立，這並非不可能的情境。然而，到底誰能認真考慮這種可能性呢？這樣的假設對台灣來說是完全無法想像的。我們現在所處的局勢，早已不同於俄羅斯與烏克蘭之間的模式。台灣與中國之間，是兩種本質迥異、甚至截然對立的體制與價值。當然，有人會說這些現實上的差異並不足以阻止北京的行動，但事情未必如此簡單。西方總習慣以自身的邏輯來理解世界，而我認為，中國領導人對台灣的真正想法，至今仍令人難以捉摸，在某種程度上仍是一道猜不透的台灣謎題。」這位長年深耕中國與台灣研究的分析家如此補充道。

- 至於台灣爆發戰爭的風險呢？

「在我看來，這主要取決於是否會出現『意外事件』。風險的確存在，因為目前累積了各種潛在危機，各方軍備也持續擴張。此外，美國的角色也舉足輕重。我們同時也不能忽視台灣目前愈來愈高漲的反美情緒。美國形象正逐漸惡化，因為許多台灣人認為美國是在煽風點火。如果中台之間真的發生衝突，很可能是源於某個毫不意外的意外事件，或者是因為美國『火上加油』所致。」

• 習近平做出衝動或非理性決策的風險是否存在？

「我並不這麼認為。中國軍隊愈是頻繁跨越台海中線，出動更多軍機，就愈證明北京現階段所能採取的行動也僅止於此。當然，我們可以認為他們正在練兵，正在消耗台灣軍隊的精力。也可以說，他們正在進行偵察與情報蒐集，或是為建立一支具備攻擊能力的軍隊鋪路。但說來說去，還有兩道極其難以跨越的障礙。首先，中國的戰略家們早就心知肚明：封鎖台灣並非易事。成功發動封鎖是一回事，而一旦展開行動，便必須持續為封鎖部隊提供補給與糧食。而這樣的封鎖行動並非發生在距離中國僅三十公里的近海，而是遠在至少一百五十公里之外。更何況，這樣的封鎖本身也可能形成一種『雙重包圍』的局勢：封鎖者自身亦可能陷入被他人包圍的險境。第二個障礙則是更根本的關鍵：整體而言，這座島嶼幾乎無法被完全征服。即使九成的居民選擇屈服，但由於島嶼的地形特質，即使只有極少數人，也足以展開長期游擊戰，持續阻撓全面的占領，進而拖垮征服者。我承認這是一個非常樂觀的看法。不過除此之外，還有一件事情中國絕不會忽視：就是無論二〇二四年一月的總統大選結果如何，中國對於台灣選民以及台灣政治生態都具有一定程度的影響力。對我來說，這才是真正的風險所在。每一位台灣人，無一例外，內心或多或少都存有疑慮與曖昧的想法，即便是投票給民進黨的人也不例外。如果中國發動心理戰，可能比傳統軍事手段更為有效。再加上時間這個因素，為了達成目標，他們有的是時間。」

• **迪蒙柳認為，隨著中國經濟困難日益加劇，未來可能轉向封閉與內縮。**

「最有可能出現的情況，是中國會採取自成一格的解決方案。與過去不同，以前中國經常透過多種嘗試與實驗，觀察何者最為有效，這是一種經驗導向的問題處理方式。但令人擔憂的是，現在這種經驗性的做法可能會消失，取而代之的是更為教條化的傾向。」「也許在這些問題解決之後，未來仍有重新開放的可能性。但風險在於，這種路線可能會繞過民眾的不滿情緒，最後僅剩下一種威權色彩濃厚的安撫式言論：『時局艱難，我們的日子會不好過，但人民必須共體時艱。』這種治理方式極為艱鉅，即使能夠推行，也可能導致部分人民選擇出走。無法忍受這種情況的人，將會想盡辦法離開。而那些無法離開的人，恐怕只能帶著世代積累而成的順服心態，靜靜等待時代的轉機。因此，最可能的發展情境：就是讓民眾接受自我封閉的現實，接受較慢的經濟成長速度，並耐心等待一切事過境遷。這一情景既有日本經濟長期停滯的影子，又帶著中國特有的封閉體制色彩。照這種趨勢繼續發展的話，中國將步入一段經濟、政治與社會的寒冬時期。」

「就是這樣，一場寒冬即將來臨。不過，這場寒冬也有一些微妙的變化：那就是出現了可作替代的『後方腹地』。隨著對西方的出口日漸減弱，中國試圖將出口轉向所謂的『全球南方』國家。但問題在於，從本質上來說，這樣的轉向無法帶來真正的經濟富足，因為這些南方國家不像西方國家那樣，大量進口高附加價值的產品。因此，最終的結果很可能仍是一場經濟寒冬與持續的封閉局勢。」

• 如何看待十年或二十年後的中國？

「十年、二十年或三十年，其實都是白駒過隙。中國在二〇〇三年至二〇二三年間經歷了深刻的轉折，這一點毋庸置疑。但這種變化在中國的整體面貌中並不是很明顯。今天的中國，在許多層面依然與二十年前相差無幾。未來中國發展的主要動力，正是這種封閉自守與經濟內卷，圍繞著深植於『全球南方』這一定位的戰略構想。在我看來，中國正走向一種與二十年前截然不同的全新形態：一個自認屬於南方陣營、並對融入現有全球治理體系毫不在乎的中國。對我們來說，現存的治理體系是唯一的選項，其基礎在於明確的聯盟界線，遵循『不加入就退出』的原則。對中國人來說，他們未來的藍圖，是在一個全新的模式下，靈活利用所有可行的聯盟。但這個新模式，與他們自一九七九年以來所處的政治極權與經濟自由並存的二元體系，截然不同。

問題仍在於，這樣的模式是否真能帶來良性發展。其內部限制重重，難以孕育出一個真正強大的中國。因此，未來的中國並不會成為南方國家的主宰者，而只是藉由自身作為『全球南方』一員的身分，勉力維持生存。然而，在經濟成長趨緩與人口急劇下滑的雙重壓力下，這條路勢必步履維艱。我們或將見證，其原本宏大的野心最終徹底受挫。[28]」

10 台灣：亞洲民主的燈塔堡壘

Taïwan, l'île lumière bastion de la démocratie en Asie

相較於幅員遼闊的中國大陸，台灣只是蕞爾小島，卻是充滿活力的民主典範，也是華人世界中唯一成熟的民主國家。台灣在亞洲熠熠生輝，其政治制度被公認為最具民主精神，不僅為未來中國提供可能的藍圖，更是一道希望之光。這是否正是大衛對抗歌利亞的現代寓言？

小蝦米對大鯨魚

台灣昔稱福爾摩沙，國土面積與比利時相當，人口約有二千四百萬。相較於擁有十四億人口的遼闊中國，台灣彷彿只是地圖上的一粒微塵。若從表面來看，可能會被誤導，因為台灣已經成為民主的堅實堡壘。與此同時，中國則似乎正從威權主義逐步滑向專制，甚至顯露法西斯主義的跡象。中國正面臨諸多挑戰，而其領導人習近平主席能否成功應對這些挑戰，亦未可知。

首先我們來看看現實的情況。台灣的武裝部隊在過去七十多年來始終枕戈待旦，為抵禦來自中國大陸的入侵而嚴陣以待。關鍵在於台灣是否能撐得夠久，直到美軍遵循美國總統拜登的承諾趕往馳援。事實上，拜登在二〇二二年九月十九日也再次明確重申了這一立場。近年來，台灣已成為全球最危險的地緣熱點之一，中美關係的緊張情勢急劇升高，看似難以逆轉，潛藏的衝突甚至可能引爆第三次世界大戰，畢竟雙方矛盾深刻，利害攸關。共產中國聲稱對這一小片土地擁有主權。但事實上，它從未統治過這片土地。台灣如今是真正的民主國家，這樣的政體對一九四九年在北京建立的共產政權構成了制度上的挑戰。大陸與台灣兩岸相隔著一條寬度不到二百公里的「台灣海峽」，最狹窄處只有一百三十五公里。這條著名的海峽宛如一道深不可逾的鴻溝，分隔著兩個判若天淵的世界：一邊擁有自由選舉、獨立司法和新聞自由；另一邊則是由無所不在的黨壟斷權力的威權體制。那麼，台灣究竟是美國麥克阿瑟將軍在一九五〇年所說的「不沉的航空母艦」，還是恰恰相反，台灣只是一座脆弱的島嶼，終將被對岸那個幅員遼闊、軍力雄厚的中國大陸吞噬殆盡？

讓我們簡要回顧歷史。一九七二年二月二十一日至二十八日，美國總統尼克森前往北京進行歷史性的訪問，在此之前，季辛吉曾祕密訪問北京，為美國正式承認共產主義中國鋪平道路。但五十年過去了，只剩下無盡的失望與苦澀，宛如啞巴吃黃蓮。事實上，當紅色中國與世界上最大的資本主義國家之間難能可貴的蜜月期結束之後，喜悅的悸動隨之消失，失望之情顯而易見。畢竟，中美拉近關係不但未能促使中國走向開放，反而產生相反的結果：造就了自命不凡的極權中國，面對著不再完全代表二戰後民主理念的美國。季辛吉於一九七一年奠定了北京和華盛頓關係正常化的基礎。他曾在北京會晤中共政權的最高官員，深知這場賭注有可能反噬美國。他對助理坦言：「當這些人不再需要我們時，就很難再與他們談話了。」季辛吉年近百歲[v]，仍受到中國領導人的高度敬重。二〇一九年，習近平還以最高禮遇在北京隆重接待他。而他的預言似乎逐漸成真。局勢的逆轉總是出人意料：一九七〇年代初期，尼克森和季辛吉還能打出中國牌來牽制蘇聯，而現在卻換成普丁和習近平如法炮製，攜手對抗美國及其盟友。這場中美對峙的核心，是台灣及其附屬島嶼，隨之而來的是一個棘手問題：中美是否會因為這一高度敏感的問題而爆發熱戰？眼下尚未到那一步，但有一點毋庸置疑：台灣對美國的重要性遠遠高於烏克蘭。

v 譯註：已於二〇二三年十一月二十九日去世。

中國事務專家杜如松在其著作《長期博弈》中寫道，在面對美國無可撼動的軍事優勢，中國曾韜光養晦，「現在則變得傲慢自負，堅信自己能持續挑戰現有秩序並逍遙法外。」

一九八〇年代末期的中國內外交困，國內矛盾叢生，對外又面對美國這個軍力占絕對優勢的超級強權。但自二〇〇八年金融危機以來，北京開始察覺這頭美國巨獸正顯露衰弱跡象。二〇一六年，川普入主白宮，加之後來疫情管理混亂帶來的混沌局面，開啟了一個全新階段，中國領導層遂愈加堅信，美國正走在一條不可逆轉的衰退之路上。北京同時也認為整個西方世界走向式微，中國的宣傳部門開始高聲鼓吹「百年未有之大變局」，而這場變局，顯然是對中國有利的。對中國來說，這無疑是翻天覆地的歷史轉折！在十九世紀的兩次鴉片戰爭中，中國飽受屈辱，被迫簽署「不平等條約」，向西方帝國主義開放港口進行鴉片貿易。如今，中國穩穩地踏上雪恥之路。與此同時，北京和華盛頓勢成水火，幾乎無所不爭，從軍事、科技、貿易、地緣政治到意識形態，尤其在印太地區，對抗正日益尖銳化。而美國對這一切竟毫無警覺。

台灣的歷史根源為何？

台灣最早的原住民族與大洋洲民族有親緣關係，同屬南島語族。歷史上，這座島嶼曾多次遭遇外族入侵。十七世紀，荷蘭人首先展開殖民統治，並促使大量漢人移民渡海而來。隨後，台灣在清朝時期成為中國的殖民地，並於一八八五年獲得了獨特的自治地位。日本自一八九五年起占領台灣，直至一九四五年戰敗投降為止。二戰末期的波茨坦會議和雅爾達會議曾明確指出，台灣在日本撤離後應歸還中國。一九四九年秋天，蔣介石剛在台灣落腳避難，中共旋即對距離中國大陸東岸僅數公里的金門島發動登陸戰。一旦攻下金門，進軍台灣將勢如破竹。然而這場兩棲行動一敗塗地：將近六千名共軍陣亡。共產黨這次的失利等於拯救了國民黨政府兩次。不僅保住了台灣的防線，也讓杜魯門政府意識到台灣這匹駑馬可能沒有那麼糟。這段歷史留給我們兩個教訓：力微人輕之際，人必自助，而後人助之。烏克蘭人自二〇二二年二月二十四日那天起，對此恐怕感觸最深。

當歷史的齒輪轉動時，有時什麼都不需要，只要一場小小的戰役、一個突如其來的變數，就足以引發一場持續至今的力量重整。國民黨政府統治的台灣島，也恰巧因歷史的一場「意外」而受到眷顧：一九五〇年爆發的韓戰，使台灣的戰略地位在美國眼中陡然提升，當時正值美中對峙全面升溫之際。美國第七艦隊開始常態性地巡弋於南海與東南亞海域，自一九五四年五月法國撤出印度支那後，該地區只剩下美國獨自對抗共產勢力。此時的中國，在韓戰

（一九五三年）和越戰結束後，亟需尋找新的國內政治動員目標。於是，「解放台灣」這個歷久不衰的口號誕生了。一九五四年九月三日，北京再次炮擊金門島，試圖測試美國捍衛台灣的決心。面對挑釁，華府內部出現嚴重分歧。究竟應該攻打中國？還是實施封鎖？或是對這些看似缺乏戰略價值的小島置之不理？尚-馬克．勒．佩鞠[vi]在《核威脅》[1]一書中解釋說，當時的美國總統艾森豪警告中國，美方不排除進行大規模報復的可能。艾森豪將中國對台灣的侵略行為比擬為當年希特勒對捷克斯洛伐克的蠶食。然而，最終他仍選擇了較為緩和的外交綏靖路線。葛羅瑟[vii]在《世界歷史於亞洲展開》[2]一書中指出：「當時美國面臨的核心戰略問題是，如何控制戰爭的規模，又如何有效確保勝利。在這樣的思維下，華盛頓積極推動結盟政策，並最終將台灣牢牢錨定在美國主導的陣營之中。」

一九五五年一月十八日，中國占領了原由台灣控制的大陳群島部分島嶼。艾森豪總統隨即回應：「該是時候劃清界線了。」這是繼韓戰後，美國第二次公開揚言動用核武威懾。一九五五年三月十六日，艾森豪更明言表示：「我看不出有任何理由不能把它們當作子彈、或是其他武器來使用。」這番警告如當頭棒喝，中國不得不與華盛頓坐上談判桌。美方由此認定，核威脅達到了預期效果。美國隨即在日本部署了核武器，作為此次台海危機的後續行動。然而，這場危機對毛澤東而言亦非全然挫敗。他成功讓國際社會重新聚焦台灣問題，只是他挑起爭端的同時，也迫使美台關係更為緊密。這場交鋒的結果可以說是喜憂參半。第一回合角力落幕後，雙方立場更加強硬。中國雖未能收復台灣，卻也從這場挫敗中痛定思痛，開始轉向發展自身核武力量。來自美國的威脅，正好成了毛澤東說服蘇聯提供核武技術的有力籌碼。赫魯雪夫起初試圖勸阻，毛澤東惱羞成怒，遂於一九五五年一月下令由中國工程師自主研發核武，並於一九六四年完成首次核子試驗。一九五八年九月一日，艾森豪宣布在台灣周邊展開軍事部署。最高統帥蔣介石雖然已將金門與馬祖部署為軍事重地，但中國仍於同年八月二十三日對金門發動猛烈炮擊，短短一天內即發射三萬枚蘇製炮彈。北京為何再次發動攻擊？是否受到華府先前在台灣部署核飛彈的刺激？事情沒有這麼簡單。

另一方面，赫魯雪夫在一九五六年發表揭露史達林罪行的報告，這一舉動在毛澤東眼中無異於忘恩負義。中國隨即展開一場技巧純熟、卻令莫斯科深感不安的冒險行動，而起點正是台灣問題。毛澤東重申，中國已準備好獨自承受美國的核打擊，前提是能獲得必要的援助。

vi 譯註：印支戰爭、情報史以及亞洲冷戰史的專家。歷史學博士、法國教育部認證的高級中學教師，並擔任雷恩第二大學Tempora研究團隊的合作研究員。二〇二二年，他於Passés Composés出版社發表專著《核威脅：從廣島到烏克蘭危機》，探討核武陰影下的現代地緣政治。

vii 譯註：法國巴黎政治學院教授，主要教授國際關係史與當代全球議題（如「全球空間」課程）。他的博士論文聚焦於印支戰爭的結束階段（一九五三－一九五六），特別強調其中的國際層面與地緣政治背景。

紅色中國的領導人高聲宣稱：「為了最後勝利，滅掉帝國主義，我們願意承擔第一輪打擊，無非是死一大堆人。」

美軍突破金門周邊的封鎖，並在周圍部署自一九四五年以來最大規模的軍事力量。他們的戰略意圖明確無誤：遏止中國的擴張。雖然並未言明核武因素，但當國務卿約翰·福斯特·杜勒斯被問及此事時，他並未予以否認。事實上，他連想都沒想過要動用核武，完全是虛張聲勢，卻異常有效。中國方面，在蘇聯承諾提供軍備援助後，終於稍感安心，並於一九五八年九月十五日提出展開談判。這場台海危機最深遠的影響，其實出現在核戰略層面：美國從中學會如何有效使用核威懾，並逐步建構「有限戰爭」的概念。而中國則藉此獲得關鍵的技術轉移，為自主研發核武鋪路，即便一九六二年與蘇聯決裂，中國仍於一九六四年成功試爆首顆原子彈。台灣從一開始便是意識形態對抗的象徵，也是現實政治操作下的籌碼，成為中美兩大強權戰略布局中不可或缺的一枚旗子。

我們現在談談在第一批移民抵達之前，居住在島上的原住民情況。台灣的原住民是島上最古老的定居者，這群源於南島民族的居民，如今僅占台灣總人口的約百分之二。台灣長期以來不為主要文明所知，但近幾世紀以來，特別是自十六世紀起，卻引發許多勢力的覬覦。不同民族相繼踏上台灣土地，從最早的原住民族，到歐洲人、中國人，再到日本人，逐漸形成一種獨特的台灣身分認同。世上鮮有如台灣般，其歷史深受一波又一波外來人口遷徙所深刻影響的地方。在一八八五年之前，台灣一直被視為與台灣隔海相望的中國福建省的一部分。在那之後，台灣才被正式劃為一個獨立的省分。進入十九世紀初，台灣的人口已達兩百萬之譜。

不同族群在台灣迅速融合，孕育出全新而獨特的台灣身分。隨著福爾摩沙島的政治與經濟逐漸穩定，島上開始吸引包括日本、大英帝國與俄羅斯帝國等外來勢力的覬覦，並與台灣建立起貿易關係。直到一八八四年，中法因越南問題爆發衝突，法國試圖在台灣北部建立據點但以失敗收場，中國才決心採取行動，在台灣島上投入更多資源並建設防禦工事。二戰結束後，日本戰敗，被迫將台灣歸還中國。然而，相較於中國大陸與韓國對日本所犯下暴行的記憶，台灣對殖民統治的記憶留存較多正面的因素，對於這段時期留下的怨恨少於其他東亞國家。事實上，日本統治期間也為台灣播下了工業化與現代經濟發展的種子。一九四九年底，蔣介石為逃避毛澤東共產政權的崛起而逃離中國大陸。在他的軍隊被毛澤東的軍隊擊潰後，撤退來到台灣，攜帶大量中國的文化珍寶，至今多數珍藏於台北的國立故宮博物院。約有一百五十萬中國人隨蔣流亡來台。在台灣，蔣介石宣稱中華民國是全中國唯一合法政府，並宣布全面禁止任何反對意見。他所領導的國民黨也在台灣強制推行與在中國大陸如出一轍的威權統治。

台灣人並未花太久時間便對這個新政權發起抗爭，因為他們認為這個政權既不公正又殘酷。蔣介石的軍隊介入後，悲劇接踵而來：數千名台灣人在史稱「二二八事件」（一九四七年二月二十八日）的屠殺中喪生，隨後爆發「白色恐怖」，數以萬計的人被任意逮捕和處決。這段血腥歲月直到一九八七年解除戒嚴後才畫上句號。不過，國民黨政府仍然推出一系列現代化改革，促使大量工廠如雨後春筍般興起，帶動台灣經濟蓬勃發展，人口也在一九五〇至一九七〇年間翻倍成長，接近一千五百萬人。台灣歷史上的重大轉折點出現在一九九六年，出生於台灣本島的李登輝贏得總統直選，成為中華民國總統。台灣從此成為一個名符其實而且充滿活力的民主國家，也是華語世界中唯一的民主政體。台灣人民現在不僅能直接選舉總統、立法委員和市長，還享有獨立的司法體系和新聞自由。多黨制運作順暢，言論自由與思想辯論盛行，與中國共產黨的一黨專政形成鮮明對比。

台灣在二〇〇〇年至二〇〇八年由民主進步黨的陳水扁擔任總統，結束了國民黨長期執政。隨後，二〇一六年由本土出身的蔡英文當選總統，並於二〇二〇年順利連任。曾有自詡為中國問題專家的人士斷言民主不適合中華文明，但台灣邁向民主的事實，讓他們的荒謬論調不攻自破，這一有力反駁隨著時間愈發明顯。久而久之，台灣的戰略重要性不斷提升，成為中國政權面臨的民主挑戰。中國共產黨及其領導人習近平愈加視台灣為威脅，憂心其對政權生存的影響。即使中國大陸的居民礙於審查制度，對台灣的民主生活知之甚少，但台灣對中國的挑戰仍日益加劇，並在國際社會逐步拓展友好盟邦。此外，中國政府目前面臨諸多嚴峻困境，包括經濟成長急速放緩、外資紛紛撤離、失業率（尤其是年輕人）攀升、人口結構問題日益嚴重。

除了政治因素外，還有至少兩個重要原因可以解釋北京對台灣的強烈覬覦。首先，台灣及其附屬島嶼的地理位置使其成為印太地區的戰略樞紐。台灣位處通往全球最重要海洋區域的關鍵節點，周邊環繞著美國、拉丁美洲、日本與朝鮮半島，並向南開啟通往南海的航道。中國除了聲稱擁有台灣主權之外，也聲稱擁有南海這片面積近三百五十萬平方公里、富含油氣和漁業資源的海域。南海同樣具有重要的地緣戰略地位，全球超過一半的海上貿易必經此處。第二個原因，甚至可能更為關鍵，就是全球半導體巨擘台灣積體電路製造公司（TSMC）的總部位於台灣。這些晶片（chips）是現代工業與經濟，尤其是過去二十年來持續進行的數位革命的命脈。光是台積電的半導體生產數量就占全球市場百分之五十三，而最新一代的五奈米晶片，以及即將問世的二奈米晶片，其市場占有率更接近百分之九十。那麼，面對當前緊張局勢，未來會如何發展？是否可能爆發美中武裝衝突，甚至波及日本、俄羅斯、北韓與南韓？

各種論點激烈交鋒：危言聳聽者認為戰爭在所難免，因為中國政權面臨嚴峻挑戰，一心巴望以武力收復台灣，藉此重建其在國內的合法性。習近平曾多次強調，征服台灣是這一代人必須完成的神聖使命。另一派較為深思熟慮的人則認為，理智終將占上風，因為北京當局深知，一旦爆發衝突，人民解放軍極可能遭遇慘重失敗。事實上，雖然中國軍力在過去二十年當中取得顯著進展，但美軍在該地區的軍事部署仍具壓倒性優勢。此外，若戰爭爆發，美國極有可能獲得日本的軍事支援與後勤協助，韓國與澳洲也可能參戰。日本軍隊的技術水準遠超中國，習近平對此亦心中有數。而且雙方軍力不對稱不止於此。台灣軍隊面對中國威脅已長達七十年，早已未雨綢繆、嚴陣以待：如果北京決定發動攻擊，台灣現在擁有的飛彈、軍艦和戰機足以支撐數週。

台灣堅定表態：若遭中國侵略，必將自我防衛

台灣前外交部長吳釗燮表示：「我可以非常清楚地告訴各位，台灣人民和政府意志堅定：我們決心捍衛我們的國家、我們的主權和我們的民主生活方式，對抗那個橫亙在台灣海峽彼

岸的強大敵人。」他進一步強調：「我們面對的正是一個對台灣充滿敵意的強權，它顯然已在為入侵台灣做準備。我們必須正視這樣的情勢。[3]」台海局勢風雲變幻，地緣政治格局正迅速重塑。台灣民眾對於這個龐大鄰國的觀感也產生了劇烈變化。二〇二〇年六月，北京強行在香港實施《國家安全法》，為這座城市罩上了沉重陰影，也使其形象更形惡化。這項法律是北京為回應香港大規模民主抗議運動而制定的。當時，香港市民反對中共對本地事務日益加深的干預，群起示威。根據該法，凡被認定犯有「分裂國家」、「顛覆國家政權」、「恐怖活動」、「勾結外國勢力」等罪名者，最高可判無期徒刑。此法的施行不僅使香港所有形式的異議聲音被全面噤聲，也宣告「一國兩制」名存實亡。北京原本承諾香港居民可在回歸後五十年間維持原有的生活方式與自由權利，但如今這項承諾如同許多過往的諾言一樣，已被徹底背棄。

台灣中央研究院素以卓越聲譽與高度公信力著稱。根據其社會學研究所近期的調查顯示，台灣民眾對民主制度的認同程度，已從二〇一五年的百分之五十五上升至二〇二二年的百分之七十左右。百分之六十六的受訪者認為俄羅斯入侵烏克蘭是一項重要警訊，而百分之七十二的受訪者表示，一旦北京對台動武，他們願意挺身而出保衛台灣。另外，百分之五十五的受訪者表示，如果北京對台灣開戰，他們支持台灣正式宣布獨立。

• 台灣知名軍事專家蘇紫雲，現任台北國防安全研究院院長。

蘇紫雲認為：「我們擁有捍衛國家的必要能力。首先，台灣不是烏克蘭。在烏克蘭的情況中，俄羅斯發動的是陸戰，而若中國攻擊台灣，將是一場海戰。我們的國軍具備反制大規模入侵的實力。我們能有效摧毀來襲的敵艦。我們也擁有性能優異的地對空與地對海飛彈。」

• 長期作戰的情況又如何呢？

蘇紫雲回應道：「答案依然相同，因為除了現役部隊外，我們還有大約兩百萬名後備軍人可供動員。此外，還有約二十萬名年輕人隨時準備投身軍旅、保家衛國。」台灣軍方會採取什麼戰術來對抗大陸的攻勢？這位台灣軍事專家進一步強調：「對我們來說，當務之急是發展非對稱作戰（Guerre asymétrique）的能力。這種戰法成本低、部署時間短，且在歷史上已有許多以弱勝強的成功案例可供借鏡。我們擁有充足的科技基礎與資源，能迅速提升戰力，實現有效的非對稱作戰，進而應對各種潛在的戰爭挑戰。」

他接著說：「我們早在一九六七年就已具備發射飛彈的能力，當時台灣軍隊便配備了能有效擊沉敵艦的反艦飛彈。大家也注意到，烏克蘭軍隊近期正是利用反艦飛彈成功擊沉了俄羅斯在黑海的軍艦。台灣海峽的存在，賦予我們防禦海上攻擊的天然優勢。但是你們也知道，打一場戰爭就像指揮一場交響樂。指揮家不可能只靠單一樂器完成演出！因此我們也同步發展了其他相輔相成的戰力，尤其在空軍方面亦投入大量心力建設。」

- **台灣軍隊是否已準備好因應大規模入侵行動？**

「我們面對的是一支具侵略意圖的軍隊，而我們所建立的，則是一支以防衛為核心的軍隊。在這種情況下，遠程飛彈顯得格外重要。若北京政權決定對我們發動侵略，台灣將毫不猶豫地使用這些遠程飛彈，優先摧毀敵軍的軍用機場或指揮中心。這可以讓我們爭取到更多軍事空間，足以抵擋和削弱敵人的海上攻擊能力。」

- **人民解放軍可能採取哪些侵略劇本？**

「解放軍其實騎虎難下。北京的戰略目標是發動閃電戰，速戰速決，一舉奪取勝利。然而，登陸台灣本島絕非易事，尤其在我方擁有具備反艦飛彈戰力的情況下，我們有能力大規模摧毀敵方艦隊，重創其兩棲登陸企圖。這麼一來，中國軍隊要麼迅速贏得閃電戰，但這有點癡人說夢，要麼就必須成功封鎖台灣。如果都辦不到，中國軍隊勢必陷入一場漫長而代價高昂的消耗戰，將給國際社會足夠時間做出反應，也讓友軍有機會介入援助。」

- 對蘇紫雲而言，與台灣關係密切的國家，尤其是美國，將毫無疑問地挺身而出，站在前線捍衛這座島嶼。至於台灣人民，是否有捍衛自己國家的意願呢？

「我深信至少有百分之七十五的台灣成年公民有決心捍衛自己的國家。這一點，從各項民意調查結果中已可清楚看出。另一方面，台灣社會本身極具獨特性。眾所皆知，在民主國家中，每個人都有權利公開表達意見，勇於主張自身立場——這正是言論自由的核心價值。然而在台灣，一旦面臨存亡威脅，整個社會將毫不猶豫地團結一致、形成共識。對此，我深信不疑。」

- 如何確信美國會出手協防台灣？

「在這樣的情況下，美國出兵干預的可能性非常高。不僅拜登多次公開表明立場，曾任美國參謀長聯席會議主席的馬克．麥利將軍也明言，美軍具備擊敗解放軍的能力。前美國國防部長勞埃德．奧斯汀亦曾公開宣稱美國有責任阻止中國奪取對台灣的控制權。當然，我們對所有願意協助台灣的國家都心懷感激，但最根本的是：台灣必須具備自我防衛的實力，並防患未然。即使在沒有任何外援的情況下，我們也有能力擊退任何來犯之敵。」

• 蘇紫雲進一步指出，台灣從烏克蘭戰爭中獲得了許多寶貴經驗，並據此調整並強化了自身的防衛戰略與實戰準備。

「回想西柏林的人民，他們展現了無畏的勇氣。從這些經驗來看，我認為西柏林和烏克蘭是世界上比台灣更危險的地方。但兩者都能自我防衛。戰爭如同一場馬拉松。中國則運用現代化的心理戰術，」包括散布假訊息。「政府必須制定相關法律，以有效打擊這類假訊息。這些法律不可或缺，因為它們能夠幫助我們分辨什麼是言論自由，什麼則構成對國家重大利益或社會穩定的威脅。[4]」

• 根據中央研究院研究員彭保羅[5]的看法，烏克蘭已成為主要的參考標竿。

「烏克蘭發生的事情，對台灣的未來十分重要。若烏克蘭失守或無法奪回頓巴斯和克里米亞，這對台灣將帶來什麼影響？這是最主要的問題。如果台灣被視為雞毛蒜皮，那就有點像在俄羅斯入侵烏克蘭之前，人們對烏克蘭的看法一樣。正是在這樣的視角下，整場局勢正持續演變。雖然某些因素讓我們擔心台灣甚於烏克蘭，但深思熟慮之後，我們很快就會明白，基於種種原因，對於解放軍來說，侵略台灣並非易事。況且，中國目前的作戰能力還遠遠不足以進行兩棲登陸甚至海上封鎖。」

• 烏克蘭是否反映出台灣生死存亡的關鍵議題？

「我注意到台灣不太討論防衛議題。這個主題未獲媒體正視，關注度也參差不齊。」「然而，自二〇二二年二月二十四日以來，不僅政府和軍隊從烏克蘭局勢中汲取教訓，民間社會也不遑多讓，從民防組織紛紛興起可見一斑。與此同時，美國對台繼續提供甚至加強軍事援助。烏克蘭的衝突引發了台灣社會的多方反思，社會參與度極為踴躍。當被問及是否願意為捍衛台灣而戰時，超過七成的台灣民眾表示準備好了。但當問題轉向『你是否相信自己的軍隊能在中國侵略時保衛台灣？』答案就有些微不同了。支持與疑慮各占一半。」

• 儘管台灣人民表面上顯得從容淡定，但不安依然揮之不去。

「這份憂慮關乎台灣武裝部隊的物質與戰略能力。我們也從烏克蘭戰爭看到，現代戰爭已不再只是依賴坦克、戰機，甚至無人機也只是其中一部分。」

• 台灣能否生產足夠數量的武器？

「數量的優勢是關鍵：面對人數遠遠勝出的中國軍隊，台灣能動員多少兵力？又具備何種武器能力？台灣並不缺創新能力、充滿活力的公民社會也具備相當的靈活性，擁有一流的駭客團隊，甚至在軍事專業領域也不缺人才。但這些是否足以抵禦中國軍隊的攻勢？若封鎖真的奏效，將可能引發補給困難，因此人們對此後果感到擔憂。台灣的石化燃料儲備足夠維持六個月，但某些原物料及其他製造武器的關鍵零件，可能很快出現短缺。此外，從外交角度來看，台灣的脆弱性遠大於烏克蘭，因為這個島嶼至今甚至沒有聯合國的席位。」

• **那麼，入侵後可能會發生什麼情況呢？**

「其中一種假設是認為中國不會直接攻打台灣本島，而是先入侵周邊島嶼。例如東沙群島，距離高雄南方約一小時飛行距離。對解放軍而言，攻占此地相對容易，但對習近平來說，在政治或地緣戰略上究竟能帶來什麼實質利益？實際上，這樣的行動反而對台灣有利，不僅會激發台灣的民族意識，還更鞏固美台關係。對台灣而言，不啻是天上掉下來的禮物！這情況有點像克里米亞遭入侵，只是規模更小。地勢低窪的東沙島上沒有居民，只有一千名駐軍和幾名專研珊瑚與浮游生物的海洋生物學家。就地緣政治成本而言，中國付出的代價將遠高於台灣。另一個選項是攻打金門[6]。從軍事角度看，這甚至比攻占東沙更為容易，但對台灣來說，後果卻複雜得多。畢竟台灣很難啟齒：『我們不會為金門而戰，因為美國不會出手相助。』」

• 台灣邁向民主的腳步為何快速地驚人？

「台灣得以在一九八七年之後快速民主化，其中一項關鍵因素，來自日治時期所遺留下的歷史資產。某種程度上，日本的殖民統治為台灣日後的民主化奠定了一定的基礎。日本自一八九五年起統治台灣，正值明治時代末期，當時日本已經建立以英國為藍本的君主立憲制，之後進入更為自由開放的大正民主時期（約一九〇五－一九二五），接著是昭和時代初期。在一九三〇年代時，由於極右勢力的壓力，日本逐步走向軍國主義，最終於一九四五年戰敗而宣告結束這段歷史。至少在日本殖民統治相對自由開放的那段時期，即便台灣身為殖民地，無法如日本本土享有議會制度的完整權益，但台灣人仍然有權參與地方代表的選舉。也正是在那個時期，台灣奠定了民主發展的基礎，甚至孕育出主張台灣自治的政黨：台灣民眾黨。」

「而此時在中國大陸，對蔣介石而言，日本是極具威脅性的敵人，其危害程度甚至不亞於毛澤東領導的共產黨。但他同時也相當欽佩日本人的軍事、科技和工業實力。當蔣介石為了躲避共軍追擊而退守台灣時，他保留了日治時期所遺留的重要基礎建設，例如鐵道系統，與未被美軍轟炸摧毀的工廠設施。這些資產日後成為推動台灣現代化與工業化的重要資源。」

「蔣介石不僅將這些基礎設施視為推動台灣工業發展的重要基石而加以保留，還保存了日治時期所興建的官方建築及大量具有日式傳統風格（鋪設榻榻米）的住宅，專供國民黨高層與經濟精英使用。蔣介石本可如韓國人般，把這些被視為殖民象徵的建築拆除。這樣做至少可以符合他當時的政策：禁止一整代受日本教育的台灣精英繼續使用日語。更何況，他當時推行強烈的反日宣傳，將一九三七年至一九四五年間中日戰爭期間的日本軍隊稱為『日本鬼子』，以激起仇日情緒。」

- **蔣介石的「統治」，本質上是一種任意逮捕人民的獨裁制度，帶來了所謂的「白色恐怖」。**

「日本人在台灣統治初期，為了確立新主人的權威，與原住民爆發激烈衝突，甚至砍下人頭示眾。與此不同，蔣介石及其黨羽採取了更為隱晦且難以察覺的鎮壓手法（因此被稱為『白色恐怖』，以區別於血腥殘酷的『紅色恐怖』），主要打壓說福佬話（或閩南話，福建南部方言，也是十七至二十世紀自中國大陸遷台多數移民的母語）的漢人精英。國民黨的白色恐怖造成大量任意逮捕和草率處決，尤其重創了閩南精英群體。這種從一個殖民政權轉移到另一個政權的狀況，可用一句俚語總結：『狗去豬來』。」

「換句話說，日本這些『狗』，雖然動輒吠叫、規矩繁多，但基本上也自律甚嚴。反觀國民黨這群『豬』，則橫行無忌，肆意犯下各種罪行，不僅敲詐勒索，更無理壓迫當地百姓。

當時稍涉政治的言論極為危險，隨時可能遭判多年徒刑，甚至馬上被處決。那幾年的氣氛與同時期拉丁美洲如智利皮諾契特的獨裁政權毫無二致……雖然這種高壓統治一直持續到一九八七年戒嚴令解除，蔣介石仍然認為有必要維持某種在地民主的假象，至少在他的美國盟友前能保持良好形象。所以當時台灣仍有選舉，『黨外人士』亦得以參政。相形之下，中國大陸自一九四九年起，則只有中國共產黨一黨專政。而台灣在蔣介石的威權時代，黨外人士就算遭遇各種打壓和攻擊，仍然成功於一九八六年建立了民主進步黨，而且就在解嚴之前沒多久。」

「關於思想啟蒙的萌芽，早在日本殖民時期便已初現端倪，即使在國民黨對知識分子和藝術家的迫害下仍持續發展。受壓迫的不僅是原住民，還有大量外省人，也就是隨蔣介石軍隊於一九四五年至一九四九年間來台的大陸人。許多遭遇『白色恐怖』的知識分子，多為同情共產主義或是自由主義的進步派；只要稍有不慎，便可能被指控為效忠毛澤東的『匪諜』。至於台灣的閩南或客家知識分子，他們日語造詣深厚，不僅廣閱日本文學，還透過日語翻譯接觸世界名著，如莎士比亞、雨果、托爾斯泰等，甚至出乎意外地包括大陸作家魯迅的作品。這種中日文化交織的底蘊，對理解戰後台灣社會乃至七〇年代後的民間社會的活力至關重要。台灣與日本間深厚的文化與情感聯繫，相較日本與韓國之間較為複雜的關係，形成鮮明對比，也正是這段悠長歷史遺產的延續。」

- 台灣當然不是該地區唯一的民主國家，另外還有日本、韓國，還有某種程度上的菲律賓、印尼和泰國等民主體制。然而，究竟是什麼原因，使得這座擁有兩千四百萬人口的小島，能夠在民主轉型的歷程中脫穎而出，躍升為國際間公認的民主典範？

「確實，有許多理由可以支持這樣的觀點，並讚揚台灣民主的發展不僅令人矚目，甚至堪稱典範。」「以韓國為例，其民主化的時間與台灣幾乎同步（發生在一九八七至一九八八年之後）。今日的韓國不僅是制度穩固的民主國家，亦是世界領先的經濟強權之一。值得注意的是，韓國與台灣一樣，在數十年的時間裡受到日本的殖民統治。那麼，這是否表示兩國的民主化與其過去作為日本殖民地的歷史，或是戰後與日本的良好關係有關？我不這麼認為，因為我們可以看到，今日日韓關係常因政治變動而時有起伏。相對而言，台日關係始終穩定友好，即便在國民黨威權時期，基於意識形態，禁止進口日本文化產品的情況下亦然。而自一九九〇年代以來，台日關係更是日益密切；而韓國的情況卻相反，雖也完成民主轉型，但其對日關係仍經常陷入緊張。」

• 話雖如此，為什麼民主化在台灣得以實現，而在中國卻在一九八九年便被扼殺在萌芽階段？

「我們不能忽略身分認同的層面。台灣的民主進程與其民族主義是密不可分的。解嚴後，社會和政治運動持續茁壯，其根基來自於多元群體的參與和動員，涉及工人、學生（跟韓國相同）、農民、原住民、環保主義者等。這些力量共同構成了所謂的台灣獨立運動，冠以『民族主義運動』之名。但這個詞語本身是含糊不清的，因為長期以來，法國媒體將台灣形容為『île rebelle nationaliste』（民族主義的叛逆之島），卻未曾釐清這裡的『nationaliste』是指『中國國民黨』的中華民族中心論，還是新興的台灣本土民族主義，或是兩者兼容的混合體。這樣的混淆甚至比歐洲的民族主義問題更令人困惑。由於極右翼勢力的崛起，民族主義在歐洲的語境中蒙上了負面色彩，使人們難以正面理解這一概念。我們往往以過於簡化、非黑即白的二元對立方式看待現代政治光譜，因此認為自由民主與排外、原法西斯主義（proto-fascist）性質的民族主義水火不容，彷彿民主、自由、以人民為本的民族主義都不存在似的。事實上，如果我們仔細觀察十九世紀在歐洲發生的事情，會發現許多爭取社會權利的民主與進步運動，實際上常與民族主義並肩而行。波蘭如是，希臘、波羅的海國家、巴爾幹地區和烏克蘭亦如是。而現在的烏克蘭在某種程度上正在重新塑造歐洲，並迫使我們必須以更細膩的視角，重新思考民族主義與民主之間複雜而微妙的互動關係。」

在歐洲，由於歷史背景的影響，「很難想像一個民主國家竟能同時兼具自由、民族主義與深厚的民眾基礎。而台灣正是這樣的例子。當然，蔡英文並非左派，而且相去甚遠。她的接班人賴清德更不是，但事實上，如今台灣人民享有的健保制度，不僅比多數歐洲國家更高效、更平等，甚至讓曾在此領域領風氣之先的法國也相形見絀。其他公共服務，如教育、交通、郵政和電信，可以說同樣展現出令人稱道的成就。」

- **台灣今日是否已成為一種發展的典範，甚至是未來華人世界的希望？**

「在北京尚未關閉國門之前，曾有多達四萬名中國大陸學生赴台就讀，他們每天都能親眼見證什麼是民主，以及民主制度實際如何運作。試想，當他們目睹這一切時，內心會有何感受？對他們而言，這彷彿是看見了一場『圓滿的天安門學運』。有些人直到那時才震驚地發現天安門大屠殺的真相，而他們之前對那段歷史一無所知。甚至從未聽聞！」

- **台灣的民主制度是否堅若磐石？**

「是的，而且每逢選舉都再次證明：台灣的民主體制極其穩健。即使是最具民粹色彩的台灣政治人物，也完全無法與川普或雅伊爾．波索納洛之流相提並論。我們從未感受到台灣的民主岌岌可危，或面臨政變的可能。在這裡，對民主規則異常尊重。整體社會普遍具有強烈的守法文化，對法律制度與法治原則的重視根植人心。台灣也是全球貪腐程度最低的國家之一。此外，台灣所面臨的內部風險，往往與中國構成的外部生存威脅息息相關。台灣的選舉機制與程序設計明確嚴謹，民主制度之所以如此堅實，有賴於全民對中國試圖干預、滲透選舉的高度警覺與共同防備。此外，台灣逐步推進的『去中國化』過程，也進一步鞏固了台灣的民主運作。[7]」

台灣何以成為習近平的執念

「台灣統一」、「回歸祖國」，經常被中國共產黨宣稱是中國人民的「神聖使命」，是無人能阻止的民族大業。習近平本人也多次公開表示，「台灣遲早會瓜熟蒂落，回歸祖國懷抱」，必要時不惜訴諸武力。這類言論與其說是基於歷史事實，毋寧說是一種政治宣傳口號，意在煽動民族主義情緒。「統一」一詞本身就師出無名，因為自一九四九年以來，中共從未統治過台灣。事實上，台灣問題在中共的官方話語中，已不再只是地緣或歷史議題，而是被建構為政權正當性不可或缺的一環。對一個缺乏民選基礎、正當性十分薄弱的專制政權而言，這樣的象徵性目標變得格外重要。其實，中共唯一賴以維繫的正當性，在於持續推動經濟發展，讓全體人民朝向共同富裕。但當前經濟動盪、社會矛盾日益加劇，這一層「經濟正當性」正迅速消失。也因此，「實現台灣回歸」這項政治承諾，被視為補足政權正當性赤字的關鍵手段，也逐漸變成中共亟欲完成的既定目標，愈快實現愈好。西方國家和中國周邊鄰國，若要準確研判未來幾十年甚至短期幾年內的台海風險，勢必須納入這層意識形態與內部正當性危機的因素。美國已有不少現役與退役的軍事將領公開示警，指出台海爆發衝突的可能性日益升高，而一旦開戰，幾乎可以確定將造成極其慘重的人命損失。

二〇二二年，習近平首次公開宣示：「台灣的統一必須在我們這一代實現。」然而，中國領導者對台灣的執著，背後其實還有更深層的原因：昔稱福爾摩沙的台灣，已經成為一個民主堡壘，日復一日地以自身存在挑戰極權的中國共產政權。類似的情況也曾在香港上演。這個前英國殖民地一度擁有初步的民主雛形，直至群眾運動爆發，街頭抗議接連不斷，對北京的權威構成愈來愈大的挑戰，最終令中國獨裁領導人忍無可忍。後續發展眾所皆知：除了少數及時逃離者，其他運動人士全都淪為階下囚，有些人甚至面臨終身監禁的命運——這一切都拜二〇二〇年六月強行實施的港區《國家安全法》所賜。如今，隨著香港的個人自由已被全面封鎖，台灣對習近平而言，幾乎成了一種持續性的羞辱。即便這個島嶼只有二千四百萬居民，但它活生生地證明，民主制度並非無法在中華文化中生根發芽，反而可以與之共存共榮。這也與那些自詡為中國通的西方宿命論者的看法背道而馳，他們不久前仍信誓旦旦地堅稱「民主無法在中國落地」，彷彿他們手中握有古老中國的千年真理，竟斷言中國必然與普世價值格格不入。

• 習近平若陷入困境，會怎麼做？

對於那些擔心這種情況的人來說，最大的錯誤莫過於毫無準備。正如香港政治學者林和立所言：「今天，許多觀察中國局勢的專家，包括我自己，都深感憂慮，因為習近平手中唯一還能動用的籌碼，似乎只剩下台灣問題。他有幾種方法可以對付台灣。最壞的情況是全面開戰，下令軍隊發動地面入侵，屆時死傷將會非常慘重。」他接著說：「另一個可能的劇本，則是對台灣實施海空封鎖。但美國、日本、澳洲和其他國家也早已未雨綢繆。習近平必須在有限時間內以武力奪取台灣，其實難度極高。但這正是我最擔心的場景。」林和立進一步警告：「一旦習近平宣布入侵台灣，極有可能同時在中國大陸與香港實施戒嚴。屆時，當局將能隨意逮捕任何人；同樣地，習政權也可藉由打擊貪腐的名義，對高層官員施壓，迫使他們為戰爭出錢出力。」

習近平非常清楚，他輸掉這場戰爭的可能性相當高。但對他來說，這將是孤注一擲，也是保住權力的背水一戰。「我們不能再理所當然地認為他只會做出理性的決策。若他真的動手，這將是一項非理性的選擇，堪比普丁入侵烏克蘭的舉動。風險之大更是有目共睹，因為近來的多項研究顯示，中國與西方軍力之間的差距不僅未見縮小，反而依然懸殊……此外，諸多跡象也顯示，中國的武器並不如官方宣稱得那麼先進有效。」然而，如果習近平最終選擇訴諸戰爭，這將是一個完全無視現實、出於絕境的非理性抉擇。西方國家必須明白，在台海問題上，與中國的對抗不再只是抽象的地緣風險，而是一個日益逼近的真實危機地帶。「沒有人能再天真地相信習近平會按理性行事，這與我們西方世界過去對中國決策的想像背道而馳。再者，他對俄羅斯在烏克蘭戰爭中的真實處境，似乎也所知有限。……習近平對外宣稱自己反對戰爭，信者恆信，一旦他被逼到牆角，他極有可能訴諸武力進攻台灣。我一直認為，若他要動手，最可能的時間是在他第四個任期內，也就是二〇二七年至二〇三二年，屆時他將七十九歲。但現在看來，衝突可能會更早爆發。中國國內的局勢正在惡化，而習近平心中有數，時間並不站在中國這邊。世界各國正積極結盟對抗中國，甚至北約也開始將觸角延伸至亞洲。北京很可能得出一個結論：既然時間對中國不利，那麼就應當趁還來得及時，先發制人。[8]」

根據台灣前外交部長吳釗燮的說法，「現實是，中國政府意圖擴張其權力，這不僅限於對台灣的野心，而是涵蓋周邊地區。其擴張的野心遍及整個太平洋地區，包括緬甸、巴基斯坦、斯里蘭卡，甚至遠達非洲的吉布地。中國的野心不僅止於印度洋，更延伸至歐洲！中國對對台灣的覬覦，只是其全球性戰略圖謀中的一部分，而奪取台灣，只是第一步。他們聲稱若能和平統一固然最好，否則將不惜訴諸武力。他們已多次重申這一立場！看看他們對台灣所進行的軍事威嚇演習和軍力部署，就能看出其圖謀。我們堅信，中國對台動武的威脅，並非虛構，而是真實存在的。他們的目標就是戰爭，無論是明天、明年或是五年後。無論時間如何變化，我們都必須防患未然。」

• 第三次世界大戰的風險有多大？

「我不排除第三次世界大戰的可能性，因為目前的情勢確實與第二次世界大戰爆發前夕有些相似之處。請看看當今歐洲的情勢：俄羅斯宣稱烏克蘭屬於它。假設俄羅斯真的成功占領烏克蘭，難道不會令人聯想到第二次世界大戰前夕的領土訴求嗎？當時納粹德國說：『奧地利是我的，這個國家講德語，所以它屬於我！』這樣的說法，是否與今日中國對台灣的主張驚人地相似？從目前歐洲前線的演變來看，我們可以得出這樣的結論：第三次世界大戰的可能性確實存在。再觀察一下中國堅稱台灣是其領土一部分的動機與言詞，不難發現這與歷史上的領土擴張主義如出一轍，這是一種明確的『領土收復主義』（irrédentisme）。中國說：『台灣是我的』。這聽起來是不是有點耳熟？是不是讓你想起某些歷史時刻？中國正一步一步地在全球擴張其影響力，甚至深入印度洋。若這股趨勢無人制止，若民主國家遲遲不覺醒、無法堅定地表態說：『我們必須阻止這一切！』那麼終有一日，民主制度將會如骨牌般接連崩塌。到那時，我們可能會真的迎來第三次世界大戰。而在這場全球性的對抗中，台灣是民主的堡壘。我們必須堅定守住！」

- **如果北京發動攻擊，美國是否有可能不介入？**

「我無法想像任何一屆美國政府，不論是哪一屆行政當局，會選擇停止支持台灣。這會對美國在該地區的盟友，無論是日本、韓國或澳洲，造成災難性的影響。如果美國的承諾受到質疑，後果將不堪設想，我一點也不相信這種情況會發生。」

• 目前最令人關切的問題，是一旦習近平有朝一日被逼至絕境，是否會做出非理性的決定。

「這確實是我們深感憂慮的事情，也是一個不容忽視的隱患。我們與中國有著源遠流長的文化淵源。但問題並不在於台灣。習近平當前所面對的挑戰極為棘手……尤其是關於政治穩定性的質疑！因此我願意向他提出一項建議，雖然我不確定他是否聽得進去：他應該尋求真正符合中國人民福祉的解方。而我認為，台灣或許能為中國的長遠發展提供應對之道。台灣是一個民主典範，與中國專制政權有若天壤之別！台灣不應被視為一個問題，而是能為中國提供長期發展的解決途徑。只要北京不對我們動武，台灣人民、政府和各界政治力量都願意與中國對話、合作，並為中國人民謀求最大福利。我們甚至願意分享讓中國走向民主的經驗與智慧。但歷史告訴我們，這些專制政權在面臨重大內部危機時，經常會對外製造事端，以轉移人民的注意力。這正是我們目前密切關注的風險，確實有可能失控惡化，引發一場不幸的局勢。如果習近平選擇這條道路，將會引發一場危機，對台灣、中國人民以及全世界都沒有好處。[9]」

台灣對中國共產黨而言，已經成為常態性的羞辱。中共精英心知肚明，台灣是華人世界中獨一無二的民主政體，也可能成為中國未來的榜樣。正因如此，問題的核心並不在於中國政權所宣稱的「統一」正當性，這種正當性其實毫無根基，因為台灣絕大多數民眾並不認同這樣的統一。真正的關鍵在於：作為民主堡壘的台灣，對中國共產黨構成了生死攸關的存在威脅。目前讓北京當局仍有所顧忌的一個重要原因，是擔憂武力攻台失敗將導致嚴重後果。雖然我們可以合理推測，中共高層或許有能力在國內壓制任何反對聲浪，但在國際舞台上，北京將面臨巨大損失。若是這場武裝侵略以人民解放軍的失敗告終，很有可能促成台灣政府正式宣布獨立。屆時，這個被侵略的國家極有可能獲得多國外交承認。台灣將成為各方面的贏家：這個昔日的福爾摩沙不僅擊敗強大的中國軍隊，更將成為一個享有國際社會廣泛支持的獨立國家。

然而，自從川普重返白宮以來，局勢已有顯著變化。如果這位美國總統傾向推動的孤立主義成真，對中國共產政權來說，將是一個對台採取行動的黃金時機。自二〇二五年初以來，中國軍隊對台灣島的威懾和脅迫軍事行動明顯加劇。與此同時，北京方面的言詞也愈發強硬，公開宣稱「絞索正逐步收緊」，這不僅意在恐嚇台灣，更是在向川普傳遞明確訊息：美國若選擇出手援助台灣，並非明智之舉，必將付出沉重代價。

結論：邁向光明的中國大長征
Conclusion : Cette longue marche de la Chine vers la lumière

「所謂中國的文明者，其實不過是安排給闊人享用的人肉的筵宴。」這是中國著名詩人與作家魯迅（一八八一－一九三六）曾留下的犀利評語。他是一位思慮清晰的愛國者，主張國家應當現代化、師習西方並提倡言論自由。他在一九二五年發表的一篇文章中，寫下這樣一句高瞻遠矚的話：「這人肉的筵宴現在還排著，有許多人還想一直排下去。掃蕩這些食人者，掀掉這筵席，毀壞這廚房，則是現在的青年的使命！」

一個世紀過去了，中國依然故我。如果中國有朝一日能夠擺脫這個政權的枷鎖，那麼必將是由青年一代來完成這項使命。我們每天都能看到，這些年輕人正與黨所塑造的世界徹底決裂。他們大無畏地宣告：「黨，你不允許我們發表意見。但你永遠掌控不了我們的身體。」他們不結婚，也不生孩子，這個威力十足的武器終將改寫政權的命運，我對此深信不疑。

然而，這樣的願景仍遙不可及。綜觀目前情勢，對像我這樣的外國觀察者所感受到的，是中國和其人民正步入一場漫長的政治與社會寒冬，沒有人能預料將持續多久。對於我們這些熱愛中國的人來說，與中國當地的朋友保持聯繫比以往難上加難，甚至可能置他們於危險境地。當代中國問題權威學者白傑明曾指出，這個國家已經進入了「無聲的中國」[1]新紀元。面對習近平時代的中國，我們應採取什麼立場？他提出了一個深具啟發性的觀點：「我主張採取一種既堅守原則，又具有長遠戰略考量的抵抗方式，這在當前尤為重要：我們既不能輕易接受與中國共產政權過於輕鬆或討好的交流，也不能盲目相信那些充滿冷戰思維、誇張甚至虛假的言論。……就我個人情況而言，在與中國打交道的三十多年中，我選擇當一位『諍友』，這是我從歷史典籍當中學到的說法，這個詞源自中國古籍，指的是既不阿諛奉承，也不輕易退讓，而是以真誠友善態度，堅守原則，據理直言的朋友。」這個理念很簡單：拒絕將中國問題簡化為冷戰式的黑白二分法，尤其是與西方對立。他進一步解釋：「對我而言，『諍友』的含義根植於自由人文主義的價值觀，同時尊重並真誠地與中國的世界互動，畢竟這個世界確實存在，無法忽視。」而這也正是我的初衷。在本書的寫作過程中，我始終恪守這一原則。

我希望讀者在閱讀前文時就已明白，本書並非出自反華狂人之手，而是源自一位深愛中國，卻對其國家局勢發展感到失望、甚至心碎的人的真摯心聲。這場即將來臨的寒冬，首當其衝的將是中國人。二〇二四年（本書法文初版年分）即將到來，但是北京猶如那位穿新衣的國王，竟罕見地赤裸裸地暴露在世人面前。然而，將中國排除在這個瞬息萬變又莫測高深的新世界之外，將是大錯特錯。另一項誤判則是期待全球獨裁政權即將分崩離析。全球的地緣政治發展日新月異，尤其自烏克蘭戰爭爆發以來，局勢更是瞬息萬變。哈馬斯恐怖分子在二〇二三年秋天對以色列發動慘絕人寰的暴力攻擊，使中東地區雪上加霜。這片區域的未來充滿不確定性，難以預料其長遠影響。現在的中東比以往任何時候都更像一個火藥庫，伊朗在背後運籌帷幄，試圖擾亂區域穩定以謀取自身利益；中國則與德黑蘭政權維持曖昧關係。此時正被烏克蘭與東亞事務牽制的美國，或將面臨在中東開啟第三條戰線的風險

多倫多大學政治學教授盧坎．艾哈邁德．魏在《外交事務》發表文章警告說：「不要指望獨裁者自行退場。」早在一八四八年，哲學家亞歷克西．德．托克維爾便說過：「在當今世界，國家必須努力實現內部的平等；但平等將引導他們走向奴役或自由、啟蒙或野蠻、繁榮或苦難，這一切取決於國家的選擇。」這句話的意思是，奴役和日益積累的挫折，終將孕育革命的種子。然而，眼下中國的條件尚未成熟，這場變革尚未指日可待。我不至於預測中國政權會在短期內發生更迭。但幾十年來，中國內部的局勢從來沒有這麼糟糕。如果中國領導階層決意進一步加強獨裁統治，情況恐怕只會火上澆油。

在中國人的想像中，「黑天鵝」象徵災難預兆。二〇二一年一月，中國共產黨中央政治局召開研習會議，習近平主席特別敦促全國上下高度警惕「黑天鵝」的出現。他具體強調，要「高度警惕『黑天鵝』事件，也要防範『灰犀牛』事件；打好化險為夷、轉危為機的戰略主動戰」。在東方人的心目中，「黑天鵝」泛指某種難以預測、但一旦發生便可能引發巨大衝擊的突發事件。中國是否正面臨這樣的關鍵轉捩點？或許如此。

然而，在這個瞬息萬變、變幻莫測的新世界裡，若貿然將中國排除在外，那就鑄成大錯了。二〇二二年，對全球三大獨裁國家而言，都是灰頭土臉的一年。二〇二二年十一月，習近平目睹了自一九八九年天安門廣場大屠殺以來，中國最大規模的示威抗議，民眾對他的「清零」政策忍無可忍，該政策也以徹底失敗告終。數百名年輕人甘冒風險，在鏡頭前呼籲推翻中共政權，並要求習近平下台。同年十月，伊朗年輕女子瑪莎．阿米尼因「不當」佩戴頭巾而遭伊朗「道德警察」粗暴對待，不幸喪生，隨即點燃了伊朗百餘城市前所未見的抗爭浪潮，無數勇敢的女性與男性挺身而出，反對穆拉神權統治及其殘酷鎮壓。自二〇二二年二月以來，普丁無疑是受到最大懲罰的人。對他來說，揮軍入侵烏克蘭已成為一場災難，俄方傷亡人數更超過二十萬，西方國家的經濟制裁將使其國家陷入長期困境，國際聲譽也蒙受嚴重損害。俄羅斯的所有行動都未能成功扶植親俄政權取代烏克蘭現有政權，也無法長久占領該國領土。這些都是無可否認的事實。但是，如果有人自信能預測我們的星球在短短五年後會變成什麼樣子，恐怕不是過於自負，便是太魯莽。

邁克爾・貝克利在《外交事務》期刊文章中對中國、俄羅斯和伊朗的分析頗具洞見：「專制政權所面臨的威脅，並不像許多人預期的那般嚴重。這三個獨裁政權憑藉其革命歷史中孕育的隱形韌性與修復能力，展現出驚人的穩定性。」至於中國政權，他指出：「雖然沒有任何威權體制是無敵的，但中國或許仍是當今世界中最穩如泰山的專制國家，能夠抵禦強烈的民怨和經濟動盪。[2]」事實上，即使普丁終有一日下台，誰又能保證其繼任者不會更糟？而美國的民主狀況似乎也正處於前所未有的脆弱期，令我們無法預測美國未來的政治與社會走向。若真陷入混亂局面，各路獨裁者必將乘虛而入。至於中國，我們切莫輕信魯莽的悲觀預言家和不負責任的吹哨者。否則將是致命錯誤。

無論未來情勢如何演變，中國政權恐怕仍將長存。幾十年來，自詡為中國問題「專家」和目光短淺的「漢學家」，總是大言不慚地預言北京政權行將就木，中國即將迎來民主。他們完全搞錯了。中國的光環也許已不如往昔，但仍成功在全球南方煽動對西方的反感，並藉此贏得不少支持。中國提出一套看似多極的新秩序，當然只是個虛幻制度，卻與飽受質疑的西式民主迥然有別。加上西方國家通常基於道德原因，對發展中國家提供援助時顧忌重重，而中國則慷慨大方地出借資金，只是南半球國家沒有看穿金源依賴背後所設下的致命陷阱。北京仍然善於把自己包裝成一個可資仿效的治理典範，以吸引那些對民主制度深感厭惡的獨裁國家。如此一來，中國政府蟻合起一圈流氓國家，組成一個惡棍同盟，視中國為對抗美國及其黨羽的地緣戰略壁壘。所以中國大外宣在中東地區成功拉攏多個獨裁政權也就不足為奇了，這些國家早已對美國的制裁手段感到厭倦，而美國的影響力與聲望，也在當地大幅下滑，甚至瀕臨被排拒的邊緣。

此外，中國共產黨自一九二一年成立以來，已經累積了不可低估的強大韌性。其領導人習近平是一位老練且深謀遠慮的戰略家，他精心塑造的「國家父親」形象，在國內仍然享有極高的正面評價。迄今為止，絕大多數中國民眾未曾對他的統治提出實質性的挑戰。在長達十二年的掌權期間，習近平逐步鞏固權力，實行愈發集中的專制統治。他已經開除六名政治局成員、三十五名中央委員會成員、六十名將軍，以及大約三百五十萬黨員（保守估計）。蘇聯暴君約瑟夫·史達林亦曾多次發動政治清洗，但其統治根基從未動搖，最終死於任上。美國著名的中國問題專家之一博明認為：「我最有可能的推測是習近平也會在任期內駕鶴西歸。[3]」我傾向於贊同此一觀點。

二〇二三年三月，習近平在莫斯科克里姆林宮門前與俄羅斯總統道別時，對他說：「現在正是百年未有之大變局，我們共同來推動。」普丁滿臉笑容地回答：「我同意。」誠然，這並非中國獨裁領導人第一次口出此言。早在二〇一七年十二月，習近平便首次提出此說，並使其成為「習近平思想」的核心支柱。該思想被編入署名書籍、印製數億冊，廣泛流通於全國，甚至納入小學課綱，作為全民的行動準則。然而，習近平在莫斯科重申這句話的同時，俄軍已在烏克蘭發動殘酷戰爭逾一年，使這番言論的意涵格外深遠。它完全顯露中國最高領導人當下的心態與企圖：中國已做好萬全準備，必要時不惜動用武力，在一個由北京主導的新世界秩序中奠定規則，即使造成混亂也在所不惜。歐洲政治學家馬克・倫納德[4]在《外交事務》[5]期刊中寫道：「當西方領導人和政治家致力維護以現行法律為基礎的世界秩序時，……中國的戰略家們則愈來愈聚焦於如何在無序的世界中追求自身利益。包含習近平在內的中國領導階層，從上到下，普遍認為第二次世界大戰後制定的全球架構已不合時宜，而挽救該體系的努力注定徒勞。與其挽留這個世界秩序，北京選擇為其崩解做好萬全準備。」中國與美國大相逕庭，「正摩拳擦掌準備面對無序、不對稱和分裂的世界，而這正是當今世界所處的現實狀態。」他的判斷不無道理。但我認為，與習近平所一再聲稱的恰恰相反，時間並不站在他這邊。

中國共產黨政權目前正面臨著自一九四九年執政以來最嚴峻的挑戰。除了日益嚴重的經濟困境之外，曾經激起希望的革命熱情早已灰飛煙滅，懷疑的種子正悄然在年輕一代心中萌芽。部分年輕人開始積極探索外部世界，將自身處境與西方青年做比較，進而深切感受自身的困境與無奈。此外，青年失業率已攀升至五十年來的最高點，令人憂心如焚，昔日鮮少出現的各類社會問題，現已成為中國社會的焦點。此外，中國的軟實力正在迅速衰退，許多合作夥伴對中國的好感驟降，而在西方世界更是徹底崩潰。

有一句眾所周知的格言是這樣說的：「受傷的動物更危險」。前美國總統拜登在二〇二三年八月十日宣稱中國是「一顆定時炸彈」，他確實沒看走眼。對於拜登來說，這是一個令人擔心的隱憂，因為「當壞人遇到麻煩時，他們就會做壞事」。不過，拜登也保證會尋求「與中國建立理性的關係」：「我無意傷害中國，我會繼續觀察。」

中國問題的資深觀察家都可以證實：外界常將習近平描繪成擁有「絕對權威」的領袖，但他並非真正無所不能。他聰明絕頂，絕不可能沒有察覺，在他的領導下，他本人與其親信的未來正逐步被陰影籠罩。因此，中國開始逐漸封閉自我，與外部世界保持距離；而共產政權為了自保，更加嚴控意識形態與政治紀律。目前，維持政治與社會穩定已成為當局的首要任務。過去一度被視為當務之急的經濟發展，則退居次位。共產政權曾承諾讓中國的中產階級擁有物質繁榮，這或許是這個非民選政權所能訴諸的唯一正當性來源。然而從長遠來看，習近平自二〇一二年上台以來，藉以團結「廣大人民群眾」的政治口號——「中國夢」——正面臨逐步幻滅的危機。

後果將會是什麼？

這裡浮現出一個揮之不去的核心問題：這位理性而務實的終身領袖，究竟會將人民的福祉置於首位，抑或選擇優先保全自身權位？如果他走上前者的道路，勢必將以英明之姿載入史冊。然而，我們不能排除另一種可能——他或許會步入獨裁者的典型軌跡，把個人安危與權力延續置於一切之上。他的獨斷專行，無疑為未來埋下隱憂。在政權陷入危機、退無可退之時，他或許會出於本能的求生反應，選擇對台灣動武。那將是一場對中國本身與全世界都無以承擔的災難。我們無法排除這樣的衝突會迅速失控，最終引爆一場第三次世界大戰的可能性。核戰的陰影始終如影隨形，乍看遙不可及，實則近在咫尺。真正令人膽寒的是，當理性退場，人類瘋狂的本性與其引爆的災難，才會悄然現形。

在完成本書法文初版寫作之際，羅貝爾．巴丹泰的一句話始終縈繞在我腦海中：「有時候，我對人類感到絕望。」此言如今聽來，顯得格外切中時弊。當我凝視這個世界的走向，不禁懷疑世界是否已經瘋狂。在中東，積壓已久的宿仇以更加激烈與暴力的形式捲土重來。在中國，一個不擇手段的政權正煽動盲目的民族主義，仇恨不斷升溫。在美國，社會問題積重難返，深層病灶難以治癒。在歐洲，貧富差距擴大，怨懟情緒蔓延，社會裂痕甚囂塵上。我不禁自問：我們是否已陷入一個可怕的惡性循環，將這顆地球推向愈發幽暗的未來？但願我只是庸人自擾。

二〇二三年十一月十四日，在美國總統拜登舉行的舊金山峰會上，中國國家主席徹底收起咄咄逼人的語氣，不僅笑容可掬，態度隨和，還接受了許多「美方」的要求，其中至關重要的一項是恢復中美之間的軍事對話，以及在台灣發生武裝衝突時，保持最高層級的電話溝通。然而，若將此解讀為中國政權政策的長期轉向，那未免過於草率。這種「微笑外交」是基於中國經濟對西方依賴的現實壓力。因此，現在預測這種綏靖意願將如何發展，還言之過早。習近平顯然也很明白，在與美國的這場較量中，北京難以占上風。因此，對當時的中國領導層而言，當務之急是等待二〇二四年十一月的美國總統大選，中國雖然沒有明說，但默默寄望於川普連任，這對中國來說，無疑是最大的福音。

為二〇二五年台灣讀者而寫

隨著二〇二五年夏季腳步逼近，質疑中國政權穩定性的聲浪日益甚囂塵上。的確，最近發生的一連串不尋常事件，引發外界對其背後可能潛藏變局的揣測。一些觀察人士指出，習近平的權勢正顯露出日漸脆弱的跡象，從接二連三無法解釋的政治動態，以及針對若干關鍵議題的爭議升溫中可見端倪。表面上，習近平幾乎掌握了國家所有實權：他不僅是中華人民共和國國家主席，同時擔任中國共產黨總書記與中央軍委主席，掌控黨、政、軍最高權力。以此地位，他得以主宰中國的未來。自二〇一二年上台以來，他更不斷鞏固個人地位，毫不疏忽地清除所有明裡暗裡的反對勢力。他最喜愛的手段之一，莫過於在上任之初所啟動的「反腐運動」。這場運動席捲黨政各級，數以千計的官員因此落馬，無論他們是否真正涉貪。

然而，他的諸多決策卻備受爭議。其一即是對二〇一九年新冠疫情的災難性失策，導致經濟一度陷入停滯，部分民眾在極端封控下陷入絕望。其二是對台政策轉趨強硬，採取威嚇、騷擾與軍事施壓政策。此外，還有中國外交官化身「戰狼」，對敵對國家採取激進外交政策，甚至連與中國關係友好的國家亦未能倖免。

自二〇二四年以來，中國高層的政治氛圍今非昔比。各種異常跡象接連浮現，黨內一股不滿情緒正在醞釀，甚至蔓延至權力核心。在這波反彈聲浪中，已有多位黨內元老公開發聲。他們的批評在去年二〇二四年北戴河會議期間尤為明顯。每年八月，中共高層與退休大老按例在中國北方濱海渡假勝地北戴河舉行閉門會議，討論國家發展走向，與會者不乏與習近平關係密切的重量級人物。

第一個異常現象出現在五月：中共官媒並未遵循往例發布任何中共中央政治局召開月會的消息。政治局由黨內最核心的二十四位高層幹部組成，按黨章規定，本應每月召開會議。中共中央政治局的核心機構是常務委員會，由七名成員組成，主導攸關國政走向的重大決策。因此，該機構實際上是中共的最高權力中樞，由習近平親自領導。常務委員會通常每週召開一次會議，性質極為機密，既不對外公布會議召開與否，也不透露任何討論內容。

二〇二五年四月二十五日，政治局召開例會，官方新華社一如往常發布相關報導。但到了五月，這家為黨喉舌的媒體卻一反常態，隻字未提。異常的靜默，更顯欲蓋彌彰。或許會議實則如常舉行，只因涉及高度機密內容而不對外公開；但也不排除會議根本未曾舉行的可能。這類會議對中國政局有著舉足輕重的影響，提供領導核心集體討論國家重大戰略的機會，議題涵蓋經濟、內政、地緣政治乃至軍事挑戰。而最終拍板定案的人，往往是習近平一人，而非他人。

第二個同樣引人關注的異常事件，則是中國國防部長董軍未如往常出席五月三十日至六月一日於新加坡舉行的年度安全論壇香格里拉對話。事實上，董軍去年曾出席該會議，而依照慣例，中國國防部長通常都會代表中國出席這些全球軍事高層的會議，並發表充滿意識形態色彩的演說。就在香格里拉對話召開前不久，中國國防部未作任何說明，便悄然將中央軍委政治工作部主任苗華的名字從人大代表職務名單中刪除。由於董軍缺席，讓首次出席該論壇的美國國防部長赫格塞斯得以逮住機會，猛烈抨擊中國的外交政策，指其具有好戰與擴張野心。由於中國並未派對等層級的代表出席，對於美國批評，只能保持沉默。

董軍此次缺席備受關注，尤其是在中美關係再度緊繃之際，更顯詭譎不安。美國總統川普對中國加徵新一輪關稅，而北京方面態度強硬，這場全球兩大經濟強權持續尖銳化的多層次對抗，已堂堂進入最新篇章。一些熟悉中國內情的觀察人士指出，董軍未出席香格里拉對話，很可能與近月來中國軍方高層持續動盪有關。這種異常情勢不僅罕見，更是數十年來絕無僅有的狀況。

而苗華，原為中央軍委政治工作部主任，一直被視為習近平在解放軍內的主要政治代理人。早在二〇二三年十一月，便因涉嫌「嚴重違紀違法」而被停職，雖然名義上仍是中央軍委成員[viii]。苗華落馬之後，中央軍委現僅剩五名成員[ix]：習近平本人，加上四位高級將領。這項高層人事變動可能對中國整體的安全決策產生深遠影響，波及的範圍亦不僅限於中國內部，更可能牽動東亞局勢，特別是日本、朝鮮半島以及台灣。然而，針對這一連串高層變局，北京方面始終三緘其口，至今未做出任何官方說明。

另一件同樣引人注目的事件，是現任中央軍委兩位副主席之一的何衛東至今下落不明。他與已失勢的苗華關係密切，並已消失在公眾視野中超過兩個半月，外界幾乎可以斷定他已遭整肅。何衛東是僅次於中央軍委副主席張又俠的解放軍第二號人物，同時也是中共中央政治局二十四名成員之一。過去，他曾被視為習近平的親信之一——或至少，曾經如此。

近幾個月來，中國人民解放軍內部的整肅行動快速升級，令人目不暇給。軍方排名第二的重要將領何衛東也中箭落馬，更引發外界廣泛質疑。自二〇二五年三月底以來，他便未再出席任何官方活動，觀察人士與媒體對此均感到震驚，普遍認為此現象極不尋常。

若這場整肅行動屬實，且官方至今未給出任何說明，那麼它的目標無疑直指過去兩年來軍中最高層級的人物。更令人玩味的是，在何衛東事件曝光後，中共官方隨即於三月二十六日發布另一項人事異動，正式撤銷中央軍委紀委副書記、中將唐勇的全國政協委員資格。

要理解這些事件，必須將其置於過去兩年中國人民解放軍反腐運動的脈絡中來看。其中值得注意的是「貪腐」在中國語境中的特殊含義。根據美國國家情報總監（DNI）近期發表的一份報告指出，在中國，「貪腐」被視為一種「政治犯罪」，是一種對黨不忠誠或意識形態不純的表現，因此其定義範疇極為廣泛，凡是被黨視為不當的行為或態度，都可能落入此一名目之下。

二〇二四年，習近平在一次對軍方高層的講話中強調：「明確槍桿子要始終掌握在對黨忠誠可靠的人手中。」藉此重申軍隊對中國共產黨應當絕對忠誠。國務院總理李強最近也公開表示，解放軍將持續努力「堅持黨對人民軍隊的絕對領導，全面深入貫徹軍委主席負責制，持續深化政治整訓，全力打好實現建軍一百年奮鬥目標攻堅戰」。

事實上，如果中國國防部長董軍出席今年的新加坡香格里拉對話論壇，他勢必要面對與會者對中國軍隊內部人事嚴重動盪所拋出的一連串質疑。然而，自五月十九日以來，沒有任何中國媒體報導習近平出席解放軍領導層內部的任何重要會議。此外，中央軍委前副主席許其亮於二〇二五年六月二日去世一事，也讓西方專家大為震驚。因為許其亮雖然年高七十五

viii 譯註：已於二〇二五年六月二十七日被正式解除軍委職務。

ix 譯註：二〇二二年十月中共二十大時選出七人，除苗華之外，前國防部長李尚福於二〇二三年八月因涉嫌嚴重違紀違法而被解除職務。

歲，但是一月會出席在北京舉辦的退伍軍人晚會，當時精神氣色俱佳。

順帶一提，六月四日是天安門大屠殺三十六週年紀念日。天安門位於中國首都北京的核心地帶，當年成千上萬名學生在這座廣場上和平集會，呼籲民主與改革，卻遭中國人民解放軍血腥鎮壓，開槍掃射。至今，中共當局從未公布具體死傷人數，但多數研究者與觀察人士普遍認為，當時至少有二千名學生在鎮壓中喪生。

幾乎所有西方中國問題專家一致認為，一九八九年四月中共政治局委員胡耀邦的辭世，是引發北京及全國多座城市爆發大規模學運的導火線。胡耀邦主張政治開放與民主化，並承諾推動黨內改革。他的猝逝引發外界諸多猜測。儘管官方宣稱死於心臟病，但中共高層一貫配有隨侍醫療團隊，能即時處置突發情況，這一說法難以令人信服。儘管外界流言四起，習近平並未從中國政治舞台上淡出，情況甚至恰恰相反。近幾週來，他頻頻公開露面，包括六月四日與白俄羅斯總統亞歷山大・盧卡申科會晤。鑒於中國政權一貫的不透明性，試圖從這一連串撲朔迷離的事件中得出明確結論，無疑過於輕率，也難免流於臆測。

然而，這一連串不尋常的事件，似乎也揭示了中國權力結構出現的新弱點。解放軍內部已經進行與即將進行的整肅行動，對部隊實戰能力的影響仍然難以預測。幾乎所有觀察家都一致認為，習近平所主導的反腐運動，與他未來幾年內可能對台動武的意圖，兩者之間存在明顯的聯繫。不過具體的行動方式仍充滿變數，且從未得到明確表述。

解放軍內部反覆進行整肅，其中一個原因或許與是否進攻台灣的內部爭論有關。似乎可以確定的是，習近平一再提及的攻台計畫，在軍方高層內部未必獲得全面支持，因為該行動風險極高，且無法排除敗戰的可能性。如果中國敗北，無論對執政的共產黨、國家體制，甚至對整體社會而言，都將是一場難以承受的災難。部分西方專家更直言，如果中共政權在台海戰爭中失利，將不啻為一場自毀式的政治浩劫。

六月十二日，前《日經亞洲》北京分社社長的中澤克二在其社論中指出，「習近平的將領們正置身於一場險象環生的政治戰場。」他認為，「何衛東將軍被清算已是不爭的事實。」他進一步指出，「作為軍中極具影響力的重量級人物，何的失勢，再次提醒世人，對中國高層將領而言，最兇險的場所並非戰火紛飛、可能失利的指揮前線，而是那片看不見硝煙、卻可能一夕傾覆的政治角力場。」當這些將領成為整肅對象時，「他們或將失去一切，包括榮譽、財產，若一旦捲入中共高層的權力鬥爭，可能身陷囹圄，從此在鐵窗後度其餘生。」中澤克二指出，六十八歲的何衛東是自文化大革命以來第一位被整肅的中央軍委執行副主席。

然而，儘管北京當局對何衛東的去向依然保持緘默，但六月二日許其亮的葬禮卻無聲地透露出何衛東已失勢的明確證據。葬禮地點為北京八寶山革命公墓，這裡歷來是中共高層領導人與黨內要員的安息之所。許其亮遺體火化前，習近平及多位黨和國家領導人前往弔唁。國營中央電視台播出的畫面中，可以看到習近平向靈柩中的遺體行三鞠躬禮，然後緩步離去。在鏡頭捕捉的畫面中，靈堂後方擺放著標示中共中央政治局成員姓名的花圈，唯獨不見何衛東的名字。央視並未刻意剪去這一畫面，似乎證實了中國人民解放軍正在進行閉門的激烈政治鬥爭。

自二〇二二年十月中共二十大以來，中國人民解放軍的整肅運動在二〇二三年與二〇二四年達到了關鍵轉折點。習近平所主導的反腐運動開始劍指與其關係最為密切的高層官員，連被視為「習派」重臣的軍中高層也相繼神祕失蹤。中國政權內部瀰漫前所未有的惡劣氛圍，幾乎無人敢對最高領導人的政治未來妄加揣測，因為中國的未來走向充滿無數不確定與變數。習近平樂於將自己描繪成中華民族偉大復興的統一者，更自比為秦始皇的尊貴繼承者，為了延續其統治權威，他顯然不惜一切代價，無論是政治上的強硬整肅，或是對經濟與社會穩定所造成的衝擊。

中國當局近日創造了一個新的術語：「台灣脖子上的絞索越勒越緊」，這是自川普重返白宮後才出現的官方表述。諸多專家對此表達驚訝，認為這可能是北京採取的新型恫嚇策略，不僅限於口頭威脅，更可能伴隨象徵性行動，意在動搖人心。多項聲明和具體事件似乎表明，習近平正趁著美國新政府政策調整之際，積極推動其「收復」台灣的宿願，而這份執念有朝一日或將終成現實。為達此目的，中共大幅加強對台滲透，不斷擴大間諜招募網絡，並運用層出不窮、日益精密的輿論操控手段，力圖削弱台灣民眾對自身抗衡中國能力的信心。中共也致力於製造政治混亂，力求以不戰而屈人之兵的策略達成其統一大業。

目前，一個愈發清晰的戰略圖景逐漸顯現，那就是中國正試圖掌控距離中國海岸僅四公里的台灣外島金門。美國《華爾街日報》四月二十四日發表的社論中指出，當月有四艘中國海警船闖入金門海域。雖然中國官方稱之為例行演練，但該文題為〈下一步：接管還是封鎖？〉的作者分析指出，此舉實則是挑戰台灣的外島管轄權，並向台灣政府和美國總統釋放明確訊號：北京已準備好升級局勢，採取封鎖或直接奪取金門的行動。

北京自二〇二五年二月開始進行這類「巡弋」，迄今在金門島周圍海域已至少襲擾六十八次。《華爾街日報》評論道：「北京正在升高對台軍事壓力，美國政府此刻若無回應計畫，必須盡快擬定。」該報指出：「這場遊戲極其危險，特別是美軍特種部隊曾在金門協訓。中國可要求美、台將外島非軍事化，押注川普可能撤出美軍、要求台灣屈服，而不願意冒著爆發更大規模衝突的風險。」《華爾街日報》進一步補充道：「北京似乎察覺到台灣外島對中國而言有戰略性機會，已在馬祖附近海域進行演習、侵擾。」

二〇二五年四月，美國印太司令帕帕羅海軍上將曾在國會警告，指出中國侵略性舉動「不僅是演習，而是強迫台灣與中國統一的實彈演練」。前揭《華爾街日報》社論也指出：「問題在於中國一旦決定行動，美國將如何因應。川普過去主張高規格經濟制裁，是嚇阻北京侵略的主要手段。然而，他對中國課徵百分之一百四十五高關稅的措施，已在經濟甚至政治上流露失敗的跡象，這在在顯示他需要新的計畫。」另外，「加快軍事支出或可有所助益，同樣重要的，還有重拾與美國在本區域及更廣範圍盟友的合作關係。北京已釋放足夠的警告，顯示嚇阻無法奏效的後果。」

英國週刊《經濟學人》的看法也不太樂觀。在五月一日一篇名為〈中國軍演預示對台封鎖可能——川普政府態度反覆，加劇台灣焦慮〉的文章中，該週刊指出，中國的軍事實力「日益壯大，並持續對台灣進行騷擾與壓迫」。《經濟學人》分析說：「這個獨立自治的島嶼，其政治正日益兩極化，而其主要支持者美國卻愈來愈不可靠。」文章進一步指出：「部分觀察人士認為出現了『警示信號』，表明中國正醞釀以武力強行實現『統一』。而另一些人則認為，中國領導人習近平可能選擇靜觀其變，靜候川普的破壞性外交政策掀起動盪，再從中坐收漁利。」

《經濟學人》接著指出：「然而，幾乎沒有人懷疑，中國將持續透過『灰色地帶』手段對台灣施壓，這是一種不致引發全面戰爭的脅迫方式。事實上，當前全球地緣政治的動盪局勢，正為中國提供了測試各種新型威脅手段的機會。」而且，「解放軍定期演練兩棲登陸台灣的作戰行動。近期還測試了一種新型浮動船橋，以擴大潛在登陸地點，並加快部隊登陸速度。而這些如同諾曼第登陸D-Day的演習已經延伸至針對台灣的部分或全面海上封鎖。」此外，「在今年四月以『海峽雷霆2025A』（其名稱暗示未來可能還有後續行動）為代號的演習中，中國人民解放軍表示已模擬攻擊台灣的港口與能源設施等戰略目標。」

《經濟學人》引述一位解放軍軍官在一段宣傳影片中的談話，畫面中他站在一個仿造航空母艦甲板的布景上，語氣堅定地強調：「如果台灣失去海上補給線，內部資源將迅速耗盡，社會秩序將陷入混亂，人民的生計將受到嚴重影響。」

對於一個幾乎所有石油和大部分糧食均仰賴進口的島嶼而言，海上交通一旦中斷，無疑構成沉重威脅。此類風險不僅限於台灣本身，更可能引發全球震盪：全球逾九成的尖端半導體由台灣生產，台灣海峽則是連接東亞與世界的關鍵航道之一。近期屢見的海底電纜中斷事件、補給線可能被截斷的警訊，以及中國密集舉行軍事演習，皆助長了北京對台所發動的「認知戰」，其目的在於展示其武力優勢，使台灣處於高度戒備並疲於奔命，進而動搖民心，暴露美國承諾的局限性，最終在不動干戈的情況下，迫使台灣領導人屈服讓步。《經濟學人》接著指出：「川普反覆無常的立場，使台灣的安全更加岌岌可危。鑒於他對烏克蘭的霸道態度和對盟友的輕視，沒有人能預測他若真面對保衛台灣的抉擇時，會投入多少實際資源。」文章還指出：「隨著中國軍事實力日益提升，美中若發生衝突，美國所需付出的代價也水漲船高。如今，美國政府高層不再只思考如何『打敗』中國，而是致力於讓中國無法輕易取勝，他們的盤算是，一場慘烈、代價高昂的戰爭風險，或許足以讓習近平望而卻步。」

與此同時，中國努力蠶食台灣海峽的現狀。解放軍頻繁越過台灣海峽中線這道非正式邊界，侵擾台灣的「防空識別區」（ADIZ）。中國船隻亦屢次深入靠近大陸的台灣離島「禁區」海域進行偵察，中國海警船甚至檢查過載有旅客的台灣船隻。再者，中國無人機與監控氣球亦頻繁進犯台灣領空。台灣是一個長年飽受颱風與地震侵擾的國家，雖已建立相對有效的民防系統，然若遭遇經濟封鎖，台灣將面臨艱鉅，甚至無法應對的挑戰。為此，台灣政府已著手推動「全社會防衛韌性實地演練」，包括建立緊急野戰醫院等設施。與台灣為鄰的日本和菲律賓，認為保護台灣的獨立自主對其自身安全至關重要。然而，他們同樣面臨中國不斷增長的軍事壓力與威懾行動。倘若危機爆發，這些國家將如何應對？此外，《經濟學人》更直言，若台海危機爆發，「川普會出手干預嗎？他反對戰爭，視盟友為剝削美國者，並狠批台灣『竊取』了美國的半導體產業。自他發動貿易戰以來，賴以施壓的關稅與制裁已日益失靈。外界擔憂，為換取與中國達成全面協議，他可能會在台灣地位問題上做出關鍵讓步。」

《經濟學人》近日回顧五角大廈國防部次長柯伯吉近期的最新言論，認為他的語調與過去相比已有明顯變化。此前，他一向主張美國應減少在歐洲和中東的軍事投入，將重心轉向對中國的戰略遏制，尤其明確表示應致力於確保台灣的安全。但如今，他宣稱台灣並非美國「生死攸關」的利益，並強調防衛台灣的代價必須是「可接受的」。他甚至建議台灣將國防預算從二〇二四年占國內生產總值的百分之二點一，提高至百分之十，這顯然已遠遠超出台灣財政所能負荷的範圍。儘管台灣政府一再表示，相信美國在危機時刻將伸出援手，並堅信自身有能力抵禦中國日益升高的壓力。然而，現實中他們是否還有其他選擇？是否能在緩解島內不安、避免激怒川普之間找到平衡？這些問題迄今仍沒有確切答案，也使未來更加難以預測。

台灣人對美國的信心正逐漸動搖。根據美國智庫布魯金斯學會最近發布的一項調查，愈來愈多台灣民眾對美國感到失望，大多數人認為，倘若台海爆發戰爭，美國未必會出手干預。《經濟學人》總結指出：「只要美國對台灣的承諾出現絲毫鬆動跡象，便勢必削弱台灣的抵抗意志。北京顯然深諳此道，正積極操弄這種不安情緒，宣稱川普重返白宮後，台灣將淪為中美博弈中被犧牲的棄子。」事實上，我所掌握的多項匿名證詞皆一致指出，台北政治高層對川普未來政策走向的真正意圖，已流露出日益強烈的焦慮與警戒；同時，對習近平那些早已昭然若揭的戰略野心也不敢掉以輕心。正因如此，台灣對尋求歐洲與其他潛在民主盟友支持的決心，如今前所未有地堅定。在此背景下，台灣於二〇二五年五月八日首次舉行了第二次世界大戰結束八十週年的紀念活動。

二〇二五年六月初，台灣總統賴清德在台北對來自各國的外交使節發表重要演說，鄭重地將當前國際局勢比擬為一九三〇年代戰雲密布的歐洲。他指出，台灣今日所面臨的威脅，與第二次世界大戰爆發前同盟國所面對的處境如出一轍。他表示：「歐戰結束後的八十年，歷史傳達的意義無比明確。經過八十年，當前，我們與參加歐戰的許多民主國家共享同樣的價值、也面臨相似的挑戰。」他指出，「台灣與歐洲正共同面對新極權集團的威脅。二戰的慘痛經驗告訴我們，姑息只會讓侵略者食髓知味並且膨脹更大的野心與自滿的利牙。」他呼籲「全世界熱愛自由的人們與國家」團結起來，讓侵略者的野心毫無可乘之機。賴清德總統還敦促歐洲展現更堅定的挺台立場，並強調美國可能撤出印太地區的風險，而這不應成為歐洲強權在其對台承諾上猶疑或退縮的藉口。

中國與俄羅斯，攜手同道？

這是否純屬巧合？就在賴清德總統發表演講的前一天，中國國家主席習近平抵達莫斯科，出席紀念第二次世界大戰結束活動，並參加由俄羅斯軍隊與部分中國部隊聯合舉行的閱兵儀式。習近平並在俄國媒體刊登署名文章，重申：「無論台灣島內形勢如何變化，無論外部勢力如何搗亂，中國終將統一、也必將統一的歷史大勢不可阻擋。」北京當前形勢亦獲利於全球多線衝突的分散效應：烏克蘭遭受侵略，加薩戰火爆發，印度與巴基斯坦邊境局勢再度緊張——這些全球性的危機都可能轉移國際社會的焦點，使民主國家特別是歐洲領袖無暇顧及中國的擴張野心。法國地方媒體《法國西部報》於五月十三日引述高等經濟商業學院教授暨亞洲協會政策研究院研究員菲利普．勒科爾的看法：「其他民主國家——包括歐洲——絕不能對這個在經濟與戰略層面均舉足輕重的地區視若無睹。」該文指出，「習近平於五月九日出席在莫斯科舉行的二戰結束紀念活動，此舉進一步彰顯他與俄羅斯領導人普丁關係匪淺，也被視為北京對俄羅斯進攻烏克蘭立場的某種支持。除了照例譴責『單方面決定』（意指美國）之外，台灣問題亦使中俄關係更加密切。」菲利普．勒科爾進一步分析指出：「莫斯科甚至聲稱，中國共產黨在八十年前就已解放中國，然而實際上該黨直至一九四九年才取得政權。當俄羅斯堅決反對任何形式的台灣獨立，並堅定支持中方維護自身主權和領土完整，以及統一國家之行動時，我們清楚，無論局勢如何演變，莫斯科都會與北京站在同一方，即使在中國對其宣稱擁有主權的台灣發動攻擊之際亦然。」

「莫斯科、北京……後者支持前者在所謂『維護國家安全』的戰爭中對抗烏克蘭，前者則堅定地聲援中國進行任何以『收復台灣』為名的行動：無論是經濟制裁、對台灣島進行實體封鎖、網路攻擊、切斷海底電纜，還是武裝干預，都無所謂。民主國家不容再有懷疑，必須開始正視這場愈來愈不再只是假設的台灣衝突，」菲利普．勒科爾如此警告。他進一步指出：「今年四月，當全球目光仍聚焦於白宮、烏克蘭和中東局勢之際，中國海軍悄然加大軍事演習力度，部署大批常規登陸艇，模擬未來可能的『D-Day』兩棲登陸行動，更展開海上封鎖演練，企圖切斷台灣兩千四百萬人的生命線。」

二〇二五年六月，前總統蔡英文卸任後首度訪問英國，釋出歐洲更積極向台灣靠攏的明確訊號。蔡女士擁有倫敦政治經濟學院法學博士學位，在英國多所學術機構發表演講，並訪問英國議會，會晤多位跨黨派議員。儘管此行名義上並非官方訪問，實則籌備多時，去年英國政府便曾要求英文延後訪英行程。與此同時，數位歐洲領袖亦私下表達意願，願意與台灣當局進行更直接的對話。這一切動向，是否足以打消北京採取行動的念頭？或許能暫時壓抑其野心，但能否進一步扭轉大局？對未來局勢的疑問，從未如此迫在眉睫。

美國與伊朗發生武裝衝突，以色列亦加入戰局，對中國和俄羅斯來說，這場衝突成為歷史性的轉捩點。二〇二五年六月二十一日這一天註定名垂青史，因為美國在這一天展現出足以碾壓中國的軍事優勢。美軍派出七架B-2隱形轟炸機，投下具穿透力的GBU-57巨型鑽地彈，能夠穿透六十公尺厚的鋼筋混凝土，精準擊中伊朗三座深藏地底的戰略核設施，並在其內部引爆。美國是唯一擁有該型炸彈的國家，也是首次在實戰中使用此類武器。從衛星影像中可以看到福爾多、納坦茲和伊斯法罕這三個超高防護級的核設施被摧毀的程度。整場行動共動用一百二十五架軍機與一艘潛艦，自美國本土起飛，歷時十八小時，發射約七十四枚精確導引飛彈，所有目標於短短二十五分鐘內被擊中。美國國防部長赫格塞斯稱此行動為「強而有力且清晰無誤」，並表示美軍已徹底摧毀伊朗的核能力。

美國對伊朗所施加的羞辱性打擊，無疑是對中國政權的一記殺雞儆猴，而且中國勢必會從中汲取教訓。伊朗的潰敗既迅速又徹底，令人措手不及，更讓世人震驚。這場軍事巨變足以讓中國惴惴不安，尤其在中美各層面的競爭日益激烈，且習近平主席公開宣稱將「武統台灣」之際。從現在開始，中國領導人將不得不三思而後行，如果習近平決意發動攻台行動，那麼伊朗在面對美國軍事壓倒性力量時遭受的無情打擊，將成為中國最鮮明的前車之鑑。當然，伊朗不是中國，兩者實力相去甚遠。中國擁有的軍事武器庫，不論是空中、海上還是陸地，都遠非伊朗所能比擬。當伊朗還在為了製造首顆原子彈而進行鈾濃縮（這個過程至少需要一年）的時候，中國已擁有數百枚核彈頭，足以對地球上任何目標發動致命攻擊。此外，中國空軍擁有數百架最尖端的戰鬥機和轟炸機；海軍則擁有至少三艘航空母艦、多艘核動力潛艇，以及數百艘具備作戰能力的高效能艦艇；陸軍則擁有數千枚彈道飛彈及高超音速飛彈。一旦爆發衝突，這些武器將對任何敵人造成毀滅性打擊，無論對手是美國還是其他國家。

美國國防部長赫格塞斯在接受媒體訪問時，強調美國軍方擁有欺敵制勝的精妙戰術與高度偽裝能力：「美國轟炸機來回穿越伊朗空域，完成全程任務，全世界竟毫不知情。」這場代號「午夜重槌」的行動在周六凌晨悄然展開，B-2轟炸機從密蘇里州的基地起飛，表面上朝著太平洋的關島方向飛行，專家普遍將此視為美國即將對伊朗採取行動的前奏。但這實際上是欺敵之計。美國軍方週日才透露，真正執行打擊任務的是另一組翼型酷似蝙蝠的B-2隱形轟炸機，總共七架，無聲無息地朝東飛行了十八個小時，期間儘量不通訊，還進行了空中加油，完全未被發現。當這些轟炸機逼近伊朗領空，一艘美國潛艇率先發射了二十多枚戰斧巡弋飛彈。其他美國戰機則升空護航，負責壓制伊朗空軍與地對空飛彈，為B-2轟炸機開路。此次精準打擊伊朗三大戰略核設施的任務，是B-2隱形轟炸機問世以來最大規模的實戰行動，也是該轟炸機史上第二長的作戰行動，僅次於二〇〇一年「九一一」恐怖攻擊後美軍對阿富汗基地組織的報復性空襲[x]。

美國B-2轟炸機此次共投下十四枚GBU-57鑽地彈，每枚重達三萬磅，能夠摧毀地底深處的碉堡。根據五角大廈的說法，美國動員至少一百二十五架美國軍機。此外，以色列情報特務局摩薩德將裝載炸藥的無人機祕密部署在伊朗多處重要軍事設施內，並啟動這些無人機，使伊朗的防禦體系陷入癱瘓，讓以色列的戰鬥機如入無人之境，毫無阻礙地穿越伊朗領空。這場精心策畫的祕密行動，與烏克蘭於五月底展開的驚人攻擊不謀而合，當時烏克蘭利用走私進入俄羅斯境內的無人機，摧毀數架俄軍最先進的戰機。這兩個例子展示了「以小搏大」的軍事典範，蕞爾小國亦能讓強大對手損失慘重。「最近以色列和烏克蘭的行動，深入敵方腹地，結合滲透破壞與無人機攻擊，可能會成為未來幾年軍事學校的案例研究，甚至包括中國。」法國FR24新聞台引述新加坡中東研究所資深研究員尚－盧普．薩曼的說法。

南加州大學政治學與國際關係學教授德瑞克．格羅斯曼則表示，台灣已從烏克蘭戰爭中汲取寶貴教訓。《日經亞洲》於六月十七日引述他的看法：「我認為北京必須三思而後行，思

x 譯註：二〇〇一年阿富汗任務，執勤時間長達四十四小時。

考如何有效應對台灣可能採取的各種非對稱作戰手段，現在這類手段已很有可能付諸實行。重點會放在加強打擊並嚴密監控中國境內的一切外國活動，必須在台海爆發敵對衝突之前，清除所有潛在威脅。」許多熟悉台灣問題的專家認為，中國最好在發動對台侵略前審慎行事，因為從電視直播畫面中所看到的戰事來看，這場入侵行動，很有可能會以失敗告終。一旦敗戰，無疑會對中國政權造成災難性的後果，尤其在其內部因是否發動對台戰爭而分裂的情勢下，更添隱憂。

自習近平上台以來，中國雖已步入集權統治的體制，但本身也正悄然出現變化。即便是當今全球最為嚴酷的極權國家北韓，恐怕也難逃歷史變革的洪流。中國這廂於二〇二五年六月三十日召開中共中央會議後，隨即宣布：未來黨的最高領導機構將恢復集體領導制。這項宣布乍看似乎無關緊要，實則意義非同小可，這象徵習近平在二〇一二年底上台後獨攬大權的時代告一段落。這是否僅是一場「茶杯裡的風暴」？絕非如此。中國官方媒體新華社當日即確認該決策，其象徵意義與深遠後果不容忽視。實際上，中共高層也明確表示，希冀回歸鄧小平當年所定的政治路線：向外資開放中國市場、優先發展經濟、恢復與國際社會全方位的交流，以及緩解與亞洲鄰國日益高漲的緊張關係。這股新風吹起的背後，正是對習近平長年獨斷專行所導致政策失誤的直接回應。他屢屢在未徵詢黨內元老意見的情況下，獨自做出關鍵戰略決策，而黨內資深人士卻心頭雪亮，深知一個在國際舞台上因軍事與政治咄咄逼人而遭孤立的中國，難以在經濟與社會層面持續向前邁進。面對如此嚴重的執政失誤，中共內部終於意識到，改革之舉已勢在必行。如今，這艘改革之船已然啟航。但此舉並不代表中國會立即脫胎換骨，倒退亦非不可能。畢竟任重而道遠，改革前路仍險阻重重。當前最迫在眉睫的任務，是重拾信任：不僅是周邊鄰國的信任，更包括那些因政治風險與經濟不穩而陸續撤資的外國投資者的信心。然而，這場變革並不意味中國將放棄共產主義。未來若真的恢復集體領導制，其首要目標仍將是維繫政權的穩定與延續。自一九四九年中共建政以來，歷任領導人從未偏離這條意識形態主軸。一九七八年，鄧小平推動經濟改革，使中國在四十年間脫貧並躍升為世界第二大經濟體。他是第一個對外資說「是」，但對西方思想說「不」的中共領袖。其後繼者也無一不延續這一立場。但可以肯定的是，倘若這場新政方針得以落實，中國未來將更加平和開放，並對自身的前途懷有更堅定與從容的信念。

致謝
Remerciements

首先，我要感謝左岸文化的黃秀如女士及其團隊惠然支持並促成本書中文版付梓。也要誠摯感謝本書譯者謝珮琪女士，以出色才華完成了這項翻譯工作。同時，我也要感謝書中提及的漢學家、專家、學者以及朋友們，他們的寶貴建議對我撰寫本書助益良多。最後，我要特別感謝聖西蒙出版社的總編輯法蘭絲．侯克，她在我尚未動筆之時，便毫不遲疑地給予我信任，其始終如一的支持，是這本書能夠問世的關鍵推手。

nucléaire: de Hiroshima à la crise ukrainienne
葛羅瑟 Pierre Grosser
《世界歷史於亞洲展開》*L'histoire du monde se fait en Asie*
約翰・福斯特・杜勒斯 John Foster Dulles
馬克・麥利 Mark A. Milley
勞埃德・奧斯汀 Lloyd Austin
彭保羅 Paul Jobin
雅伊爾・波索納洛 Jair Bolsonaro

結論

白傑明 Geremie Barmé
盧坎・艾哈邁德・魏 Lucan Ahmad Way
瑪莎・阿米尼 Mahsa Amini
穆拉 Mullah
博明 Matt Pottinger
馬克・倫納德 Mark Leonard
羅貝爾・巴丹泰 Robert Badinter
帕帕羅 Samuel Paparo
〈中國軍演預示對台封鎖可能——川普政府態度反覆，加劇台灣焦慮〉Chinese military exercises foreshadow a blockade of Taiwan - The Trump administration's fickleness is adding to the island's anxieties
布魯金斯學會 Brookings Institution
《法國西部報》*Ouest France*
亞洲協會政策研究院 Asia Society Policy Institute
高等經濟商業學院 École Supérieure des Sciences Économiques et Commerciales, ESSEC
菲利普・勒科爾 Philippe Le Corre
福爾多 Fordow
納坦茲 Natanz
伊斯法罕 Isfahan
午夜重槌 Midnight Hammer
摩薩德 Mossad
新加坡中東研究所 Middle East Institute
尚－盧普・薩曼 Jean-Loup Samaan
德瑞克・格羅斯曼 Derek Grossman

致謝

法蘭絲・侯克 France Roque

惠譽 Fitch
朱夏蓮 Charlene Chu
凱投宏觀 Capital Economics
艾西亞・加西亞・埃雷羅 Alicia Garcia Herrero
列克星敦研究所 Lexington Institute
洛倫・湯普森 Loren Thompson
戴維・巴維雷斯 David Baverez
馬凱碩 Kishore Mahbubani
《中國贏了嗎？挑戰美國的強權領導》*Has China Won? The Chinese Challenge to American Primacy*
伊莎貝爾・亞塔尼 Isabelle Attané
經濟學人資訊社 Economist Intelligence Unit
美思明智 Mintz Group
貝恩 Bain & Company
蔡中曾中國中心 Paul Tsai China Center
唐哲 Jeremy Daum
克雷格・艾倫 Craig Allen
彥辭 Jens Eskelund
何邁可 Michael Hart
魯德華 Moritz Rudolf
《回聲報》*Les Echos*
新加坡管理大學 Singapore Management University
東方明珠石油有限公司 Pearl Oriental Oil Limited
弗朗索瓦・丹如 François Danjou
聯合資信評估公司 Lianhe Ratings
肯尼斯・羅格夫 Kenneth Rogoff
榮鼎集團 Rhodium Group

第八章
羅蘭・歐姆內斯 Roland Omnès
蒂埃里・布雷東 Thierry Breton
華剛林 Colm Rafferty
斯泰蘭蒂斯 Stellantis
戴爾 Dell
惠普 Hewlett Packard, HP
皮尤研究中心 Pew Research Center
梅儒瑞 Gregory May
瑪麗・勒布朗 Marie Leblanc
大衛・梁 David Leung

第九章
杜明 Jean-Luc Domenach
霍華・馬克爾 Howard Markel
史考特・莫里森 Scott Morrison
范華 Patrice Fava
李克曼 Pierre Ryckmans
《毛主席的新裝》*Les Habits neufs du Président Mao*
〈中國人對於過去的態度〉L'attitude des Chinois à l'égard du passé
維羅納國際安全研究小組 ITSS Verona
何廷洪 Ho Ting「Bosco」Hung
《新聞報》*La Presse*
魯拉・達席爾瓦 Lula Da Silva
伍德克 Joerg Wuttke
大衛・林奇 David Lynch
陳淩 Chen Ling
威廉・赫斯特 William Hurst
郁白 Nicolas Chapuis
吾爾開希・多萊特 Örkesh Dölet
迪蒙柳 Jean-François Di Meglio
法國亞洲研究中心 Asia Centre

第十章
《長期博弈：中國削弱美國、建立全球霸權的大戰略》*The Long Game: China's Grand Strategy to Displace American Order*
尚－馬克・勒・佩鞠 Jean-Marc Le Page
《核威脅：從廣島到烏克蘭危機》*La menace*

《新路線》*New Lines*
《查禁目錄》*Index on Censorship*
安德魯・費蘭 Andrew Phelan

第五章
《習近平：權力的研究》*Xi : A Study in Power*
克里・布朗 Kerry Brown
沈大偉 David Shambaugh
富蘭克林・拉文 Frank Lavin
林和立 Willy Wo-Lap Lam
華盛頓詹姆士敦基金會 Jamestown Foundation
《習近平，中國終身統治者的隱祕願景》*Xi Jinping: The Hidden Agendas of China's Ruler for Life*
蒂莫西・基廷 Timothy Keating
費里安 Ryan Fedusiuk

第六章
亨利・季辛吉 Henry Kissinger
烏蘇拉・馮德萊恩 Ursula von der Leyen
理查・尼克森 Richard Nixon
《世界報》*Le Monde*
格倫・科恩 Glenn Cowan
麥卡錫 Joseph Raymond McCarthy
約翰・福斯特・杜勒斯 John Foster Dulles
艾蒂安・馬納克 Etienne Manac'h
拉菲酒莊 Laffite-Rothschild
老布希 George H. W. Bush
茲比格涅夫・布里辛斯基 Zbigniew Brzezinski
布倫特・斯考克羅夫特 Brent Scowcroft
杜如松 Rush Doshi
白邦瑞 Michael Pillsbury
亨利・鮑爾森 Henry Merritt Paulson
高盛公司 Goldman Sachs
唐耐心 Nancy Bernkopf Tucker
《台灣關係法》Taiwan Relations Act
塔夫茨大學 Tufts University
外交政策研究所 Foreign Policy Research Institute, FPRI
邁克爾・貝克利 Michael Beckley
邁克爾・柯拉瑞希 Michael Colaresi
凱倫・拉斯勒 Karen Rasler
威廉・湯普遜 William Thompson
瑪雅・坎德爾 Maya Kandel
羅恩・德桑蒂斯 Ron DeSantis
維維克・拉馬斯瓦米 Vivek Ramaswamy
妮基・海莉 Nikki Haley
皮埃爾・格羅塞 Pierre Grosser
肯・麥卡勒姆 Ken McCallum
趙美蘭 Melanie Joly
葉夫根尼・普里格津 Yevgeny Prigozhin
高敬文 Jean-Pierre Cabestan
蒙田研究所 Institut Montaigne
顧德明 François Godement
博達安 Antoine Bondaz
柴契爾夫人 Margaret Thatcher
沉浮 Bruno Gensburger
全球虛擬氣候高峰會 sommet mondial virtuel sur le changement climatique
易卜拉欣・萊希 Ebrahim Raissi
詹施迪 Mohamed Jamshidi
莫迪 Narendra Modi
傑克・蘇利文 Jake Sullivan
薩蘭・希多爾 Sarang Shidore
穆罕默德・賓・沙爾曼 Mohamed Ben Salman

第七章
馬歇・梅隆松 Marcel Mélançon
奧古斯特・孔德 Auguste Comte
亞當・珀森 Adam Posen
拉里・艾略特 Larry Elliott

絲路出版社 Les routes de la soie
索尼婭・布雷思勒 Sonia Bressler
蓋達組織 Al-Qaida
吉恩－米歇爾・卡爾 Jean-Michel Carré
《西藏：另一種視角》*Tibet un autre regard*
法德公共電視頻道 Association Relative à la Télévision Européenne, Arte
前瞻與創新基金會 Fondation Prospective et Innovation
梅里埃基金會 Fondation Mérieux
《重點週刊》*Le Point*
傑瑞米・安德列 Jérémy André
《以科學之名：誰欺瞞了我們？》*Au nom de la science*
阿蘭・梅里埃 Alain Mérieux
賈克・席哈克 Jacques Chirac
二〇一九中法融合論壇 Confluences franco-chinoises 2019
傑哈・科隆 Gérard Collomb
〈上海巴斯德研究所：我們國家的榮耀如何逐漸被驅逐出境〉Pasteur Shanghai. Comment notre gloire nationale a été poussée vers la sortie
歐洲暨外交事務部 Ministère de l'Europe et des Affaires étrangères, MEAE
法國國家健康與醫學研究院 Institut national de la santé et de la recherche médicale, INSERM
法國國家科學研究中心 Centre national de la recherche scientifique, CNRS
根敦確吉尼瑪 Choekyi Nyima
保護衛士 Safeguard Defender
中國行動 China Action
《強制灌藥和監禁：中國的精神病監獄》*Drugged and Detained: China's psychiatric prisons*
《身為他者 》*Dans la peau de l'étranger*
皮埃爾・哈斯基 Pierre Haski
《劉曉波：反抗北京的人》*Liu Xiaobo, L'homme qui a défié Pékin*
侯芷明 Marie Holzman
韓飛龍 Peter Humphrey
伊森・葛特曼 Ethan Gutman
喜馬拉雅亞洲研究與參與中心 Centre for Himalayan Asia Studies and Engagement, CHASE
任維傑・克蘭蒂 Vijay Kranti
安華托帝 Enver Tohti Bughda
安妮・如安 Anne Jouan
克利斯蒂安・里榭 Christian Riché
《結夥組織的健康產業 》*La santé en bande organisée*
大衛・喬高 David Kilgour
大衛・麥塔斯 David Matas
「中國法庭」China Tribunal
傑弗里・尼斯爵士 Sir Geoffrey Nice
《美國器官移植學會期刊》*American Journal of Transplantation*
娜塔莉・顧萊 Nathalie Goulet
克里斯托夫・雷 Christopher Wray
字節跳動 ByteDance
馬可・魯比歐 Marco Rubio
斯坦尼斯拉斯・概里尼 Stanislas Guérini
讓・諾埃爾・巴羅 Jean-Noël Barrot
《政客》*Politico*
瑪麗・蓋維努 Marie Guévenoux
艾瑞克・沃爾特 Éric Woerth
埃里克・喬蒂 Éric Ciotti
妮塔・法拉哈尼 Nita Farahany
弗朗索瓦・杜克呂澤爾 François du Cluzel
《認知戰爭》*La guerre cognitive*
莫小龍 Nathan Beauchamp-Mustafaga
《亞洲分析家》*Asialyst*
伊米瑪・史坦菲德 Jemimah Steinfeld

第一章
比爾・海頓 Bill Hayton
查塔姆研究所 Chatham House
《中國與達爾文》*China and Charles Darwin*
普遍性、全球性、世界主義 Universalité, mondialité, cosmopolitisme

第二章
艾梅・塞澤爾 Aimé Césaire
呂克・德・巴魯奇 Luc de Barochez
納扎爾巴耶夫大學 Université Nazarbayev
費迪南・馮・李希霍芬 Ferdinand von Richthofen
娜黛・羅蘭德 Nadège Rolland
布拉瑪・切拉尼 Brahma Chellaney
澤維爾・歐賀恭 Xavier Aurégan
譚德塞 Tedros Adhanom Ghebreyesus
巴黎中央理工學院 Ecole centrale Supélec
王艾倫 Alain Wang
非洲疾控中心 Africa CDC
綠色金融與發展中心 Green Finance & Development Center
全球發展倡議 Global Development Initiative
全球安全倡議 Global Security Initiative
麥可・本農 Michael Bennon
法蘭西斯・福山 Francis Fukuyama
阿沛・阿旺晉美 Ngabo Ngawang Jigme
韋斯麥醫院 Westmead Hospital
羅伯特・巴內特 Robert Barnett
布魯諾・根斯布格爾 Bruno Gensburger
阿魯納恰爾邦 Arunachal Pradesh
阿克賽欽高原 Aksaï Chin
伊恩・威廉斯 Ian Williams
大烏蘇里島 Bolchoï Oussouriisk
阿克賽欽 Aksai Chin
《西姆拉公約》convention de Simla
麥克馬洪線 ligne Mac-Mahon
蘇傑生 Jaishankar Subhramanyam
永暑礁 Fiery Cross
美濟礁 Mischief
渚碧礁 Subi Reef
葛拉漢・艾利森 Graham Allison
反介入 déni d'accès
區域拒止 interdiction de zone
羅德里戈・杜特蒂 Rodrigo Duterte
小馬可仕 Ferdinand Marcos Junior

第三章
埃米爾・左拉 Émile Zola
黎想 Jean-Maurice Ripert
白傑明 Geremie Barmé
《中國造的監控社會》*La société de surveillance Made in China*
張彥 Ian Johnson

第四章
卡內基基金會 Carnegie Foundation
蘭德公司 Rand Corporation
亞洲協會 Asia Society
改革與開放論壇 China Reform Forum, CRF
拉法蘭 Jean-Pierre Raffarin
雷冠 Jean-Marie Le Guen
克里斯・凱希 Chris Cash
艾麗西亞・卡恩斯 Alicia Kearns
里希・蘇納克 Rishi Sunak
湯姆・圖根達特 Tom Tugendhat
伊恩・鄧肯・史密斯爵士 Sir Iain Duncan Smith
提姆・羅夫頓 Tim Loughton
巴里・瓊斯 Barrie Jones
馬克西姆・維瓦斯 Maxime Vivas
《維吾爾族假新聞的終結》*Ouïghours, pour en finir avec les fake news*

名詞對照表

獻詞
希夢－瑪格莉特 Simone Marguerite
莫妮卡 Monika
尚－朱利安 Jean-Julien
琵葉－亞諾 Pierre-Arnaud
安－蘇菲 Anne-Sophie

法文版推薦序
中國專案 The China Project
法國軍事學校戰略研究所 Institut de recherche stratégique de l'École militaire, IRSEM
保羅・夏宏 Paul Charon

台灣版推薦序
馮客 Frank Dikötter
包德甫 Fox Butterfield
歐逸文 Evan Osnos
彭斯 Michael Pence
哈德遜研究所 Hudson Institute

台灣版自序
JD・范斯 JD Vance
伊隆・馬斯克 Elon Musk
德國另類選擇黨 Alternative für Deutschland, AfD
北大西洋公約組織 North Atlantic Treaty Organization, NATO
亞洲中心 Asia Centre
阿諾・李沃 Arnaud Leveau
美國國際開發署 United States Agency for International Development , USAID
薩曼莎・鮑爾 Samantha Power
政府效率部 Department of Government Efficiency, DOGE
中國國家國際發展合作署 China International Development Cooperation Agency
「一帶一路」倡議 Belt and Road Initiative, BRI
威廉瑪麗全球研究所 William & Mary's Global Research Institute
黃亞生 Huang Yasheng
保羅・克魯曼 Paul Krugman
《金融時報》*Financial Times*
吉迪恩・拉赫曼 Gideon Rachman
修昔底德 Thucydide
《國會山報》*The Hill*
尚－保羅・亞辛 Jean-Paul Yacine
《問中國》*Question Chine*
《印太地區：川普、中國與全球霸權新爭奪》*The Indo-Pacific: Trump, China and the New Struggle for Global Mastery*
理查・海達利安 Richard Heydarian
《日經亞洲》*Nikkei Asia*
《南華早報》*South China Morning Post*
洛伊國際政策研究所 Lowy Institute
拉赫曼・雅各 Rahman Yaacob
張伯倫 Neville Chamberlain
丹尼爾・滕・凱特 Daniel Ten Kate
柯伯吉 Elbridge Colby
《拒止戰略》*The Strategy of Denial: American Defense in an Age of Great Power Conflict*

前言
波坦金村 Potemkin Village

子和改革運動。

21 與郁白訪談。

22 吾爾開希出生於1968年2月17日，是1989年天安門廣場抗議活動的學生領袖之一。出生於北京，但被列為新疆自治區伊犁人。北京師範大學的學生，在天安門事件期間進行絕食抗議，因在國家電視台上質詢中國總理李鵬而獲得了知名度。他現在定居台灣，曾多次參選立法委員。他在美國政治界廣受關注。

23 作者訪談。

24 作者訪談。

25 台灣執政黨。

26 九二共識或一個中國共識是指一項協定，該協定確認中國大陸和台灣屬於一個中國，儘管對中國一詞的含義可能存在不同的解釋。

27 作者訪談。

28 作者訪談。

10 —— 台灣：亞洲民主的燈塔堡壘

1 *La Menace nucléaire: De Hiroshima à Poutine,* éditions Passés/Composés, 2022.

2 *L'Histoire du monde se fait en Asie. Une autre vision du xxe siècle*, Odile Jacob, « Histoire », 2017.

3 作者訪談。

4 作者訪談。

5 彭保羅是台灣中研院社會學研究所的副研究員兼亞洲社會轉型主題研究小組成員。

6 金門島又稱Quemoy，由台灣治理，位於中華人民共和國福建省對岸3.3公里處。

7 作者訪談。

8 作者訪談。

9 作者訪談。

結論：邁向光明的中國大長征

1 參見*Chine trois fois muette*, Jean-François Billeter, éditions Allia, 2006.

2 Michael Beckley, "Delusions of Detente," *Foreign Affairs*, Aug. 22, 2023.

3 *Financial Times*, Oct. 9, 2023. 博明是前白宮副安全顧問。.

4 馬克．倫納德是歐洲對外關係委員會的主任。

5 Mark Leonard , "China is Ready for a World of Disorder, America is not," *Foreign Affairs*, June 20, 2023.

12 作者訪談。

13 "Xi's age of stagnation," *Foreign Affairs*, Aug. 22, 2023.

14 根據西南財經大學的研究顯示。

15 *Wall Street Journal*, Aug. 23, 2023.

8——中國商業黃金國度的海市蜃樓：一個逐漸消逝的神話

1 皮尤研究中心於2023年7月發布的一項民意調查，於2月20日至5月22日期間在24個國家中對超過30000人進行訪談。

2 Mark O'Neill, "Hong Kong is losing its appeal for Westerners," Ejinsight, Aug. 24, 2023. Mark O'Neill是英國記者與作家。

9——「中國夢」的終結：末日將近的政權？

1 秦始皇被認為是中華帝國的統一者，也是秦朝的開國皇帝。因此他在中國人的心裡享有極高的地位。

2 同第1章註2。

3 摘錄自 2021 年 12 月發表於*Le Point*的訪談內容

4 Patrice Fava, *Un taoïste n'a pas d'ombre*, éditions Buchet Chastel, 2023, p. 351-352.

5 同上。

6 李克曼（1935-2014），筆名為Simon Leys，作家、散文家、文學評論家、翻譯家、藝術史學家、漢學家和大學講師，擁有比利時和澳洲雙重國籍。

7 同上。頁19。

8 同上。頁 121。

9 同上。頁128。

10 同上。頁 134。

11 參見*Commentaire*, 1987/3 (no. 39).

12 同上。頁144-145。

13 外交關係委員會是一個非政治性的美國智囊組織，其宗旨是分析美國外交政策和全球政治形勢。

14 "Economic time bomb, policy mistakes have mired the country in 'Xi-deflation'," *Foreign Policy*, Sept. 6, 2023.

15 "No Hope China Will Rejoin the World," *The Sydney Morning Herald*, Sept. 10, 2023.

16 Ishaan Tharoor, "China's Xi fights fires at home and abroad," *Washington Post*, Sept. 5, 2023.

17 作者訪談。

18 郁白是外交官和漢學家，也是中國古代文學重要作品譯者，包括詩人杜甫著作。

19 康有為（1858-1927），書法家、文學家和立憲君主制活動家。

20 梁啟超（1873-1929），學者、記者、哲學家和改革家。他的著作激勵了中國知識分

fr/2022/06/04/la-reponse-chinoise-a-la-doctrine-blinken/

6 *Questions Chine*, Apr. 26, 2023.

7 高敬文生於1955年8月4日，法國漢學家，專門研究當代中國，尤其是台灣的法律和制度。他是法國國家科學研究中心（CNRS）的研究主任。長期擔任香港浸會大學的教授。

8 顧德明是一位法國歷史學家，專門研究中國和東亞國際關係，曾任大學政治學講師和蒙田學院亞洲顧問。

9 我對這段插曲記憶猶新，因為那天我以法新社記者的身分進入人民大會堂，當時中國領導人與外賓會談的前十分鐘允許外國記者出席。鄧小平已經形銷骨立，但仍然精神矍鑠，坐在他那張蒙著白布的大扶手椅上，大口抽著熊貓牌無濾嘴香煙，腳邊放著一個痰盂。當時，許多中國人習慣大聲清喉嚨吐痰。

10 線上雜誌 *Hors Normes*, Sep. 15, 2023.

11 法文版編者註：然而，必須注意的是，其中一些排放也歸因於在中國設立的外國企業，同時還要加上西方的間接貢獻，因為西方國家讓中國工廠運作，必須承擔中國造成污染的責任。

12 Jean-François Huchet, *La Crise environnementale en Chine*, Les Presses de Sciences-Po, 2016, p. 85-86.

13 BBC, Aug. 24, 2023.

14 同上。

7 —— 為何中國無法成為世界第一的經濟體？

1 "Xi's failing model Why China's economy won't be fixed," *The Economist*, Sept. 2023.

2 亞當．珀森是華盛頓私人獨立智庫彼得森國際經濟研究所的主任。

3 "China is too big for a Soviet Union-style collapse, but it's on shaky ground," *The Guardian*, Aug. 20, 2023.

4 "China's economy is worse now than in the 1970s," *Barron's*, Aug. 26, 2023.

5 *Foreign Affairs*, August 13, 2023.

6 關於這個主題，章家敦所著的《中國即將崩潰》（雅言文化，2002）正好揭示了這種在美國屢屢被鼓動、卻從未被事實驗證的「卡珊德拉式」心態。

7 Pierre-Antoine Donnet, "Chine: le chômage des jeunes au plus haut, une bombe à retardement," *Asialyst*, July 5, 2023.

8 *Question Chine*, Aug. 8, 2023.

9 Jean-Paul Yacine, *Question Chine*, Aug. 29, 2024.

10 "The End of China's Economic Miracle," *Foreign Affairs*, Aug. 2, 2023.

11 2023年8月17日，約400名新加坡員警逮捕了十名來自中國、土耳其、柬埔寨和萬那杜的人，並檢獲價值10億新加坡元（7.37億美元）的貴重物品、現金和豪華汽車，大舉破獲洗錢活動。

March 8, 2023.
20 "I was locked inside a steel cage," *Financial Times*, Feb. 16, 2018.
21 Anne Jouan, Pr Christian Riché, *La santé en bande organisée, dissimulations, menaces et barbouzeries*, Robert Laffont, 2022.
22 妮塔・法拉哈尼 是《為自由大腦而戰》的作者。Nita Farahany, *The Battle for Your Brain: Defending Your Right to Think Freely in the Age of Neurotechnology*, St. Martin's Press, 2023.
23 參考：Alex Joske, *Quand la Chine vous espionne*, éditions Saint-Simon, 2023.（暫名《間諜與謊言》，預定2026年由左岸出版）
24 "China behind online influence network," *Nikkei Asia*, Aug. 30, 2023.
25 Jemimah Steinfeld, "Critics of Beijing Face Increasing Impersonation Attacks," *New Lines*, Aug. 21, 2023.

5——習近平昭然若揭的全球野心

1 蔡霞於1952年出生在一個共產黨家庭，曾是一名中共黨員並在北京著名的中共中央黨校任教多年。現年近70歲的她流亡美國，是批評共產政權最力的人之一。由於她在黨內的職務和背景，她的評論特別具有重要性。
2 Chun Han Wong, *Party of One – The Rise of Xi Jinping and China's Superpower future*, Avid Reader Press/Simon &Schuster, 2023.
3 *Le Point*, Dec. 16-23, 2021.
4 "The Problem with Friendship," *The American Interest*, June 17, 2020.
5 王丹是1989年天安門廣場抗議期間最受矚目的學生領袖之一。他擁有哈佛大學的歷史博士學位。
6 *Radio Free Asia*, 2023年3月20日.
7 *Xi Jinping: the Hidden Agendas of China's Ruler for Life*, Routledge, 2023.
8 *Xi Jinping*, ibid., pp. 154-155.

6——面對中國威脅，西方和亞洲終於覺醒

1 杜如松曾任布魯金斯學會中國戰略倡議的主任，也是《長期博弈：中國削弱美國、建立全球霸權的大戰略》(英文版：牛津大學出版社，2021年／中文版：八旗文化，2022年）的作者。
2 Michael Beckley, "Delusions of Detente," *Foreign Affairs*, Aug. 22, 2023.
3 *Magazine Hors Normes* no. 31, Sept. 1, 2023. 瑪雅・坎德爾是歷史學家，獨立研究員，與巴黎第三大學（索邦新學院）合作，專門研究美國及跨大西洋關係。
4 皮埃爾・格羅瑟生於1963年2月21日，是一位法國歷史學家，專門研究國際關係史，特別是冷戰和印度支那戰爭，以及當代全球議題。
5 "La réponse chinoise à la doctrine Blinken," June 9, 2022. https://legrandcontinent.eu/

3 然而，直到最近，仍然有一些由美國哈佛大學和史丹佛大學在中國進行的獨立民意調查。
4 "In a retro mood: The ethical dilemmas of cutting a deal with Xi Jinping's China," *The China Project*, Sept. 15, 2023.
5 張竹林是 *Courrier International* 的記者，負責報導中國時事。
6 "Xi's Age of Stagnation — The Great Walling-Off of China," *Foreign Affairs*, Aug. 22, 2023.

4——征服行動或中國和平神話

1 *Forbes*, Oct. 24, 2019.
2 如自由撰稿記者，以自由業方式支薪。
3 在這裡，我想區分一下這些北京的網軍、代理人與居住在法國的中國公民。這些公民在社群媒體上合法地為他們的國家辯護，雖然有時提出的論點顯得天真，但仍有可能與他們進行討論。這些人大多數是熱愛自己國家的愛國者，我對他們無可指摘。
4 "The foreigners in China's disinformation drive," BBC, July 11, 2021.
5 *Au nom de la science, Covid-19 qui nous a menti ?*, édition Albin Michel, 2023.
6 Henri Clairin, *Question Chine*, Sep. 23, 2023. https://www.questionchine.net/pasteur-shanghai-comment-notre-gloire-nationale-a-ete-poussee-vers-la-sortie
7 Desmond Shum, *La roulette chinoise*, éditions Saint-Simon. 沈棟著、Zhou Jian 譯，《紅色賭盤：令中共高層害怕，直擊現代中國金權交易背後的腐敗內幕》，今周刊，2023年。
8 同上。
9 Ai Weiwei, *1000 ans de joies et de peines*, éditions Buchet-Chastel, 2022. 艾未未，《千年悲歡》，時報出版，2022年。
10 Ai Weiwei, *Dans la peau de l'étranger*, éditions Actes Sud, 2020.
11 作者訪談。
12 作者訪談。
13 2020年10月9日，在巴黎文森彈藥庫（Cartoucherie de Vincennes）舉行的王克平雕塑揭幕儀式上的演講摘錄。該雕塑是一把巨大的空椅子，形似監獄鐵柵，寓意劉曉波因被監禁而無法在2010年前往奧斯陸領取諾貝爾獎。
14 Pierre Haski, Liu Xiaobo, *L'homme qui a défié Pékin*, Lille, Ikari, 2019.
15 同前。
16 同前。
17 侯芷明也是一名大學中文教師、作家、記者和中文作品譯者。
18 Pierre-Antoine Donnet, *Confucius aujourd'hui. Un héritage universaliste*, éditions de l'Aube, 2023.
19 "Torture in secret Chinese jail: Japanese man describes his ordeal," *Safeguard Defenders*,

2——漢人對抗帝國邊境的蠻夷及其「教化」的使命

1 呂克・德・巴魯奇是《重點週刊》(*Le Point*)世界版主編。

2 Luc de Barochez, "Les odyssées de l'amiral Zheng He," *Le Point*, Dec. 2021.

3 娜黛・羅蘭德是美國國家亞洲研究局(National Bureau of Asian Research)的研究員。

4 布拉瑪・切拉尼是位於新德里的政策研究中心的戰略研究教授,這是一個由私人資金資助的獨立智庫。直到最近,他還擔任印度外交部領導的政治諮詢委員會成員。

5 澤維爾・歐賀恭擁有法國地緣政治學院(巴黎第八大學)的地緣政治博士學位,目前是里爾天主教大學的講師。

6 漢學家、教師和跨文化溝通顧問。

7 摘錄自喬席斯・齊爾伯曼(Joris Zylberman)於2023年9月4日為法國國際廣播電台所做的調查。

8 "China's Road to Ruin — the Real Toll of Beijing's Belt and Road," *Foreign Affairs*, Aug. 23, 2023.

9 同上。

10 "En Chine, les intellectuels ne peuvent s'en prendre à l'hégémonie de l'État-parti," *Figaro Vox*, July 23, 2021.

11 作者訪談。不過,這個版本有待商榷,因為Huns(源自蒙古語「hunnu」,字面意思是「男人」)在中國被稱為「匈奴」(Xiongnu)。另一方面,歷史的真相是芬蘭人和匈牙利人是蒙古人的後代,而不是相反。

12 值得一提的是「同化」在中文的表達中是「漢化」(sinisation),適用於少數民族和宗教。

13 作者訪談。

14 布魯諾・根斯布格爾,中文口譯員、商業外交顧問、前外交官。

15 線上雜誌*Hors Normes*, Sept. 8, 2023.

16 伊恩・威廉斯,是一位屢獲殊榮的作家和記者,曾在世界各地進行報導。

17 "China's 'standard map' is a chilling reminder of its imperial ambitions," *The Spectator*, Sept. 3, 2023.

18 在菲律賓提起訴訟後,海牙常設仲裁法院於2016年裁定,中國「沒有任何法律依據對位於九段線內的海域資源提出歷史性權利主張」。

19 沿海國家對其行使主權權利的海域。

20 Graham Allison, *L'Amérique et la Chine dans le piège de Thucydide ? Vers la guerre*, Odile Jacob, 2019.

21 同上。

3——從鄧小平的謙遜中國到習近平的傲慢中國

1 不要忘了,1989年6月4日,正是他下令人民解放軍士兵向聚集在天安門廣場的示威者開火。執行命令的是當時的總理李鵬,他被批評者稱為「天安門屠夫」。

2 1948年12月10日,聯合國大會在巴黎通過了《世界人權宣言》。

註釋
Notes

台灣版推薦序

1 包括《解放的悲劇》、《毛澤東的大饑荒》、《文化大革命》，皆由聯經出版。
2 英文原名為*China: Alive in the Bitter Sea*，台灣在一九八〇年代有多種版本。
3 皆由香港牛津大學出版社出版。
4 八旗文化出版，二〇二五年推出十週年紀念版。

台灣版自序

1 Paul Krugman, Substack, Feb.10, 2025.
2 修昔底德是西元前5世紀（約西元前460-395年）的希臘歷史學家，畢生只有一部作品，而且是權威傑作：《伯羅奔尼撒戰爭史》，書中敘述西元前431至404年時雅典與斯巴達之間的衝突。修昔底德將神話奇蹟與歷史現實加以區分，被認為是第一位奠定歷史著作基礎的人。

引言

1 「里」是中國古代的長度單位，而「萬」在中文中則象徵無垠。
2 這是一部批判美國社會的公路電影，片中呈現美國底層社會的年邁者。該片贏得2020年威尼斯電影節金獅獎，隨後在2021年榮獲金球獎最佳劇情片和奧斯卡最佳影片獎。
3 關於此內容，可以閱讀記者楊繼繩的《天地翻覆：中國文化大革命史》，法文版由Éditions du Seui於2020年出版，Louis Vincenolles翻譯。
4 根據彭博社的資料，中國在2023年仍是經濟成長的主要貢獻者（22.6%），領先印度（12.9%）和美國（11.3%），但這一比例近年來持續下降。

1——歷史上的漢族：處於世界中心的中國

1 嚴格來說，普通話（Mandarin）並非方言，而是作為全國通用語言的北京話。
2 比爾·海頓，《製造中國：近代中國如何煉成的九個關鍵詞》，麥田出版社，2021年，林添貴譯。
3 李昇明，《中國人的自覺：費孝通傳》，中信出版社，2014年。
4 漢學家暨法蘭西學院教授程艾蘭於1955年出生於巴黎，父母都是中國人。
5 法蘭西學院的中國思想史，「普遍性、全球性和世界主義」課程。https://doc.org/10.4000/annieversaire-cdf.17202
6 *Forbes*, Apr. 24, 2019.

左岸中國因素系列

01 龍在雪域：一九四七年後的西藏
02 文明的呼喚：尋找兩岸和平之路
03 第三種中國想像：中國因素與台灣民主
04 尋求安全感的中國：從中國人的角度看中國的對外關係
05 權力資本雙螺旋：台灣視角的中國／兩岸研究
06 微博不能說的關鍵詞
07 照破：太陽花運動的振幅、縱深與視域
08 習近平大棋局：後極權轉型的極限
09 完美的獨裁：二十一世紀的中國
10 吊燈裡的巨蟒：中國因素作用力，與反作用力
11 香港，鬱躁的家邦：本土觀點的香港源流史
12 沒有安全感的強國：從鎖國、開放到崛起，中國對外關係70年
13 無聲的入侵：中國因素在澳洲
14 香港，鬱躁的家邦：本土觀點的香港源流史（增修版）
15 為什麼要佔領街頭？從太陽花、雨傘，到反送中運動
16 烈火黑潮：城市戰地裡的香港人
17 大熊貓的利爪：中國如何滲透、影響與威嚇加拿大
18 反抗的共同體：二〇一九香港反送中運動
19 黑手：揭穿中國共產黨如何改造世界
20 西藏，焚燒的雪域：中共統治下的藏民族

左岸歷史　403／左岸中國因素系列　33

幻象帝國

天朝中國的自我神話與天下敘事

CHINE, L'EMPIRE DES ILLUSIONS

作　　者　董尼德（Pierre-Antoine Donnet）
譯　　者　謝珮琪
總 編 輯　黃秀如
責任編輯　蔡竣宇
美術設計　黃暐鵬

出　　版　左岸文化／左岸文化事業有限公司
地　　址　231新北市新店區民權路108-3號8樓
發　　行　遠足文化事業股份有限公司（讀書共和國出版集團）
　　　　　電話(02)2218-1417　傳真(02)2218-8057
　　　　　客服專線0800-221-029
E-Mail　rivegauche2002@gmail.com
臉書專頁　https://facebook.com/RiveGauchePublishingHouse/
團購專線　讀書共和國業務部02-22181417分機1124
法律顧問　華洋法律事務所　蘇文生律師
印　　刷　呈靖彩藝有限公司
初版一刷　2025年9月

定　　價　520元

I S B N　978-626-7462-82-9（平裝）
　　　　　978-626-7462-80-5（EPUB）
　　　　　978-626-7462-81-2（PDF）

幻象帝國：天朝中國的自我神話與天下敘事／
董尼德（Pierre-Antoine Donnet）；謝珮琪譯.
－初版.－新北市：左岸文化出版；
遠足文化事業股份有限公司發行，2025.09
　面；　公分.－(左岸歷史；403)
譯自：Chine, l'empire des illusions
ISBN 978-626-7462-82-9（平裝）
1.CST: 中國大陸研究　2.CST: 政治經濟
3.CST: 地緣政治　　4.CST: 國際關係
574.1　　　　　　　　　114011668